国家出版基金项目
NATIONAL PUBLICATION FOUNDATION

"十三五"国家重点出版物出版规划项目

主编 "传统产业融合发展研究系列丛书 第一辑"

"文化创意+"
电力工业融合发展

陈海华 著

知识产权出版社
全国百佳图书出版单位

图书在版编目（CIP）数据

"文化创意+"电力工业融合发展/陈海华著.--北京：知识产权出版社，2019.8
（"文化创意+"传统产业融合发展研究系列丛书/牛宏宝，耿秀彦主编.第一辑）
ISBN 978-7-5130-6303-6

Ⅰ.①文… Ⅱ.①陈… Ⅲ.①电力工业—工业发展—研究—中国 Ⅳ.① F426.61

中国版本图书馆 CIP 数据核字（2019）第 115484 号

内容提要

工业是强国之本，文化是民族之魂。电力工业文化是在电力工业不断发展的过程中，逐渐形成并渗透其中的物质文化、制度文化和精神文化的总和，对推动电力工业发展壮大具有基础性、长期性和关键性的影响。本书结合作者多年来的实践经验及国内外典型案例，从文化也是生产力出发，深入研究了发电厂建筑表皮及主控室软人因设计理论、水电站工业旅游、发电厂遗址后工业景观设计、景观变电站、大地艺术介入太阳能发电站、装置艺术融合风力发电场等，为"文化创意+"电力工业融合发展提供了建设性的设计路径。

责任编辑：李石华　　　　　　　　责任印制：刘译文

"文化创意+"传统产业融合发展研究系列丛书（第一辑）

牛宏宝　耿秀彦　主编

"文化创意+"电力工业融合发展
"WENHUA CHUANGYI+" DIANLI GONGYE RONGHE FAZHAN

陈海华　著

出版发行：	知识产权出版社 有限责任公司	网　址：	http://www.ipph.cn
电　话：	010-82004826		http://www.laichushu.com
社　址：	北京市海淀区气象路50号院	邮　编：	100081
责编电话：	010-82000860转8072	责编邮箱：	lishihua@cnipr.com
发行电话：	010-82000860转8101	发行传真：	010-82000893
印　刷：	三河市国英印务有限公司	经　销：	各大网上书店、新华书店及相关书店
开　本：	720mm×1000mm　1/16	印　张：	18.5
版　次：	2019年8月第1版	印　次：	2019年8月第1次印刷
字　数：	320千字	定　价：	88.00元

ISBN 978-7-5130-6303-6

出版权专有　侵权必究
如有印装质量问题，本社负责调换。

序言

未来的竞争，不仅仅是文化、科技和自主创新能力的竞争，更将是哲学意识和审美能力的竞争。文化创意产业作为"美学经济"，作为国家经济环节中的重要一环，其未来走势备受关注。

党的十八大提出"美丽中国"建设。党的十九大报告提出"推动新型工业化、信息化、城镇化、农业现代化同步发展""推动中华优秀传统文化创造性转化、创新性发展""不忘本来、吸收外来、面向未来、更好构筑中国精神、中国价值、中国力量，为人民提供精神指引"。毋庸置疑，未来，提高"国家内涵与颜值"，文化创意产业责无旁贷。

2014年1月22日，国务院总理李克强主持召开国务院常务会议部署推进文化创意和设计服务与相关产业融合发展。会议指出，文化创意和设计服务具有高知识性、高增值性和低消耗、低污染等特征。依靠创新，推进文化创意和设计服务等新型、高端服务业发展，促进与相关产业深度融合，是调整经济结构的重要内容，有利于改善产品和服务品质、满足群众多样化需求，也可以催生新业态、带动就业、推动产业转型升级。之后，"跨界""融合"就成了我国国民经济发展，推动传统产业转型升级的热词。但是，如何使文化更好地发挥引擎作用？文化如何才能够跨领域、跨行业地同生产、生活、生态有机衔接？如何才能引领第一产业、第二产业、第三产业转型升级？这些都成了我国经济结构调整关键期的重要且迫在眉睫的研究课题。

开展"'文化创意+'传统产业融合发展研究",首先要以大文化观、大产业观梳理出我国十几年来文化创意产业发展中存在的问题,再以问题为导向,找到问题的症结,给出解决问题的思路和办法。

我国发展文化创意产业至今已有十几个年头,十几年来,文化创意产业的发展虽然取得了非常显著的成就,但也存在一些发展中的困难和前进中的问题,制约了文化创意产业的更大、更好发展。习近平总书记的"美丽中国""文化自信""核心价值观"以及"培育新型文化业态和文化消费模式"的提出,无不体现党和国家对文化、文化产业以及文化创意产业的高度重视。2017年8月,北京市提出"把北京打造成全国文化创意产业引领区,打造成全国公共文化服务体系示范区"的发展思路,建设全国文化中心。这可以说再一次隆重地拉开了文化创意产业大发展的序幕,同时也为全国的城市发展和产业转型升级释放出发展的信号,指明了一个清晰的发展方向——建设文化引领下的城市与发展文化引领下的产业。

现在,到了认真回顾发展历程与展望未来的一个重要时间节点。当前,我们应该沉下心来,冷静地思考,回顾过去、展望未来。回顾过去是为了总结经验,发现不足,梳理思路,少走弯路,找出问题的症结;展望未来会使我们更有信心。回顾过去的十几年,大致可分为五个阶段。

第一阶段:798阶段。自2002年2月,美国罗伯特租下了798的120平方米的回民食堂,改造成前店后公司的模样。罗伯特是做中国艺术网站的,一些经常与他交往的人也先后看中了这里宽敞的空间和低廉的租金,纷纷租下一些厂房作为工作室或展示空间,798艺术家群体的"雪球"就这样滚了起来。由于部分厂房属于典型的现代主义包豪斯风格,整个厂区规划有序,建筑风格独特,吸引了许多艺术家前来工作、定居,慢慢形成了今天的798艺术区。2007年,随着党的十七大"文化大发展、大繁荣"战略目标的提出,全国各地的文化创意产业项目开始跃跃欲试,纷纷上马。

在这个阶段,人们一旦提起文化创意产业就会想起798艺术区;提起什么才是好的文化创意产业项目,人们也会认为798艺术区是个很好的范例。于是,全国各地负责文化产业的党政干部、企事业相关人员纷纷组成考察团到798艺术区参观、学习、考察,一一效仿,纷纷利用闲置的厂区、空置的车间、仓库引进艺术家,开始发展各自的文化创意产业。然而,几年下来,很多省市的"类798艺术区"不但产业发展效果不明显,有的甚至连艺术家也没有了。总之,大同小异,存活下来的很少。总体来说，这个阶段的优点是工业遗存得到了保护；缺点是盈利模式单一，产业发展效果不尽人意。

第二阶段：动漫游戏阶段。这个阶段涵盖时间最长，基本上可以涵盖2005—2013年，覆盖面最广，范围最大，造成一些负面影响。在这个阶段，文化创意产业领域又出现了一种普遍现象，人们一旦提起文化创意产业就一定会提到动漫游戏；一旦问到如何才能很好地发展文化创意产业，大多数人都认为打造文化创意产业项目就是打造动漫产业项目。于是，全国各省市纷纷举办"国际动漫节"，争先恐后建设动漫产业园，好像谁不建动漫产业园谁就不懂得发展文化创意产业，谁不建动漫产业园谁就跟不上时代的步伐。建设动漫产业园之势可谓是浩浩荡荡、势不可当。浙江建，江苏也建；河北建，河南也建；广东建，广西也建；山东建，山西也建。一时间，全国各省市恨不得都做同样的事，也就是人们都在做同样的生意，因此形成了严重的同质化竞争。几年下来，全国建了一批又一批动漫产业园，大多数动漫产业园基本上又是一个模式、大同小异：很多房地产开发商纷纷打着文化的牌子，利用国家政策，借助政策的支持，跑马圈地。其结果是不但动漫产业没发展起来，甚至是连个像样的产品都没有，结果导致很多动漫产业园又成了一个个空城。归纳一下，这个阶段的优点是游戏得到了很好的发展，尤其是网络游戏；缺点是动漫产业发展不尽人意，动漫产业园更是现状惨淡，可谓是一塌糊涂。

第三阶段：文艺演出、影视阶段。随着文化创意产业发展的不断深入，我国文化创意产业又开始进入文艺演出热阶段，在这个阶段一旦提起文化创意产业，人们又开始认为是文艺演出、文艺节目下乡、文艺演出出国、文艺演出走出去等，可谓是你方唱罢我登场，热闹非凡。在这个阶段，人们都又开始把目光投到文艺演出上，具体表现在传统旅游景点都要搞一台大型的文艺演出、各省市借助传统民俗节庆名义大搞文艺演出活动，甚至不惜巨资。2010年1月，随着《国务院办公厅关于促进电影产业繁荣发展的指导意见》的出台，我国又开始掀起电影电视产业发展新高潮。有一项调查表明：2009年、2010年、2011年连续三年每年都拍1000多部影视剧，但是20%盈利、30%持平、50%赔钱，这还不包括那些没有被批准上映的影视剧。在全国各省市轰轰烈烈开拍各种各样题材的影视片的同时，一些对国家政策较为敏感的企业，尤其是房地产企业，也把目标瞄向了影视产业，开始建立影视产业园，于是影视产业园如雨后春笋般地出现在全国各省市。其形式同动漫产业园基本类同，不外乎利用政策的支持，变相跑马圈地。

这个阶段的优点是文艺演出、影视得到了相应的发展；缺点是大多数影视产业园名不副实。

第四阶段：无所适从阶段。2013年，经过前几个阶段后，可以说是直接把文化创意产业推入了一个尴尬的境地，其结果是导致文化创意产业直接进入第四个阶段。可以说，几乎是全国各地各级管理部门、各企事业单位、甚至是整个市场都进入了一个无所适从阶段。在这个阶段，人们认为什么都是文化创意产业，什么都得跟文化、创意挂钩，恨不得每个人都想从文化创意产业支持政策中分得一杯羹。总之，在这个阶段，政府犹豫了，不知道该引进什么项目了；企业犹豫了，不知道该向哪个方向投资了；更多的人想参与到文化创意产业中来，又不知道什么是文化、什么是创意、什么是文化创意产业，真可谓是全国上下无所适从。

第五阶段：跨界·融合阶段。2014年2月26日，《国务院关于推进文化创意和设计服务与相关产业融合发展的若干意见》的发布，真正把我国文化创意产业引向了一个正确的发展方向，真正把我国文化创意产业发展引入了一个正确发展轨道——跨界·融合的发展之路。如何跨界、如何融合？跨界就是指让文化通过创造性的想法，跨领域、跨行业与人们的生产、生活、生态有机衔接。融合就是让文化创意同第一产业、第二产业、第三产业有机、有序、有效融合发展。可以这么说，2014年是我国文化创意产业发展的一个新的里程碑，也是一个分水岭，对我国文化创意产业的良性发展产生了积极的促进作用。

回顾过去五个阶段，我们深深意识到，中国经济进入发展新阶段处在产业转型期，如何平稳转型落地、解决经济运行中的突出问题是改革的重点。现在，虽然经济从高速增长转为中高速增长，但是进入经济发展新常态，必须增加有效供给。文化产业、文化创意产业作为融合精神与物质、横跨实物与服务的新兴产业，推动供给侧结构性改革责无旁贷。

在经济新常态下，文化的产业化发展也进入了一个新常态，在产业发展新常态下，文化产业的发展也逐步趋于理性，文化、文化产业、文化创意产业的本质也逐渐清晰。随之而来的是文化产业的边界被逐渐打破，不再有局限，范围被逐渐升级和放大。因此，促使文化加快了跨领域、跨行业和第一产业、第二产业、第三产业有机、有序、有效融合发展的步伐。

在产业互联互通的背景下，文化创意产业并不局限于文化产业内部的跨界融合，而正在和农业、工业、科技、金融、数字内容产业、城乡规划、城市规划、建筑设计、国际贸易等传统行业跨界融合。文化资源的供应链、文化生产的价值链、文化服务的品牌链，推动了文化生产力的高速成长。

在产业大融合的背景下，文化创意产业以其强大的精神属性渐趋与其他产业融合，产业之间的跨界融合将能更好地满足人们日益增长的个性化需求。打通文化创意产业的上下游链条，提升企业市场化、产业化、集约化程度，是有效推动我国经济结构调整，产业结构转型升级的必然选择。

基于此，我们整合了来自政府部门、高等院校、科研机构、领军行业等的相关领导、学者、专家在内的百余人的研究团队，就"'文化创意+'传统产业融合发展"进行了为期三年的调查研究和论证，形成了一个较为完善的研究框架。调研期间，我们组成26个课题组，以问题为导向，有的放矢地针对国内外各大传统产业及相关行业进行实地调研，深入了解"文化创意+"在传统产业发展中的定位、作用、重点发展领域以及相关项目。在调研成果基础上，我们从"农业""电力工业""旅游业""金融业""健康业""广告业""会展业""服饰业""动漫游戏""生态环境产业""产城融合""国际贸易"等26个角度，全方位剖析"文化创意+"与传统产业融合发展的路径与模式，力图厘清"文化创意+"与传统产业融合发展的当下与未来，找到我国经济结构调整、传统产业转型升级的重要突破口。

同时，在每个子课题内容上，从案例解析、专家对话与行业报告等多个层面进行叙述，研究根植于"文化创意+"传统产业融合发展的实践过程，研究结果也将反作用于"文化创意+"传统产业融合发展的实践，从提出问题入手，全面分析问题，对趋势进行研判。研究成果将能够为文化建设、文化产业转型升级、传统产业可持续发展的实际提供借鉴，最终探索出"文化创意+"与传统产业融合发展的现实路径。

截至今日，已完成系列丛书的第一辑，共12分册，即《"文化创意+"农业融合发展》《"文化创意+"电力工业融合发展》《"文化创意+"旅游业融合发展》《"文化创意+"健康业融合发展》《"文化创意+"金融业融合发展》《"文化创意+"服饰业融合发展》《"文化创意+"动漫游戏融合发展》《"文化创意+"广告业融合发展》《"文化创意+"会展业融合发展》《"文化创意+"产城融合发展》《"文化创意+"生态环境产业融合发展》《"文化创意+"国际贸易融合发展》。其余的课题，将会陆续完成。

本套丛书紧紧围绕如何服务于党和国家工作大局，如何使文化产生更高生产力，如何使文化发挥引擎作用，引领第一产业、第二产业、第三产业转型升级展开，以问题为导向，本着去繁就简的原则，从文化创意产业的本质问题和26个相关行业融合发展两方面展开。

第一方面以大文化观、大产业观深刻剖析文化创意产业的本质。2016年3月，此课题被列入"十三五"国家重点出版物出版规划项目后，我们即组织专家学者，重新对文化创意产业的本质问题就以下几个核心方面进行了系统梳理。

1.文化创意产业的相关概念与定义

文化是人类社会历史发展过程中所创造的物质财富及精神财富的总和。是国家的符号，是民族的灵魂，是国家和民族的哲学思想，是城市与产业发展的引擎，更是供给侧的源头。

创意是指原创之意、首创之意。是智慧，是能量，是文化发展的放大器，是文化产业发展的灵魂，是传统产业转型升级的强心剂，更是新时代生产、生活、生态文明发展的核心生产力。

产业是指行业集群。是国家的支柱，是命脉，是人们赖以生存的根本，更是文化发展、国家经济结构调整的关键所在。

文化创意产业是把文化转化为更高生产力的行业集群。是文化产业与第一产业、第二产业、第三产业的整体升级和放大，是新时代最高级别的产业形态。

2.我国发展文化创意产业的意义

文化创意产业项目的规模和水平，体现了一个国家的核心竞争力，我国发展文化创意产业，对于调整优化我国产业结构，提高我国经济运行质量；传承我国优质文化，弘扬民族先进文化；丰富人民群众文化生活，提升人民群众文化品位，增强广大民众的历史使命感与社会责任感；培育新型文化业态和文化消费模式，引领一种全新而美好的品质生活方式；提升国家整体形象，提升我国在国际上的话语权，增强我国综合竞争力，促进传统产业的转型升级与可持续发展都具有重大战略意义。

3.我国发展文化创意产业的目的

我国发展文化创意产业的目的是使原有的文化产业更具智慧，更具内涵，更具魅力，更具生命力，更具国际竞争力，更能顺应时代发展需要；能够使文化发挥引擎作用，激活传统产业，引领其转型升级。

我国发展文化创意产业，从宏观上讲，是赶超世界先进发达国家水平，提升国家整体形象；从微观上讲，是缓解我国产业转型升级压力，弥补城市精神缺失，解决大城市病的问题；从主观上讲，是丰富人民群众文化生活，提升人民群众文化品位，使人民群众充分享受文化红利，缩小城乡居民待遇差距；从客观上讲，是全国人民自愿地接受新时代发展需要的产城融合，配合文化体制、城乡统筹一体化的改革。

总之，我国发展文化创意产业的最终目的是，把文化转化为更高生产力；把我国丰富、优质而正确的文化内容通过创造性的想法融入产品、产业发展的审美之中，融入人们的生产、生活、生态的审美之中，然后按照市场经济的规律，把它传播、植入、渗透到世界各地。

4. 文化创意产业的经济属性、原则和规律

文化创意产业，说到底还是经济行为，既然是经济行为，就应该有经济属性，文化创意产业的经济属性是美学经济，因为文化创意产业的所有板块均涉及如何将丰富的文化内容创造性地融入其产品的审美之中。

美学经济是文化创意产业发展的规律和原则，也就是说原有产业由于美之文化的介入，会增加内涵、提升魅力并形成正确而强大的精神指引，以此促使产业链的无限延伸与裂变。文化创意产业所指的美是需要设计者、创作者等能够充分了解美的一般规律和原则，并遵循这个规律和原则。既然是规律就要遵循、既然是原则就不可违背，所以说文化创意产品必须是美的，不但表现形式美，更要内容美，也就是说一个好的文化创意产品必须是从内到外都是美的，因为美就是生产力。

5. 文化创意的产品特点、产业特征、产业特性

产品特点：原创性，具有丰富、优质、正确、正能量的文化内涵，有一定的艺术欣赏价值和精神体验价值，低成本、高附加值，可以产生衍生品且其衍生品可大量复制、大规模生产，有一条完整的产业链。

产业特征：以文化为本源，以科技为后盾，以艺术体验为诉求，以市场为导向，以产业发展为出发点，以产业可持续发展为落脚点，以创意成果为核心价值，以美学经济为发展原则。对资源占用少，对环境污染小，对经济贡献大。

产业特性：以文化为价值链的基础，进行产业链的延伸与扩展，文化通过创意与相关产业融合使其产业链无限延伸并形成生物性裂变，从而使文化创意产业形成几何式增长。

第二方面了解文化创意与传统产业融合发展的方向、方式和方法。关于这方面内容，在各个分册中有详细阐述。

总之，我国文化创意产业的兴起，标志着生活艺术化、艺术生活化、产业文化化、文化产业化、产业城市化、城市产业化、文化城市化、城市文化化时期的到来；意味着文史哲应用化时期的开始；预示着一种全新而美好的品质消费时代的降临。基于此，在这样一个全新的历史时期，文化创意产业应如何发展？文化创意应如何引领传统产业转型升级？文化创意产业重点项目应如何打造？又如何把它合理规划并形成可持续发展产业？是我国经济发展的迫切需要；是直接关系到能否实现我国经济结构调整、传统产业转型升级并跨越式发展的需要；是我们如何顺应时代潮流，由"文化大国"向"文化强国"迈进的重大战略的需要；是我们有效践行"道路自信、理论自信、制度自信、文化自信"的需要。

在我国经济结构调整、传统产业转型升级的关键时期，要发展我国文化创意产业，就必须加快推进文化创意与传统优质产业融合发展的国际化进程，在生产方式和商业模式上与国际接轨；必须做到理论先行，尽快了解文化创意产业的本质，确立适合自身发展的商业模式；必须尽快提高文化创意产业项目的原创能力、管理水平、产业规模和国际竞争力，在国内与国际两个市场互动中，逐步向产业链上游迈进；在产业布局上，与国际、国内其他文化创意产业项目避免同质竞争，依托我国深厚而多元的文化优势、强大而充满活力的内需市场加之党和国家的高度重视、大力支持以及社会各界的积极参与。可以预见，一定会涌现出越来越多的属于我国自身的、优秀的独立品牌；必将会形成对我国经济结构调整、传统产业转型升级的巨大推动效应；必将会成为国际、国内一流的战略性新兴产业集聚效应的成功典范；也必将成为国际关注的焦点。

本套丛书的出版，将是新时代理论研究的一项破冰之举，是实现文化大发展、经济大融合、产业大联动、成果大共享的文化复兴的创新与实践。当然，一项伟大的工程还需要一个伟大的开端，更需要有一群敢为天下先的有志之士。纵观中国历史上的文化与产业复兴，没有先秦诸子百家争鸣，就没有两汉农业文明的灿烂；没有魏晋思想自由解放，就没有唐明经济的繁荣；没有宋明理学深刻思辨，就没有康乾盛世的生机盎然。基于此，才有了我们敢于破冰的勇气。

由于本人才疏学浅，其中不乏存在这样或那样的问题，还望各位同人多提宝贵意见和建议；希望能够得到更多有志之士的关注与支持；更希望"'文化创意+'

传统产业融合发展研究"这项研究成果，能够成为我国经济结构调整、产业结构转型升级最为实际的理论支撑与决策依据，能够成为行业较为实用的指导手册，为实现我国经济增长方式转变找到突破口。

最后，我谨代表"十三五"国家重点出版物出版规划项目"'文化创意+'传统产业融合发展研究系列丛书"课题组全体成员、本套丛书的主编向支持这项工作的领导、同人以及丛书责任编辑的辛勤付出表示衷心感谢！由衷地感谢支持我们这项工作的每一位朋友。

是为序！

耿秀彦

2019年3月

前言

现代社会文明的发展得益于电能的应用，它使人类迈进了一个崭新的电气化时代，并为21世纪的信息化发展以及现代文明进步奠定了坚实的基础，电力工业已经成为现代社会文明发展的重要基石。

电力工业的建设者也应是社会文化与工业文化的缔造者，应当有更高层次的追求——精神层面的美学追求、天人合一的自然崇拜、艺术设计的创意思维。从文化创意视角来看电力工业，加快电力工业与文化创意产业无边界渗透、融合，使文化创意的外溢效应与黏合作用在电力工业中增加附加值，培育出有中国特色的电力工业文化具有一定的现实意义和社会意义。

具体到电力工程的设计过程，设计者的目光不应只聚焦于电力工业的功能性上，还应饱含着对生命的洞察与热爱、对历史的传承与保护、对自然的敬畏与崇拜、对社会的理解与服务、对审美的关注与参与。要达到这样的境界，需要有"文化创意+"的设计思维，推动"文化创意+"电力工业融合发展，"在建设物质电站的同时，不遗余力地建设'精神电站'"[1]，强化创新设计引领，把思想和观念转变为视觉形式。

从1875年在法国巴黎成功建设了全球第一座火力发电厂开始，"电"已经从百年前的"奢侈品"，成为人们当代生活中无处不在的伴侣，"电"如同血脉般延

---

[1] 荆玉成.原力觉醒[M].北京：中信出版社，2016.

伸到千家万户，改变了我们的生活方式。

1882年7月在上海乍浦路诞生了我国第一座发电厂，一百多年来中国电力工业已取得巨大成就，获得多个"世界第一"的称号，如"世界最大电网""全球最大火电装机规模""全球最大新能源及水电装机规模""全球第一个商业运营的特高压电网"等。在世界500强电力企业排行榜中，我国共有11家电力企业公司入榜，国家电网、南方电网及五大发电集团（国家电力投资集团、中国华能集团、中国大唐集团、中国华电集团、中国能源投资集团）都悉数在列。

在全球经济一体化的背景下，"一带一路"倡议使更多电力企业走出国门，加入世界范围内的电力市场竞争之中。但是，我国有些电力企业大而不强的问题仍然突出，很难走出国门参与竞争，集中表现在创新不足、专注不深等方面，这与电力工业文化发展相对滞后密切相关，未能以文化创意的思维，将可持续、全寿命的设计理念渗透于电力工业设计之中，尚不能将电力设计同自然环境、工业旅游、大地艺术、公共艺术等方面有机结合。就此而言，电力企业应积极推动"文化创意+"电力工业融合发展，从传统管理迈上文化管理的新台阶，实现以物为中心向以人为中心的转变；实现以物质硬件要素为主导向以精神软件要素为主导的转变。电力工业文化是推动电力工业进步最直接、最根本的思想源泉，实现电力强国既需要技术发展的刚性推动，也需要文化力量的柔性支撑。加快电力工业与文化创意产业的无边界渗透与融合，是提升我国电力工业综合竞争力的重要手段，也是塑造中国电力工业新形象的战略选择。

近年来，随着国务院及各部委下发《关于推进文化创意和设计服务与相关产业融合发展的若干意见》及《关于推进工业文化发展的指导意见》，文化创意和设计服务已逐渐贯穿于经济社会各领域之中，并呈现出多向交互的融合态势。大力推进文化创意和设计服务等具有高知识性、高增值性特征的新型高端服务业发展，培育、发展电力工业文化，营造各主体共同参与电力工业文化发展的良好环境，才能形成我国电力工业竞争的新优势。

工业是强国之本，文化是民族之魂。电力工业文化是在电力工业不断发展的过程中，逐渐形成并渗透其中的物质文化、制度文化和精神文化的总和，其对推动电力工业发展壮大具有基础性、长期性和关键性的影响。电力工业的进步要依托于丰厚的文化资源与创新的设计形式，使其文化资源在与电力产业、市场的结合中实现历史传承与可持续发展。与此同时，电力企业要夯实电力工业文化发展基础，强化电力工业文化理论支撑，积极开展电力工业文化对提升电力工业软实力的研究，形成完整的电力工业文化理论体系。

推动"文化创意+"电力工业融合发展，要厘清电力工程设计与工业设计的关系，强化以文化创意、设计创新引领电力工业建设的思维方式。电力工程设计是为发电、输电、变电、配电等工程项目提供有技术依据的设计文件和图纸的过程，也是对项目进行整体规划与具体实施，将科学技术转化为生产力的过程。工业设计以工学、美学、经济学为基础，对工业产品进行设计，涉及学科包括造型设计、机械设计、环境规划、室内设计、平面设计、展示设计、心理学、社会学、美学、人机工程学、色彩学等，与其他艺术生产活动、工艺制作有着明显不同，由工业发展和劳动分工衍生出的工业设计是各种学科、技术和审美观念的交叉产物，其本质是把思想和概念转变为具有美感的视觉形式。

推动"文化创意+"电力工业融合发展，要强化创新设计引领，把思想和观念转变为视觉形式。本书以文化创意的视角，从人本主义理念、绿色发展观、场所精神，研究电力企业性格色彩、企业文化目视化、软人因设计、建筑表皮、电力景观塔及景观变电站等；从文化也是生产力出发，研究"文化创意+"电力工业融合衍生的工业旅游、电力工业遗产保护与利用、后工业景观设计、太阳能发电站介入大地艺术、风力发电设计成装置艺术、城市电动车充电站成为公共艺术等，为文化创意与电力工业融合发展提供了完整的理论体系。

目录

第一章 "文化创意+"电力工业融合发展的概念及路径 /1

第一节 "文化创意+"电力工业融合发展概念 /2
一、以文化为基础的跨业态融合——"文化创意+" /2
二、现代文明社会的基石——电力工业 /5
三、"文化创意+"电力工业融合发展存在的问题 /7

第二节 "文化创意+"电力工业融合发展的原则与路径 /9
一、"文化创意+"电力工业融合发展的原则 /9
二、"文化创意+"电力工业融合发展的路径 /12

第二章 "文化创意+"电力企业文化

第一节 色彩识别——创建企业性格色彩 /18
一、色彩的进化 /18
二、色彩的符号化 /20
三、国外文化中的色彩 /23
四、中国传统文化中的色彩应用 /26
五、企业形象识别系统（CIS）/32

六、企业性格色彩定义及创建意义 /33

七、企业性格色彩模型创建 /34

八、企业性格色彩创建方法及空间应用 /40

第二节 物化移情——企业文化目视化 /49

一、企业文化目视化概述 /49

二、企业文化目视化设计系统 /52

三、企业文化目视化设计方法 /69

四、企业文化目视化设计案例分析 /71

第三章 "文化创意+"发电厂设计

第一节 形象提升——发电厂建筑表皮艺术表现 /80

一、发电厂建筑表皮概述 /80

二、发电厂建筑表皮的工业技术美 /84

三、发电厂建筑表皮的形式美 /87

四、发电厂建筑表皮的质感美 /91

五、发电厂建筑表皮的场所美 /101

六、发电厂建筑表皮未来设计方向 /103

第二节 人本管理——发电厂主控室软人因设计 /111

一、人因工程与软人因设计概述 /111

二、发电厂主控室软人因设计的意义 /113

三、发电厂主控室美学设计 /114

四、发电厂主控室情感化设计 /117

五、发电厂主控室感官环境设计 /126

六、发电厂主控室与人的生物节律协调性设计 /134

七、国能集团伊犁发电厂主控室设计案例分析 /135

第四章 "文化创意+"电力工业旅游

第一节 景区开发——水电站开展工业旅游 /140

一、工业旅游概述 /140

二、水电站工业旅游的优势及发展方向 /144

三、水电站工业旅游开发模式 /145

四、水电站工业旅游设计 /146

五、水电站工业旅游案例分析 /150

第二节 遗产保护——发电厂后工业景观设计 /159

一、发电厂工业遗产概述 /159

二、发电厂后工业景观设计的定义及目标 /163

三、发电厂后工业景观的构成要素及设计原则 /166

四、发电厂后工业景观设计方法 /168

五、发电厂后工业景观设计案例分析 /172

第五章 "文化创意+"电网工程

第一节 构筑景观——环境艺术融入输变电工程 /188

一、环境艺术设计融入输变电工程概述 /188

二、环境艺术设计融入输变电工程的价值 /189

三、环境艺术设计在输电线路的表现形式——景观塔 /190

四、环境艺术设计在变电站的表现形式——景观变电站 /201

第二节　城市景观——汽车充电站成为公共艺术 /214
　　一、文化创意视角下的汽车充电站 /214
　　二、公共艺术化汽车充电站设计的意义及要求 /215
　　三、公共艺术化汽车充电站的设计方法 /219
　　四、电动汽车充电桩的创意设计 /227

235 第六章　"文化创意+"新能源工程

第一节　雕刻时光——大地艺术介入太阳能发电站 /236
　　一、大地艺术介入太阳能发电站概述 /236
　　二、大地艺术与太阳能发电站景观的异同点 /239
　　三、大地艺术如何介入太阳能发电站设计 /241
　　四、大地艺术介入太阳能发电站案例分析 /245
第二节　装配"风"景——装置艺术融合风力发电 /251
　　一、装置艺术概述 /251
　　二、风力发电装置艺术设计要求 /253
　　三、风电装置艺术的表现方法 /254
　　四、风力发电装置艺术设计步骤 /256
　　五、风力发电装置艺术案例分析 /258

273 主要参考文献

275 后记

第一章 "文化创意+"电力工业融合发展的概念及路径

文化是助力人类文明不断攀升的云梯,文化元素与传统产业的融合创新,催生了"文化创意+"这一崭新的发展业态。开展"文化创意+"电力工业融合发展研究,为电力工业注入文化内核和文化支撑,对实现电力工业的可持续发展具有重要意义。

本章通过对"文化创意+"概念的阐述,指出"文化创意+"电力工业融合发展存在的问题,并对融合发展的原则及路径进行研究与探索。

第一节 "文化创意+"电力工业融合发展概念

> 创意产业已经超越传统意义上的文化产业和内容产业等的产业层面，成为一种投入要素渗透和融合到各行各业。
>
> ——[英]约翰·霍金斯

文化创意产业具有"无边界融合"的特征，跨界融合是电力工业未来的发展趋势，文化创意产业与电力工业的相互融合发展，拓宽了传统电力工业的边界，从而催生了新产业形态的诞生，形成了新的经济增长点。

一、以文化为基础的跨业态融合——"文化创意+"

（一）文化创意产业的概念

中国人民大学美学与现代艺术研究所研究员耿秀彦老师，在其参与编写的国家社科基金重大项目"中国特色社会主义文化发展道路研究"（批准号：128LED001）中对文化产业的定义是：文化是人类社会历史发展过程中所创造的物质财富和精神财富的总和，文化产品既有其物质作为载体，又有精神蕴含其中，优质的文化创意产品的特点是精神大于物质的价值。就文化创意产业而言，创意是指原创之意、首创之意，文化创意是指两种或两种以上的文化元素，通过整合、提炼、升级而形成的一种新的文化结构，这种新的文化结构就是创意成果，就是核心价值。

文化创意产业是把文化转化为更高生产力的行业集群。文化创意产业中的文化是指大文化，是指与生产、生活、生态相关的文化。文化创意产业是我国国民经济发展中的一个经济层级最高的产业形态，是新时代下一种全新而美好的新兴战略产业，是文化产业和第一、第二、第三产业的整体升级和放大。

（二）"文化创意+"的概念

"文化创意+"是在"互联网+""智能+"概念之后提出的，人工智能给文化创意带来了新气象，但人类真正的文化创意和设计灵感是不会被人工智能习得和替代。"文化创意+"是以文化因素为创新对象的跨业态融合模式，是对文化再创造的思考与实践过程，也是推动经济模式不断演变、发展的原动力。"文化创意+"传统行业融合，是指"文化创意+传统行业"，但这并不是对两个主体的简单叠加，而是让文化创意与传统行业进行深度融合，从而创造新的发展业态。

将"文化创意+"与传统行业的融合发展，就是将精神、物质、制度、服务等不同层次、不同形态的文化元素融入企业发展之中，并推动其健康发展。"文化创意+"的概念是以文化为基因，以创意为动能，以融合为方法，实现从传统单一产业到多元、现代、时尚、高科技含量产业的转型升级，既拓宽了文化产业的覆盖面与内涵深度，又增加了传统产业的附加值与综合竞争力。

（三）"文化创意+"传统产业融合发展形态[①]

"文化创意+"的出现，标志着文化创意在社会经济发展中达到了新的高度，"文化创意+"传统产业融合，可分为跨要素融合、跨行业融合、跨平台融合三种融合形态。

1. 跨要素融合

跨要素融合是文化创意产业的"对内融合"，就是以文化、科技、信息、创意、资本、市场、人才、品牌等为代表的产业要素，通过集聚创新形成的融合发展模式。其更多的是以文化为资源，以创意为手段，以产业为目的发展文化创意产业，同时实现与其他产业的深度融合。

2. 跨行业融合

跨行业融合是文化创意产业的"对外跨界"，通过行业间的功能互补和链条延伸，将文化内容和创意设计向新的产业渗透，使各行业之间共生相辅，将"隔行如隔山"的行业壁垒逐步消解。

---

① 张湘涛."文化创意+".产业融合发展的新形态[N].光明日报，2015-12-25.

3. 跨平台融合

跨平台融合是对文化创意产业的"空间重塑"。随着行业信息化水平越来越高，文化创意产业的发展不再限定于狭隘的空间，而是展开多领域、跨平台的融合创新，"文化创意 + 互联网"就是典型代表。互联网拥有平台聚众优势，能够使文化内容、创意表达更加丰富多样，从传播消费到运营投资更加方便、快捷，许多产业因此削弱了市场边界和壁垒，无论是在地域分布还是产品类别上都得到极大拓展。

（四）"文化创意 +"传统产业融合发展动因

跨界融合成为产业发展的新常态，除了经济全球化和高新技术迅猛发展的外部因素外，文化所具有的强大经济力量，是新常态下"文化创意 +"得以催生的内在动因。文化作用于产业发展主要体现在以下三个方面。

1. 技术创新驱动[①]

信息技术的发展加速了文化创意产业与相关产业的融合，从文化创意产业的文化产品生产来看，信息技术创新体现在利用数字技术、互联网、人工智能等高新技术来提升文化内容、创意与设计；从文化创意产业的文化产品传播和销售渠道、消费方式上来看，技术创新加速了文化产品的传播、消费频率，同时也加快了数字化与网络化的进程；从文化创意的产业链延伸来看，技术创新加快企业技术改造的步伐，将技术推广应用于更广泛的范围；从其他产业与文化创意产业融合的需求来看，技术创新推动了工业设计服务领域的延伸及其服务模式的升级。同时，新技术所带来的新工艺、新装备、新材料、新需求，进一步促进工业设计向高端综合设计服务的转型。

2. 国家政策推动

政府的财政、税收及各项产业政策和知识产权相关法律法规的保护，是影响文化创意产业融合发展的外部因素。党的十八大报告提出，要"发展新型文化业态，提高文化产业规模化、集约化、专业化水平"；党的十九大报告提出，要"健全现代文化产业体系和市场体系，创新生产经营机制，完善文化经济政策，培育新型文化业态"；国务院出台《关于推进文化创意和设计服务与相关产业融合发展

[①] 赵玉宏. 文化创意产业融合发展研究. 以北京文创产业为例［M］. 北京：经济日报出版社，2017：20.

的若干意见》等政策文件,明确指出:"推进文化创意和设计服务等新型、高端服务业发展,促进与实体经济深度融合,是培育国民经济新的增长点、提升国家文化软实力和产业竞争力的重大举措,是发展创新型经济、促进经济结构调整和发展方式转变、加快实现由'中国制造'向'中国创造'转变的内在要求,是促进产品和服务创新、催生新兴业态、带动就业、满足多样化消费需求、提高人民生活质量的重要途径。"

3. 企业需求拉动

文化具有强渗透、强关联的效应,文化要素与经济、社会、生态各领域进行更广范围、更深程度、更高层次的融合、创新,进而推动产业业态裂变,实现产业结构优化,提升产业的可持续发展,这就是"文化创意+"商业模式。世界上知名品牌的形成约有半数归功于技术研发,另外半数靠文化的跨界融合,使文化符号价值、文化经营理念等相关概念相互渗透,企业得以"美学增值",商品的审美功能和精神价值得到强化,同时,文化的跨界融合还可促进品牌塑造,提升产业的文化内涵和边际效应。

文化创意产业具有创新驱动的特点,其发展与巩固来自企业强有力的自主创新氛围与能力。文化的价值不仅局限于满足人们的文化需求,若将其创造性地渗透进产业的发展之中,无疑会大大提高企业的附加价值。文化创意产业也具有诱导效应,商品生产创造出一种生活方式,然后在消费中实现对这种生活方式的售卖,其过程本质上是一种文化现象。文化的变迁与消费理念的改变一脉相承,消费理念往往决定产业发展的空间与方向。

"文化创意+"贯穿于社会多行业、多领域之中,强化"文化创意+"的引领和支撑作用,可以提高企业的整体效益和国际竞争力,加快实现由"中国制造"向"中国创造"的转变。因此,无论是文化创意企业还是传统制造业企业,都亟须以"文化创意+"提升企业竞争力和品牌影响力。

二、现代文明社会的基石——电力工业

(一)电力工业的概念

电力工业就是将煤炭、石油、天然气、核燃料、水能、风能、太阳能、生物质能等一次能源经发电设施转换成电能,再经过输电、变电、配电环节将电能供

给用户的精密而庞大的工业系统。

电力工业主要包括以下五个生产环节。

（1）发电，包括火力发电、水力发电、核能、风能、太阳能和其他能源发电。

（2）输电，包括交流输电和直流输电。

（3）变电，包括通过电力设备将电压由低压转变为高压（升压）或由高压转变为低压（降压）。

（4）配电，包括配电室、高压配电线路、低压配电线路、配电变压器以及相应的控制保护设备。

（5）用电，包括用电设备的安装、使用和用电负荷的控制。

以上五个环节的设备连接起来称为电力系统，此外，还包括电力勘测设计和施工等电力基本建设、电力科学技术研究及电力机械设备制造等。

由于电能目前还无法大量储存，输电过程本质上又是以光速进行，电能生产必须时刻保持与消费平衡，因此，电力系统的安全可靠运行始终是一个巨大的挑战，许多国家的大面积停电事故便是例证。这也应是"文化创意+"电力工业融合研究的内容之一。

本书将电力工业与视觉艺术设计有关的业务引入"文化创意+"电力工业融合发展研究中，将"视觉""文化""艺术""情感"作为主线穿插其中，因篇幅有限，电力设备制造等产业没有纳入其中。

（二）电力工业是现代文明社会的重要基石

人类文明的发展，离不开社会生产力的发展。从早期的钻木取火，再到工业革命时期蒸汽机的发明及应用，人类历史的发展同时记录了能源技术变革的过程。从现代文明发展的角度来看，电能的应用及发展促进了现代社会的快速发展，电力技术的综合发展及其深化应用，带来了蒸汽技术的产业性革命与进步，继而推动人类迈进了一个崭新的电气时代。以电力发明和应用为标志的第二次科技革命，揭开了电力工业在人类未来文明发展中的序幕，给人类带来了生产力水平质的飞跃，引发了生产关系的变革，成为推动人类文明发展的重要力量，奠定了21世纪信息化现代文明的基石。

从1880年发明的水电、火电，1890年发明的风电，至1910年发明的潮汐能发电，1950年发明的核电，再到1970年发明的太阳能发电，电力技术革命的变迁轨迹折射出人类文明发展的进程。随着风能、电能、核能等新能源的发展利用以及智能电网技术的应用及开展，电力工业的发展全面引发了人们生活及生产方式的改变，并促使人们超越互联网信息时代，朝着智能化时代迈步。

三、"文化创意+"电力工业融合发展存在的问题

（一）融合发展的意义认识不到位

由于文化创意产业目前仍是一个新兴产业，对其与电力工业融合发展的研究更是处于起步阶段。人们对融合发展的认识还停留在概念层面，没有自觉地将"文化创意+"的理念耦合进电力工业。

"文化创意+"电力工业融合发展是一种战略选择，我们没有牢固树立"文化创意+"的战略思维，拓宽与电力工业融合的研究视野，丰富和完善与电力工业融合发展的理论研究，将电力工业中的文化创意元素上升到创意产业、创意经济的高度上来，在文化经济的时代潮流中对其加以认知和把握。

在经济全球化时代，国际竞争愈演愈烈，企业竞争力更多体现在话语权与文化软实力上。同理，电力工业在国际市场上的竞争不仅是经济的输出和市场的占领，也是文化精神、价值观的输出和意识形态的较量。在国外电力工程设计建设时，没有关注文化的整体结构，探究各国民众不同行为、思考方式的内在联系，寻找到隐藏于文化深层结构下的共同核心要素。

（二）融合发展的思路不清

"文化创意+"要求打破传统的思维模式，而现有电力工程建设及设计大多没有实现从"老思维"向"新思维"的转变，缺乏对"文化创意+"的认知，无法以融合思维和艺术化思维来谋求电力工业发展的新途径。

从文化创意产业的视角来看，文化正在走出传统的文化艺术、新闻出版和影视创作的"小文化"，迈向国民经济的"大文化"。相较而言，电力工业并没有实现从"小文化"向"大文化"的扩展，文化创意的先导作用不强。推动融合发展不能于电力工业自身的窠臼之中谋发展，要统筹电力工业与文化产业发展的关系，从而实现两者的一体化。

（三）融合发展的推进滞后

关联性、辐射性、带动性是文化创意产业的突出特点，文化创意设计产业涵盖工业设计、建筑设计、环境艺术设计、视觉传达设计等，对电力设备制造业、电力工程设计咨询都有较大辐射带动作用，所以，强化创意设计的引领和支撑作用，可以提高电力工业的整体效益和国际竞争力，加快实现由"中国制造"向"中国创造"的转变。

目前，电力行业普遍对文化创意产业重视度不高，缺乏相关配套措施的支持，有待对国家相关政策进行深入的分析与研究。在产业的融合发展方面，人才匮乏、力度不够，无法形成一个完整的产业链也是横亘在"文化创意+"电力产业融合发展面前的问题。另一方面，电力工程设计咨询缺乏与文化创意的融合，电力建筑设计、环境艺术、视觉传达设计缺少统一的设计语言，就以人为本及安全文化设计的角度而言，缺乏对企业文化、环境心理学、生理学、人因工程及美学方面的研究与设计。目前，我国19家具有工程综合甲级资质的电力设计院，只有国核电力设计院和山东电力咨询院成立视觉环境设计中心。

（四）融合发展缺乏统一指导

文化创意和电力设计服务产业具有高知识性、高增值性等特征，大力推进"文化创意+"电力工业融合发展，培育电力工业文化，建设各类主体共同参与融合发展的良好环境，才能形成电力工业竞争新优势。

虽然国务院及各部委下发的《关于推进文化创意和设计服务与相关产业融合发展的若干意见》及《关于推进工业文化发展的指导意见》中都提到，文化创意和设计服务已贯穿在经济社会各领域各行业，呈现出多向交互融合态势，但目前电力行业还没有对此类发展方向的整体规划，更无法以产业融合理论为基础，通过实践经验制订系统有效的推进方案。尽管一些电力企业近年来就此方向做了一些尝试性探索，但仍局限于局部的产业融合，尚未实现产业融合的整体联动，融合的领域、层次都亟待提高。

第二节 "文化创意+"电力工业融合发展的原则与路径

科学和艺术在山麓分手,回头又在顶峰汇聚。

——[法]福楼拜

推动"文化创意+"电力工业融合发展,要立足于电力工业的行业特点,做好"文化创意+"的前瞻性研究,从电力企业文化、品牌形象、人本设计、跨界融合、艺术设计等方面,探索出一条融合发展的正确路径。

一、"文化创意+"电力工业融合发展的原则

(一)功能性原则

功能性原则是"文化创意+"电力工业融合发展的基本原则。电力工业是国民经济发展中最重要的基础能源产业,也是世界各国经济发展战略中的优先发展重点。作为一种先进生产力与基础产业,电力行业对促进国民经济的发展和社会进步起到了重要作用,同时也与社会、经济的发展有着十分密切的关系。电力行业不仅关系国家经济安全,也与人们的日常生活及社会稳定密切相关。因此,"文化创意+"电力工业融合发展首先要满足电力生产的安全、稳定与可靠运行。

产业融合要兼顾经济效益与社会效益,这也是电力工业必须遵从的基本法则,因此,与"文化创意+"相融合产生出的电力产业及其产品,必然承载着经济和文化的双重属性。在新一轮能源技术革命中,我们要时刻以创新为引领,发挥文化强渗透、强关联的特征,将"文化创意+"理念融入电力生产与市场营销的过程之中,占领其主动权,提升电力工业在未来能源领域的国际竞争力,从而进一步加快创新步伐,抓住电力技术和装备跨越式发展的机遇,占领全球能源电力技

术制高点，确保我国电力能源战略的安全和产业的可持续发展。

（二）国际化原则

当前，文化软实力对国家综合竞争力的影响越来越大，文化软实力代表着一个国家的气质，蕴含着民族精神。文化走出去，有利于提升国际话语权和品牌影响力。

改革开放以来，电力企业紧跟国家对外开放战略，取得了丰硕成果。在全球经济一体化的背景下，电力企业应进一步增强国际化意识，加强海外文化传播和跨文化融合，树立文化自信，尊重文化差异，吸纳先进文化，取得文化共识。并通过塑造电力企业良好的海外形象，营造出有利于开展境外投资、经营的和谐环境，为企业"走出去"创造有利条件。牢固树立"文化创意+"的市场意识，顺应市场经济规律，分析、统筹国际国内两大市场，把握宏观经济与区域经济不同走势和需求，准确选择产业融合的切入点、结合点、增效点。以市场需求为基础，创造富有吸引力、竞争力、生命力的新业态和新产品，并赋予电力企业更多文化内涵。

另外，电力工业要坚持以企业为主体、以市场为导向，按照国际电力标准和商业原则开展电力装备制造合作。坚持突出重点、有序推进的工作方式，选择制造能力强、技术水平高、国际竞争优势明显的装备制造商，以国际市场需求较强的领域为重点，根据不同国家和行业的特点，有针对性地采用贸易、总承包工程、投资等方式有序推进。在此基础上，制订科学有效的"文化创意+"电力工业融合发展规划，并完善支持政策，为融合发展营造良好的环境，通过创新性产品提升我国电力工业的国际竞争力。

（三）文化融合原则

"文化创意+"使文化更加自觉、主动地向电力工业渗透，其核心是赋予电力工业活的文化内核、文化属性、文化精神、文化活力、文化形态和文化价值，简言之，是为电力工业植入文化的DNA。牢固树立"文化创意+"的战略思维，要以"全链接""零距离"的理念看待产业融合，真正使产业融合成为电力工业全领域的生产、经营和发展理念。

"文化创意+"电力工业融合发展，要坚持文化传承与科技支撑的统一。一方面，要依托于深厚的文化资源与新颖的创意设计，实现文化在电力工业生产及市场活动中的传承和可持续发展；另一方面，要加强科技与文化的结合，促进创意方案与电力设计的成果转化，实现文化美学价值与实用价值的有机统一。同时，要发挥文化要素对于电力发展质量的提升作用，改变环境破坏、资源浪费、能源高耗、技术落后的不良局面，追求绿色环保、低碳循环、创新驱动、高附加值的集约型新经济发展模式，以"文化创意+"的理念推动电力工业融合发展。

（四）创新发展原则

"文化创意+"电力工业融合发展要深入挖掘文化的创新驱动力，以全球视野谋划、推动企业自主创新，加快形成经济发展的新方式，并推动电力工业科学发展、率先发展。

实施创新发展驱动，要将产业融合摆在企业发展的重要位置，建立以电力企业为主体、以市场为导向、产学研结合的创新体系，让企业成为产业融合的创新主体。文化创意产业不再是独立发展的产业，而是与电力工业全面结合。

实施创新发展驱动，对于加快我国电力工业转变经济发展方式具有现实意义。文化创意具有裂变效应，不仅可以直接转化为现实生产力，而且可以通过"文化创意+"的渗透作用放大各生产要素的生产力，提高电力工业整体生产力水平。

实施创新发展驱动，对降低资源能源消耗、改善生态环境、建设美丽中国也具有长远意义。

（五）人性化原则

人性化设计是指设计者在设计过程当中，根据人的行为习惯、生理结构、心理情况、思维方式等，对设计的基本功能做出相应调整的设计方式。人性化设计是对人的心理、生理需求及精神追求的尊重和满足，体现出设计中人文关怀及其对人性的尊重。人性化设计是科学和艺术、技术与人性的结合，科学技术给设计以坚实的结构和良好的功能，而艺术和人性使设计富于美感，充满情趣和活力。

人性化设计要注重与历史文脉的结合，尊重民族传统，并注意与企业文化相承接。在进行电力工程设计时，设计者要充分挖掘项目所在地的历史文脉，重视工程视觉性与艺术性的结合，在美感之中增加人文精神方面的设计，达到景与情相结合的效果，向社会展示新时代"光明使者"的良好形象。

人性化设计要有环保与可持续发展意识，树立以保护人类生存环境为中心的设计理念，这就要求电力设计者要具有强烈的道德责任感和社会责任感。人性化设计理念在电力工业设计中运用时，要充分满足人因工程学原理，通过运用心理学、生理学、人体测量学等科学知识于电力工程技术设计和作业管理，特别是电力安全设计和安全管理，从而达到提高生产效率、保证安全生产的目的。

二、"文化创意+"电力工业融合发展的路径

文化创意产业分为广告、艺术品交易、手工艺品、工业设计、时装设计、音乐、表演艺术、出版、传媒等行业。文化创意是艺术设计和商品生产的结合。本书"文化创意+"电力工业融合发展研究，多是从视觉艺术设计的角度，将人们的精神意志体现在物中，从而设计的过程成为审美经验的物化过程。

对电力工业的艺术设计来说，"创意"是核心要求，"产业"则指明了设计发展的方向。视觉艺术设计使"文化创意+"电力工业融合发展研究的内涵界定更加清晰，有利于推动其向纵深发展。

（一）以文化创意助推电力企业文化落地

近年来，电力企业在培育企业精神、提炼经营理念、推动制度创新、提高员工素质和塑造品牌形象等方面进行了广泛探索。国家电网公司的卓越文化、中国南方电网有限责任公司的幸福文化、中国华能集团有限公司的三色文化、中国大唐集团有限公司的大唐精神、中国华电集团公司的华电宪章、国家电力投资集团有限公司的和文化等，就是这些经探索而产生的优秀实践结晶，其无一不蕴含着深刻的内涵，体现出企业鲜明的特色并不断激发出企业强大的文化力量，促进广大电力员工思想观念、精神面貌及道德素质的深刻变化与全面提升，为电力企业改革的发展、进步提供了不竭的动力和源泉。在2017年企业文化优秀成果中，国家电力投资集团有限公司的"企业文化目视化系统的设计与研究"，中国大唐集团有限公司的"以文化引领全面创新建设实践，推动企业转型升级与提质增效"等课题，从不同角度阐述了企业文化建设对电力集团改革发展的积极促进作用，促进了电力企业文化建设的发展与落地。

以文化创意助推电力企业文化落地的方法如下。

1. 企业文化理念宣贯落地

一是要创新载体，借助融媒体等全新媒介强化宣传效果，实现资源通融、内容兼容、宣传互融，开展全方位、立体式企业文化宣贯，扩大传播覆盖面；二是创建企业性格色彩，将企业理念转化为拟人化、人格化的企业性格色彩，通过色

彩对感官的联想作用传达信息,并据此引导员工的行为;三是以艺术设计的手段将企业性格色彩应用于员工工作空间之中,将企业的文化理念视觉化、形象化,使其成为企业文化与企业员工间联系和沟通的纽带,强化其对企业文化的认同。

2. 企业文化目视化设计

将企业物质文化、行为文化、制度文化和精神文化,运用管理学、文化创意、设计美学、色彩生理及心理学等多学科研究成果,以企业室内外空间为载体;以视觉艺术语言为基本手段;以文化的可视性为基本原则,通过图形、色彩、造型等基本要素,将企业建筑、景观、室内装修、陈设等空间环境融入企业文化并进行视觉艺术化表达,将环境与视觉、空间与时间纳入一个整体进行系统研究,将文化理念可视化后传达给员工及社会,并使其产生积极影响。在实施手段上,可通过固化于制、显化于物、外化于形、融化于情、内化于心和实化于效六个方面进行塑造,从而实现企业文化的整体落地。

3. 强化全员参与互动

一是文化主题雕塑在策划时就要考虑将员工纳入作品设计团队之中,形成作品与员工的互动;二是策划可供全体员工参与的文化主题装置艺术,将企业文化的思想内核深耕于每个员工的内心;三是策划可供全体员工参与的"文化时间舱"活动,使员工牢记企业使命与企业愿景不断对话,让员工对企业未来的发展充满希望。

(二)以文化创意塑造电力企业形象

以文化创意为手段加强电力企业的形象建设,建立具有电力工业特色的视觉形象文化体系。视觉形象是企业形象的重要组成部分,是企业形象中最易被接受、含义最广泛,且最具感染力的视觉传达形式。目前,国内各电力集团的视觉识别系统手册都已经完成,标志、标准字、标准色和造型图案等要素已经制定完毕。这些要素是企业地位、规模、力量和理念的集中展示,在实际工作中,应强调所属企业对这些要素的规范使用,以充分展示企业风范,使其视觉形象深入社会大众之心,实现传达企业理念、完善企业形象的目的。

以文化创意塑造电力企业形象的方法如下。

1. 用工业美学与建筑美学设计发电厂

工业美学是人类造物活动、机械生产和产品文化研究过程中,所涉及的有关美学问题的应用美学学科,其理念可以通过工业产品的功能美、技术美、材料美、形式美四个方面来实现。建筑美学是一门建立在建筑学与美学基础之上，对建筑领域中的美和审美问题做出研究的新兴学科。由此看出，发电厂的生产区设计与建造应体现工业美学的四个方面，厂前区建筑设计应着重体现建筑美学的形式美法则。

从 2009 年开始，国核电力设计院组织清华大学、中央美院、中国美院的相关专家成立了专业课题研究团队，针对发电厂色彩规划、工业美学与建筑美学设计等问题进行了系统研究，形成了发电厂视觉环境控制性设计思路，为部分企业集团编写相关设计规范，并以此为依据，指导和控制发电厂视觉环境的全过程设计。

2. 将环境艺术设计融入电网工程

环境艺术设计是一门通过艺术设计的方式对建筑室内外空间环境进行整合与优化的实用艺术，其涉及领域广泛，包含建筑学、城市规划学、人类工程学、环境心理学、设计美学、环境生态学、环境行为学等。在电网工程的建设中，输变电工程的变电站及线路铁塔设计就应以艺术为黏合剂，将环境艺术与工程建设相结合，形成电网工程与人、人与环境、环境与企业之间的良性互动。通过环境艺术设计将输电线路中的铁塔转化为景观塔，将变电站建设成景观变电站，使输变电工程成为一道亮丽的风景线。

除输变电工程外，我国的电动汽车充电站建设也在尝试与景观设计相融合，使其成为一种兼具形式美与功能性的公共艺术品。充电站公共艺术设计不能简单地以尺寸大小为设计准则，而是应当将其变成公共空间中不可缺少的一部分，使其符合景观与环境共生共存的基本原则，充分融合空间环境，提升城市环境的文化氛围。

（三）以文化创意强化电力安全生产

在安全生产实践中，企业首先要根据本企业的安全管理特点，提炼并培育企业员工普遍认同的安全生产文化，以此激发员工安全生产的工作热情，增强其安全生产的责任感。通过创建企业安全文化，达到提高全员安全素质，促进安全生产的目的。

以文化创意强化电力安全生产方法如下。

1. 通过视觉传达将电力安全管理目视化

视觉传达是利用"看"的形式所进行的交流，是通过视觉语言进行表达、传播的方式。视觉的观察及体验可以跨越语言不通的障碍，消除文字的阻隔，凭借对"图"——图像、图形、图案、图画、图式的视觉共识获得理解与互动。

企业安全目视化管理是指通过安全色、标志、标牌等方式明确现场人员职责分工,告知工器具、设备的使用状态,提示作业区域的危险状态等情况的现场安全管理方法。其以信息公开化为基本原则,将管理者的安全要求及违规导致的隐患风险通过视觉传达的方式呈现于员工面前,以此推动看得见的管理、自主管理及自我控制。直观的视觉展示使问题点更加容易暴露,能够起到事先预防和消除隐患的作用。

以视觉传达的方式设计电力安全管理目视化的原则为:视觉化,即安全标志、设备标志、发电厂管道的颜色科学管理;透明化,即将需要看到,但被遮隐的地方显露出来,并对其进行艺术化设计;界限化,即以美学比例界定、标示管理界限以及正常与异常的定量界限。

安全目视化的内容如下:安全色、安全标志、安全警示线、人员安全管理目视化、工器具目视化管理、设备设施目视化管理、建(构)筑物、办公区域目视化管理、作业区域目视化管理、安全宣教及管理标志牌、仓储管理、消防标志、道路交通目视化、交通安全标志、环境标志。这些管理方向的目视化设计不仅给生产上带来方便,而且有助于推动电力企业的安全生产。

2. 用人因工程设计强化电力安全生产

电力工程中的人因工程设计是一门将心理学、生理学、解剖学、管理学以及各种工程学知识与方法相结合的,探讨人、工作和环境关系的新学科,其主要功能在于研究如何设计一个最适合于人的工作环境。

震惊世界的三哩岛与切尔诺贝利核电厂严重事故,主要就是由人的失误造成的,所以,人因工程设计对实现核电厂的安全目标至关重要。近年来,西方一些发达国家的火电厂建设将人因工程设计与电力工程相结合作为一项强制性要求,我国目前还只是在核电厂中开展此类设计。据统计,我国火电许多重大事故原因也源于人的因素,由此看来,人因工程设计是强化火力发电厂安全生产的重要举措,本书重点从发电厂主控室软人因设计进行研究。

(四)以文化创意推进电力企业跨界融合

文化创意产业几乎正在向所有的产业渗透,电力工业也毫不例外。随着电力产业形态的多样化发展,电力产业与更多领域的跨界融合正不断拓展。这种融合的产业形态已经模糊了传统的固化产业边界,成为产业发展的新常态,其弥补了双方的缺陷与不足,有效推动了产业的转型与升级。

以文化创意推进电力企业跨界融合的方法如下。

1. "文化创意+"水电站融合发展

将水电站工业旅游项目与文化创意跨界融合，拓宽了我国旅游产业的发展方式，提升了其工业文化内涵。创意性的旅游活动与水电站的工业文化相结合，能够有效地塑造和传播电力企业的良好形象，从而为其发展拓展新的经济增长路径，并提升工业旅游产业的影响力、带动力，增强工业旅游产品的丰富性和吸引力。文化创意产业还可以促进工业旅游产品的深度化、多元化发展，丰富工业旅游的内涵，推动企业的转型增效。

文化创意与水电站建设的联姻，使企业效益在文化的基因中不断增长，文化通过工业旅游的物质媒介构建出新的产业形态。以"文化创意+"为魂，能够更好地融入社会、链接市场、亲和大众，并因经济效益与社会效益的兼容性而充满生命力。

2. 用艺术设计介入新能源工程

将艺术设计介入太阳能及风力发电站建设，以艺术的形式将科技成果展示给观众，并为其提供体验、互动的场所，改变传统以"看"为主的观看方式。另外，这种规模巨大的艺术作品需要以不同的观看角度才能够看清全貌，而这样的视角是前人所不能想象的。因此，新能源艺术设计与传统绘画的根本区别在于，传统绘画对于空间的表达是在二维平面上的虚拟表达，是调动观众既往的空间经验与画面对话，从而产生对空间的记忆。而新能源艺术设计不仅存在于空间之中，并且直接将空间作为其媒介要素，以空间的巨大、复杂和真实感来生成新的空间经验，为人们提供了一种新的视觉体验方式。风电的装置艺术、太阳能发电的大地艺术，是让人类获得各种更有价值，更有品质的视觉审美形式。

3. 以文化创意拓展电力工业遗址利用

以文化创意拓展电力工业遗址利用，让"沉睡"的电力工业遗产重现生机，完美诠释了工业与艺术的共生，成为追求创意与创新的创意产业的物质载体。老电厂在转型中寻求新生，新产业在中心城区寻找立足之地。

发电厂工业遗产进行后工业景观设计发展文创产业，特色鲜明的工业文化与对工业时期的场地记忆，可以激发艺术家无穷的艺术灵感。将工业遗产建设成为公共娱乐休闲的场所，这也是政府改善城市环境，完善城市功能的重要举措。对具有改造潜力的工业遗产，可以考虑对其进行集参观、购物、休闲、娱乐等功能于一体的综合商业开发。

通过对电力工业遗产与文化创意的融合，促进了对工业遗产的保护和利用，促进了城市的整体转型及产业链的构建，促进了工业旅游价值体系的增值。

第二章 "文化创意+"电力企业文化

如果让企业的空间环境承载着企业文化，企业就建立起一种有时间和空间的特殊物质"文化场"。当我们从关注人与机器到关注人与环境、社会及文化之间交互关系的转变时，空间环境交互设计的视觉体现就越来越重要。

本章通过对色彩识别、物化移情等审美思想的研究，将其应用于企业性格特征的识别与建立之中，引出"企业性格色彩"概念及其理论模型，并以此为基础，系统阐述企业文化目视化设计体系。

第一节 色彩识别——创建企业性格色彩

色彩直接影响着精神，色彩和谐统一的关键在于对人类有目的的启示激发。

——［俄］瓦西里·康定斯基

色彩为第一视觉语言，是人类接触事物的第一印象。随着人类社会秩序的逐渐规范，色彩便成为人类文明不可分割的一部分，对色彩的认识也由原始生命意义的自发性过渡到在某种秩序下对生命色彩本质的认同。

色彩是一门科学，也是一种自然现象，更是一种文化现象。电力系统三相电ABC用色彩黄、绿、红作为识别；国际标准化组织选用色彩红、黄、蓝、绿作为"国际安全色"，并赋予特定的含义；绘画色彩三原色为红、黄、蓝；中国传统的五色体系把青、赤、白、黄、黑视为正色；每个国家国旗都有各自的色彩、图案和意义，象征着国家的气质，反映一个国家的历史、经济、政治和文化。本节研究的重点是将企业的本质属性、价值追求进行拟人化色彩转换，以此促进企业文化的落地与生根。

一、色彩的进化

自17世纪以来，牛顿以著作《光学》在自然科学领域占据一席之地，他利用三棱镜揭开了关于光和色彩的秘密，艺术上则有巴洛克画家争奇斗艳表现"光"影，哲学家洛克在颇具影响的《人类理解论》中同样肯定视觉的首要性。至18世纪视觉文化更登峰造极，艺术、文化等方面处处显出视觉的突显，比如望远镜与放大镜的发明等。17世纪60年代，牛顿著名的三棱镜实验将白色光分解成红、橙、黄、绿、青、蓝、紫七种单色光，研究人员进而发现，在不同的外来光源与物体自身反光特性的相互作用下，视觉中枢通过对不同的色相、明度及纯度做出反应，能够生成不同的色彩感受，这种赋予物体辨识度的认知方式，便成为人类认识事物的第一视觉语言。

  光学研究的创新成果给印象派画家的技法革新提供了科学依据，他们突破"理性""写实""自然"等传统美学观念，将色彩从固有色的桎梏中解放出来，结合创作过程中的感性经验，着迷于捕捉物象光影变化的瞬时印象，以真实地反映情感，客观地再现对象。如凡·高刻意避免在颜料中掺入白色，以保持色彩的高饱和度，从而减弱低明度给人的柔弱感，保持画面的明朗、鲜亮。又比如，毕加索在"蓝色时期"中，以蓝色为基调创作出大量表达好友死亡与身处窘困的悲恸与孤独的作品。他将蓝色应用于大面积的服饰或背景中，试图营造出一种压抑的包裹感，传达出对身处苦难之人的同情。

  如果说印象派开创了西方现代艺术将色彩赋予情感象征并将其纳入独具意蕴的美学范畴而广泛应用的先例，那么早在华夏文明诞生之初，色彩这种串联起观者感官与想象的抽象情感功能，便已有迹可循。原始社会先民出于对生命、太阳及火焰的崇拜，会对红色格外敬畏，黑色蕴含的神秘感则常被用于巫术活动，先民用色彩来表达意愿，赋予其特定的寓意，利用色彩表达精神上的追求；随着封建社会秩序的确立与完善，人们对色彩的理解与使用，也由原始时期的本能崇拜，转变成为一种对色彩所代表的社会习惯、伦理秩序的认同与服从。"社会规定了色彩的定义及其象征含义，社会确立了色彩的规则和用途，社会形成了有关色彩的惯例和禁忌"。[①] 如汉代《风俗通义》记载："光之厚也，中和之色，德四季与地同功，故先黄以别之也。"黄色由于被频繁应用于皇家形象中而成为古代帝皇身份的象征；又如《吕氏春秋·名类》所言："天先见火，赤乌衔丹书集于周社，文王曰：火气胜。火气胜，故其色尚赤，其事则火。"受周朝尚赤风气的影响，当时宫殿建筑多被漆以红色来彰显王室的尊贵。

  由此，我们可以看出，色彩从一种光学现象到被应用于艺术美学，它作为一种文化符号显示社会共同体的内在特征，其内涵随着社会文明的进步而被不断扩充与丰富。因此，对色彩的研究与选用，必然要建立在对目标对象乃至其所在文化共同

[①] 米歇尔·帕斯图罗.色彩列传：绿色[M].张文敬，译.北京：生活·读书·新知三联书店，2016.

体的特征、性状、功能等综合语境的分析之上。比如每个国家在其国旗色彩、图案的设计上，都会以凸显国家气质，反映国家历史、经济、政治和文化精神为宗旨。同理，在电力企业文化的视觉呈现中，也必然要求设计者在色彩美学指导下，将企业的本质属性、价值追求等具象元素移情于合适的抽象色彩，唤起视觉画面中能够引起员工共鸣与员工情感凝聚力的部分。这样一来，企业则被赋予拟人化、人格化的特征，色彩应用则成为表现企业性格特质的重要实用性工具。

正如前文所说，观察对象的社会属性为色彩的研究与应用指出了一条社会学研究方式，同样的色彩在不同的民族文化、生活方式、宗教信仰等诸多因素中被赋予了不同的符号意义，了解这些应用惯例不仅是对色彩所代表的文化意蕴的探知，更是对今后进行企业性格色彩分析起到指导作用。

二、色彩的符号化

"人类对色彩的认知有三个阶段，第一个阶段是以物代色，如用玫瑰指代一种红色，现在人们对于一些事物的直观认识还要依靠它；第二个阶段是以物比色，如桃红、鸭黄就留下这个阶段的痕迹；第三个阶段是寓意于色，即使色彩具有抽象化、符号化的意义。"[①]

马克思对色彩功能的认识经历了形式、功能、象征符号三个阶段，其中第三阶段可以看作是文化创意最为关注的，即色彩的符号学使用问题，上文所述色彩在中西方文化中的应用实际上就属于此范畴。美国哲学家皮尔斯曾将符号定义为"某种对某人来说在某一方面以某种能力代表某一事物的东西"，瑞士语言学家索绪尔将其概括为符号形体、符号对象两个阶段，分别代表事物具有某种具体表达形式的内容及其特定语境中事物所蕴含的深刻意义。

色彩作为一种应用于视觉展示的文化符号，大致可分为两种，事先被法律、制度等社会规范指定用作专门用途的色彩使用范式，其接收者不需要对该符号做出反馈，遵守即可；另外一种被看作象征性色彩符号，它建立在观者所在区域的人文语境之上，触及社会、文化、情感认知等深层领域，需要观者对所受刺激进行反思与

[①] 中共中央马克思恩格斯列宁斯大林著作编译局. 马克思与恩格斯全集[M]. 北京：人民出版社，1960：13.

判断，而这种反馈其实就是个体对环境的感知过程，也是主体与其所在文化共同体成员的交流过程。象征性色彩符号具有如下特征：首先，正如儒家伦常将五行正色用于位高权重者，以色彩比德，色彩作为一种传递信息的符号，必然能够引发观者联想，从而赋予对象以某种意义，产生辨识、警示、愉悦等实际作用；其次，与具有具体指向性的颜色概念不同，色彩是颜色传达出的抽象感觉，"颜色的不同反应出色彩的不同，但颜色不是展现色彩的唯一途径，即使颜色不变，其色彩也会因其他因素的变化而变化"，如我们常说的色彩倾向、色彩属性乃至色彩性格等，由于表达手段、颜色应用对象、组织方式及适用语境的不同，最终传达出的视觉效果及其传达的情感信息也各有差异，换句话说，色彩的所指具有不固定性，设计者与观看者需结合具体语境对其进行分析与理解，如表2-1所示。

表2-1　色彩的象征意义 [1]

红	红色具有双重象征意义，它令人联想到火（光明、希望和热情）与血（暴力和危险），既是积极的、前进的、喜庆的、革命的象征（如春联、红旗），又是危险、警告（如交通禁令、消防设备）的象征。红色如果和黑、灰、白调和，色彩感受会体现出沉稳（暗红）、内向（红灰）、热情（浅红）、浪漫（粉红）等不同向度，色彩设计中常使用此类调和方式进行相关情感的表达
橙	橙色是居于红黄两色之间，兼有两色品性的色。橙色既有光辉、火热的感觉，又有明朗、活泼的品性，但有时也作为疑惑、嫉妒的象征。橙色如果和黑、白、灰调和，就会失去原有的色彩倾向，趋向于安定（深棕）、温和（灰棕）亲切（米灰、黄灰）的温暖色感
绿	绿色是人们最常见到的自然色彩，是理想、希望、和平、青春的象征。绿色有利于人消除视觉疲劳，因此被普遍应用于通行标志、安全标志、机械安全标志的设计之中。由绿色和黄色调和而成的黄绿色，色彩效果较绿色更为明朗，宛如早春二月万物萌芽，富有青春与活力；绿色和蓝色调合为青绿色，或者称为海绿色，将绿与青的性格兼收并蓄，在色彩感受上既有青春、活泼、艳丽的一面，又有端庄、沉静而内向的一面，适合表现温柔、智慧的女性形象
蓝	蓝色偏冷，给人以纯净、冷静、理智、安详与广阔的感觉，通常让人联想到海洋、天空、水、宇宙。除此之外，蓝色还有着勇气、冷静、理智、永不言弃的含意。蓝色带给人的理性化色彩感受，被应用于设计中，有利于凸显产品科技感，因此产品包装设计或企业形象设计大多选用蓝色为标准色

---

[1] 朝仓直巳.艺术设计的色彩构成[M].赵娜安，译.江苏：江苏科技技术出版社，2018：14-15.

续表

紫	紫色是色相环中明度最低的颜色，意境宁静、沉着、优雅，但也是孤傲消极的象征。在中国传统文化中，紫色是尊贵的颜色，如北京故宫又称为"紫禁城"。《史记·老子韩非列传》中还用"紫气东来"表示吉祥的征兆。紫色的尊贵感还衍生出幸运、财富的含意
黑	黑色是一种非彩色，"黑暗""肮脏""丑陋"与"否定"都是人们对黑色的自然联想。黑色的符号意义具有两面性，既有庄重、肃穆、内向的积极特征；又有黑暗、罪恶、寂寞的消极特征。由于文化的差异，中西方对黑色会得出积极或消极这两种截然对立的审美结论
白	白色在明暗关系中，常常被认为是"无色"的，是最亮的一面，明度较高，象征着纯洁、光明、轻快。在西方国家，白色被用来作为婚事的服色，而我国则多用于丧葬服色。在商业设计中，白色以留白的方式给人留下高级感、科技感的印象，通常需和其他色彩搭配使用。纯粹使用白色会带给人寒冷，严峻的感觉。在战争中，升起白旗又作为投降的表示而被国际通用
灰	灰色属于无彩色系，中庸的色彩形式给人以顺从的感觉，可以表达一切混沌的情感特征，如忧虑、压抑、无聊等，给人孤独、捉摸不定的感觉。灰色作为中性色，是不明确、平凡、温和而无个性的色，但它与黑色、白色一样，同样是色彩设计中不可缺少的构成部分。灰色温和的属性能够有效降低过于夸张的颜色亮度，使整体配色和谐稳定
金	金色象征高贵、光荣、华贵、辉煌，世界上大多数国家的皇室多以金色为主调对服饰、建筑等进行装饰。自古以来，黄金的价值赋予金色以奢侈、财富、资本、装饰、华丽、高贵、炫耀、神圣、名誉及忠诚等象征意义。金色是一种辉煌的光泽，它如阳光般闪耀，传递着温暖与幸福，拥有照耀人间、光芒四射的魅力。金色具有极醒目的作用和炫辉感。它具有一个奇妙的特性，就是在任何颜色不协调的情况下，使用了金色就会使它们立刻和谐起来，并产生光明、华丽、辉煌的视觉效果
银	银色是一种近似银的颜色。它并不是一种单色，而是渐变的灰色。银色在西方奇幻中常被作为祭祀的象征，也暗含着神秘的氛围。银色象征着洞察力、灵感、星际力量、直觉，银色是沉稳之色，代表高尚、尊贵、纯洁、永恒

因此，色彩符号的创立与使用，均建立在主体对社会文化语境的理解之上。色彩符号需存在于社会语境中才能发挥其意义，而这种语境不仅仅由本地区现有的文化构成，无论是历史沉淀下来的文化遗产，还是全球化带来的文化冲击与融合，对色彩符号所传递信息的理解，总是要建立在对历史、现实、本土、外来文化即历史与共识性的双重考虑之上，在时间与空间的维度上做出主体的反思，对

色彩信息进行判断或处理。对色彩符号的理解，可被看作对其所在社会文化共同体的理解、认同的过程；相反，色彩符号的形成过程也就可以看作地域文化的视觉化展示过程。无论是道家以墨色喻指无为之道，还是儒家以色比德，抑或是各国国旗以色彩体现国家文化，色彩符号的创立及使用无不凝结了本区域的历史、现实、风俗、文化等因素，对社会成员的文化认同造成了实质性影响。因此，作为企业文化目视化重要手段的色彩应用，也在对企业历史、企业文化、经营理念、发展规划等核心概念的梳理与整合中，以直观简洁的视觉形式深刻影响到员工对企业的心理共鸣与文化认同，同时起到提升企业品牌形象与辨识度的作用。

三、国外文化中的色彩

（一）色彩的文化寓意[①]

对生活在不同地域及宗教中的人来说，制度、民族习俗、宗教信仰和历史背景的差异使每个国家、民族都有自己偏爱的颜色，如表2-2所示，即使是相同的色彩，在不同国家也代表了不同的表情符号，正是因为这些色彩，世界文明的版图才能呈现出五彩斑斓的迷人效果。

表2-2　国外色彩的文化寓意

国家	色彩及寓意
印度	色彩是印度常见的宗教、政治或节庆符号。 "黑色"在印度文化中代表着欲望、魔鬼、消极及懒惰，同时也表示着能量的缺失、荒芜与死亡。黑色通常用来指代魔鬼，同时也可以被用来抵御魔鬼。 "红色"代表着纯洁，因此作为新娘礼服的首选色彩，寓意着生育与繁荣；在祈福仪式与祭祀中，红色也被广泛使用，以预示丰收的沃土与美好生活。 "黄色"在印度通常代表着第三种姓——吠舍，吠舍指商人和农民。吠陀圣经中指出，毗湿奴像一个织布工一样，将阳光织成了他自己穿的服装。这种提取于香料的独特色彩，也被冠以一种充满异域风情的名称：印度黄。 "蓝色"寓意着虽然存在邪恶事物，但通过勇气与正确的行动，必可将其制服。 "绿色"是印度中的大教——伊斯兰教的代表色，它代表了一种新的开始，丰收及幸福，绿色同时也象征着自然，它还可以被当作上帝自身的真理显现

[①] 刘岩. 探究中西方颜色的象征意义差异[J]. 金田（励志），2012（12）：86.

续表

国家	色彩及寓意
荷兰	"橙色"尽管缺席了荷兰国旗,但荷兰人仍对橙色偏爱有加。这种喜爱来自人们对奥兰治大公威廉的尊敬,他在1581年领导荷兰人打败西班牙获得了独立。由于威廉名字中的Orang有橙色的意思,因此,橙色便成为荷兰的国家骄傲。每年4月27日是荷兰的国王节(2014年以前是女王节),在这一天,所有荷兰人都会穿上橙色的衣服,并在国旗上加上表示皇室的橙色
埃及	在埃及语中,"色彩"(Iwn)被译做倾向、特征、形式、自然。古埃及有六种经常使用的颜色:绿色、红色、蓝色、黄色、白色和黑色。 "绿色"在古埃及代表着"使其繁荣""使其健康",象征着植物、新的生命与繁育,在现代语言中,守护土地肥沃与促发新生命的行为仍然被描述为"绿色的、环保的"。由于古埃及人相信生长与衰败的轮回,绿色因此也与死亡、重生密切相关。 "红色"在古埃及中作为一种具有强大能量的颜色,象征着血液,代表着生育和繁殖女神伊希斯对血液的守护力量;红色还代表着生命,在古埃及艺术中,男人通常被赋予红色的皮肤,寓意其强大的生命力;红色还代表着愤怒、混沌与火焰,通常与风暴之神赛特(Set)联系在一起。古埃及人喜爱红石和玛瑙,他们用红玉和玻璃来营造壮观的效果,从氧化铁和红赭土中提炼出丰富的红色。 "蓝色"在古埃及代表着天堂与宇宙,许多寺庙、石棺和墓室会使用点缀着黄色星星的深蓝色天花板来装饰。蓝色还象征着水,因此它也寓意着尼罗河与原始混沌之水,与繁育、重生以及创造力有关。 "黄色"在古埃及文明中代表着永生与不可摧毁,与天神、太阳有着密切关联。 "白色"代表着纯洁与全能,许多用来祭献的动物都被涂上了白色。在宗教仪式中,人们要身着白色衣服,牧师要穿上白色草鞋,许多具有宗教意味的工具,如盛贡品和酒的器皿,装木乃伊脏器的罐子等,都是用白色的石膏制作而成的。 "黑色"代表着死亡与来生,但由于埃及的农业依赖于尼罗河富饶的黑色泥沼,它也会被用来表示繁育与复活
墨西哥	从颜色鲜亮的建筑立面,到多彩的墨西哥料理、艳丽的纺织品,再到鲜活生动的民间艺术,墨西哥的文化活力在五彩斑斓的色彩应用中迸发出来。在墨西哥的调色板中,暖色占据了主导地位。 "红色"是墨西哥建筑与艺术形式中最常见的颜色。墨西哥国旗中的红色象征着革命英雄的热血;红辣椒是墨西哥食物中最常使用的原材料。 "黄色"也被频繁地应用于墨西哥色彩设计中。庄严的宅园中,被阳光覆盖的黄色灰泥墙,泥泞的橙色陶土地板,在热带气候茂盛的绿色植物中显得温暖而诱人。几乎所有的黄色在墨西哥的水泥墙上都能被找到,鲜艳的黄色被用到诸如枕头和地毯等带有生动图案的纺织品以及手绘陶艺中。 "橙色"通常是用来装饰建筑内墙与外墙的暖色色调。从地板上的瓷砖到喷泉池和黏土墙墙绘,到处可见橙色的身影;亮橙色还会出现在纺织图案、陶瓷纹案及家具外观上;深橙色多用于枕头和地毯中

通过对几个有代表性的国家色彩使用习惯的分析总结，我们可以看出，色彩的符号性特征凝结了其所在社会历史、文明的演化结晶，对色彩应用方式的研究，实际上就是对异国文化逐步理解并感同身受的过程。色彩以其直观、简明的视觉化呈现方式为各文明间的沟通交流搭建起桥梁，这是色彩应用极具积极性的一面，从而也是企业文化视觉化应该格外重视的一面。

（二）国旗中的色彩应用[①]

国旗是国家主权的象征，是国家气质的凝聚。如表2-3通过对几组国旗色彩的分析进一步说明了色彩及其组合方式，是对国家历史、经济、政治和文化传统最为直观、简练的视觉化呈现。

表2-3 色彩与国旗

国家	色彩及寓意	国旗图案
法国	蓝、白、红三色分别为自由、平等、博爱	
俄罗斯	国旗采用俄罗斯联邦标准泛斯拉夫色：白、蓝、红为主色，依次表示俄罗斯国土跨越的寒带、亚寒带和温带。白色是真理的象征；蓝色代表了纯洁与忠诚，还象征着俄罗斯丰富的地下矿藏和森林、水力等自然资源；红色是美好和勇敢的标志，也象征着俄罗斯悠久的历史和对人类文明的贡献	

---

① 王志江.世界各国的国旗象征的意义［EB/OL］.（2015-02-02）［2018-12-25］. https：//wenku.baidu.com/view/04e419939b89680203d825f4.html.

续表

国家	色彩及寓意	国旗图案
巴西	背景中的绿色象征着巴西广袤的热带雨林，国旗中间是一个四个顶点与旗边的距离均相等的黄色菱形。其中，蓝色地球仪代表着南半球星空，黄色代表了巴西丰富的矿藏和资源	
加拿大	旗面从左至右由红白红组成，两边的红竖长方形代表太平洋和大西洋，白色正方形象征加拿大的广阔国土。中央绘有一片11个角的红色枫树叶。枫树是加拿大的国树，也是加拿大民族的象征	
埃塞俄比亚	埃塞俄比亚国旗所用绿、黄、红三彩被称为"泛非洲色"，历史上，这三种颜色象征着圣父、圣子、圣灵三位一体，体现人类自由所崇尚的忠诚、希望、仁慈三种美德。这三种色彩还分别代表埃塞俄比亚的三个地区：提克列（红）、阿姆哈拉（黄）、及西奥亚（绿）。绿色象征着对未来的希望；黄色代表和平与博爱，也代表人民建设国家的决心；红色象征人民为保卫祖国随时准备流血牺牲	
澳大利亚	旗面用色是蓝、白、红三色。蓝色旗面象征着被大海环抱着的澳大利亚领土，左上角的内含红色条纹英国国旗，表明澳大利亚与英国的传统关系。"米"字旗下的大七角星象征着组成澳联邦的六个洲和一个联邦区，其余部分代表的是太平洋上空的南十字星座	

四、中国传统文化中的色彩应用

（一）中国传统色彩观

河姆渡文化时期，黑色（石墨、氧化锰）、白色（白垩土）与赭石色（赤铁矿粉）由于原材料丰富，提取方式便捷，成为远古先民最常使用的颜色，他们将其绘制在器皿与利器上，以表达人类对自然的崇拜与敬畏。

随着封建文明的建立与完善，氏族社会对色彩的原始崇拜逐渐被礼乐伦常所取代。《周礼·冬官考工记》有云："画缋之事，杂五色。东方谓之青，南方谓之赤，西方谓之白，北方谓之黑，天谓之玄，地谓之黄。"作为中国最早一批将色彩作为观物立象之工具的论著，《周礼》将色彩理论化为一种视觉艺术的表现形式，确立了以青、赤、白、黑、黄为正色的五色系统，以青色象征春分之际，万物萌生；以赤色象征夏至时节，生物旺盛；以白色象征秋分霜露，植物凋零；以黑色象征冬至来临，落叶归土幻化于泥。在此基础上，逐渐演化出"方色者，东方衣青，南方衣赤，西方衣白，北方衣黑"的"方色"说。将"天"奉为至高神灵的周代，又以黄色象征天，以与黑色相近的"玄"为地。此时，由于四方之神的地位在周人的宇宙观中得到了弱化，成为单纯象征四方与四时的时空概念，另一方面，殷商文明对中央王国的重视，使殷人认为中央无论在空间抑或时间上都凌驾于四方之上，因而衍生出东西南北中之五方概念，其以地为中，以黄示之。

如果说五色的出现将混沌的抽象时空转变成为可视的宇宙秩序，那么《周礼》则进一步将这种秩序应用到人伦领域——以色彩表示人的尊卑贵贱，即以五色为尊，间色为卑，间色混合所得的杂色代表最低阶层。经过儒家对伦理常识的宣扬，这种阶级秩序得以不断固化：正色的使用体现出儒家对君子正颜色、正衣冠、坦荡行事的伦理要求，被赋予了浓厚的政治意味。如由于中方在五方中地位最高，因此黄色成为表示皇氏龙脉的象征，至隋唐之后，平民甚至不得以正黄为衣。

随着五色、五方概念的确立，箕子在《尚书·洪范》中首次提出五行之说，正所谓五行相杂以成百物，天生五才，而民并用之。《逸周书》又进一步将这五行元素与五色相结合，将水、火、木、金、土五种万物本源按照其材质特征分别赋予了相应色彩，即："黑位水；赤位火；苍位木；白位金；黄位土。"

五色所代表的中国传统色彩观，将色彩与天地时空相联系，这种以"天人合一"的宇宙观为内核的道家哲学为中国传统绘画所挪用，一方面衍生出以焦、浓、灰、淡、清的墨色变幻为表现手法的传统水墨画，传达出道家所崇尚"清静、无为"的平淡素净之美。张彦远在《历代名画记》中所言"运墨而五色俱焉"，可谓对老子"无色而五色成焉"的回应，在以黑为终极之道的道家哲学观看来，通过干湿浓淡与笔触锋路的变化，单一的墨色得以表现出丰富的明度变化和强烈的情感体验，可谓对"知其白，守其黑"的无为之道的视觉化表现；另一方面，道家哲学还产生了宋元以来以"物我合一"为最高价值标准的文人画传统。谢赫在《画品》中，以"随类赋彩"指出画家应以客观物像、物色为基础，与事物进行物我交流与合一，这种色彩的移情作用在郭熙《林泉高致》中，被进一步具化为类似"水色，春绿，夏碧，秋青，冬黑"的主观个体感受。

体现着清静无为的黑色在佛教教义中成为恶果的象征，另一方面，代表善果、光明及重生的白色，与象征神明的黄色，成为彰显佛教教义的代表色。正所谓："言上色者总五方正间：青、黄、赤、白、黑，五方正色也。绯、红、紫、绿、硫黄，五方间色也。"相较于儒、道对五行正色的偏重，佛教选择使用更加鲜艳、夸张的间色作为传情达意的补充语言，以传达修行者净化自身与获得神通之力的坚定信念。除此之外，金色因其不易氧化且装饰性强的特性，常被用于佛像与佛教建筑之中，以营造尊贵庄严的氛围。

不同的色彩在中国传统文化中的寓意也有所不同，色彩对于传统文化的视觉化表达起着举足轻重的作用。表 2-4 所示，总结归纳了色彩在中国传统文化中的寓意，揭示了色彩与中国传统文化的关系。

表 2-4　色彩与中国传统文化

色彩	传统文化寓意
赤色	赤色似血色，象征着生命与活力，似火色，驱散寒冷带来温暖，又似夕阳，蕴含着白昼渐熄的神秘。赤色即红色，象征着喜庆吉祥，古人将爱情故事称为"赤绳系足"；将婚事称为"红事"；大娶时要在门框贴上红色对联，在洞房布置上红帘、红帐和红席；古代富贵人家的府邸，要用朱漆涂刷大门和立柱，表示"吉户"和"富贵之家"，逢年过节，从年画、爆竹到压岁红包，均以红色为主色，烘托喜庆热闹的氛围
青色	青色在中国传统色彩观中的定义并不是十分明确。正所谓"青出于蓝，而胜于蓝"，青色出自于制作蓝色染料的蓝草，带有蓝色的色彩倾向，但它同时也被古人看作"物生时色也"，即万木抽芽植物初生时的嫩绿之色。 青绿色在中国传统艺术中的大量使用源自佛教艺术的盛行，作为与五行之赤色相对的色调，两者形成的强烈色彩对比被广泛应用于佛教壁画、彩塑和建筑彩绘中。经由丝绸之路引入中国的波斯艺术，也给当时的工匠带来了全新的青绿色颜料。 青色与万物生机的关联，与道教顺应自然的理念相顺应，道士所穿的蓝衫，奏章祝文（青词）所用的青藤纸，无不表现出中国传统哲学宁静致远，清静无为的意境

续表

色彩	传统文化寓意
黄色	中国传统五方之中，东西南北中，以地为中，以黄示之；正所谓天玄地黄，大地之"土"，"主吐含万物也"，在五行之中被安排在中央的位置。因此，古人也将黄色视为中和之色，以喻内德之美，发展出"君子黄中通理，正位居体，美在其中，而畅于四支，发于事业，美之至也"的理论。因此，象征君子的黄色逐渐被应用于皇权的建立与巩固中：汉代奉行秦制，服色尚黄；唐代认为赤黄近似日头之色，而且日是帝皇尊位的象征；宋太祖赵匡胤陈桥兵变，黄袍加身，并将此规定为皇帝独有的尊贵象征；清代"明黄色"的出现，更是被奉为万色之尊，专为皇帝独享。与此同时，黄色与中国传统宗教文化密切相关。汉初之道家，将黄帝和老子供奉为祖师，由于黄帝尚服黄衣、戴黄冠，道士们将金属或木材制成束发之冠，染成黄色作为黄冠，染黄衣服作为黄服。黄色亦为佛教常用之色，佛体被称为"金身"，寺庙用黄色，称为"金刹"，僧袍等一切装饰色都用黄色，佛像也以鎏金、漆金为贵
白色	在中国传统文化中，白色被看作"阴用事，物色白，从入合二，二阴数"。白色代表凶兆、死亡之象，常被用作葬礼之色。佛教的引入给白色赋予了圣洁的含义，佛家将人间善法称为"白法"，将善业称为"白业"，以提醒人们"出淤泥而不染"。《易·说卦·巽》孔颖达疏所说："为白，取其风吹去尘，故洁白也。"也将白色赋予素净、纯洁之意，这种含意在建筑中通常以汉白玉来象征，代表着主家清白高贵的人格
黑色	由于黑色易于制取，因此早在新石器时期，远古先民就已经频繁地将黑色用于陶器的制作。《释名》将黑色理解为"如晦冥时色也"，为无光之色，五色体系中以黑色象征天之色。由于五行之中，黑色属水，性寒，而赤色属火，性暖，因此两色多被并用，取阴阳相调之意。与白色相反，佛教将世间恶事称为"黑业"，将凶日称为"黑道日"，带有凶相阴暗之意，因此多被用于葬礼之中

经过对中国传统色彩观的梳理，我们发现，作为封建文明产物的传统色彩观不单是用来"观物取象"的具体手段，它的应用总是为其所处时代的主导思想与制度而服务，以烘托、升华某种时代精神为宗旨。作为事物再现的视觉手段，色彩的应用糅合了哲学、文学、心理学、社会学等多个门类，从道家的抽象哲学具象化至绘画、雕塑、书法、建筑等多种艺术表现领域之中，并在这个过程中逐渐产生出一套完备的美学评价体系。

受其所处时代、民族、文化等多方因素的影响与制约，色彩代表了其所在区域的文化特征与集体记忆，成为一种社会学产物，在历史文化的变迁中，诸多颜色散见其间,又剥离不得。中国传统色彩观念的形成和发展具有独特的民族性,色彩的运用也与社会观念意识、文化心理结构紧密联系在一起,成为表达和体现传统观念、理想与情感的重要方式。随着时代的变迁,中国传统色彩观念也在不断变化的历史语境中更新自身,如何在持续开放的文化交流与中西方文化碰撞中保持文化根基,并根据时代语境创新应用范式,成为当代色彩呈现的核心命题。

(二)传统色彩的传承与创新——以 2008 年北京奥运会为例

在 2008 年北京奥运会专用色彩设计时,设计团队以六种专有色为主导色,围绕凸显中华历史文脉,彰显中华民族性格,表现北京地域文化为核心,进行整体视觉形象系统的创作,将传统色彩观与色彩心理学、环境心理学相结合,向世界展示出中华文明深厚辉煌的文化底蕴及与时俱进的创新活力。

这六种专用色彩分别是:中国红、琉璃黄、国槐绿、青花蓝、长城灰和玉脂白,如表 2-5 所示。设计师突破以往奥运会以单色色块为主色调的方式,从敦煌壁画、雕梁画栋中撷取灵感,采用渐变的配色方案应用于主祥云图样之中,以鲜明的色彩对比,活泼的韵律动感以及丰富的层次变化,体现出中华文化融会、和谐、灿烂、辉煌的特征。在建筑及景观设计中,设计团队选取五色之赤、黄、青、白,按照场馆功能区划效果需求进行色彩搭配,以实现不同的视觉体验。如为打造鲜明的中国特色而不打破整体空间的连续性,设计团队小面积选用赤红与黄色,作为灯饰和内幕墙散落于夜景装饰中,穿插于建筑墙体间;同样是这两种颜色,它们在鸟巢主会场中作为标识贵宾路线的主色调,又彰显出大气、尊贵的身份象征;又如,为烘托极具张力的激烈氛围,观众区选用红色与绿色进行撞色调和,强调动感的视觉体验与热情洋溢的现场氛围。而作为需要专注凝神的比赛场地,则选择具有安抚、稳定之能效的冷调蓝色作为主导色进行使用,并适当选择红、黄等反差色划分出必要的功能区,以帮助运动员更好地识别场地。

表 2-5　2008 年北京奥运会专用色彩系统

色彩	寓意	图样
中国红	红色是中国的象征色彩，从国旗、宫墙，到春联、婚礼，红色也构成了北京的主色调。红色代表着激情和活力，代表着是喜庆与祥和，是中国民俗与文化的代表色；也是北京奥运会会徽的主色	
琉璃黄	黄色的琉璃瓦，金秋的树叶和丰收的农田，是北京最亮丽的色彩。"琉璃黄"是北京城市风光特有的颜色，代表着北京独特的自然景观及人文与历史的精彩和辉煌。在中国传统色彩文化中有着尊贵象征的黄色，将在奥运会专用色彩系统中扮演明亮与欢快的角色	
国槐绿	国槐是北京市市树，郁郁葱葱的国槐绿是自然的风采，是生命与环境的象征。国槐绿寄寓着北京珍视家园，与自然和谐发展的期许，表达了"绿色奥运"理念	
青花蓝	温润而典雅的"青花蓝"，是民族智慧的结晶，具有历史的美感。它表现了中国朴实敦厚的民族民风，洋溢着宁静祥和的气息	
长城灰	蜿蜒起伏的万里长城和掩映在绿树丛中的四合院民居的灰色，是北京城传统建筑景观中的重要的标志色，也成为北京奥运色彩系统中独具魅力的元素。万里长城那深沉的灰色，让我们仿佛看到了一个经历了沧桑巨变的民族正以冷峻的思考和全新的姿态，走进一个崭新的时代	

续表

色彩	寓意	图样
玉脂白	正所谓"君子佩玉",自古以来中华民族以佩玉为道德与修养的标志,"羊脂玉"更是玉中极品。玉又是中国传统文化中吉祥如意的象征。白色是北京奥运会会徽色彩重要构成元素之一,在奥运会色彩系统中起着重要的协调作用	

五、企业形象识别系统（CIS）

企业形象识别系统（Corporate Identity System，CIS）由理念识别（Mind Identit，MI）、行为识别（Behavior Identity，BI）和视觉识别（Visual Identity，VI）三部分组成。企业形象识别系统是文化管理方式的重要成果，这种方式吸取了泰勒科学管理过分强调数据和效率所导致的工作僵化的教训，在注重效率与收益的基础上，以企业理念为内核，发展出一整套完整的行动、展示方案，旨在对内"满足员工自我实现需要的内在激励，更充分地尊重员工，激发员工的敬业精神和创新精神，并且在价值观方面取得共识；对外以客户为本，关注客户需求，满足客户需要，从内外两个层面构建起统一的企业形象与价值导向。本节是建立在企业形象视觉识别系统基础上，通过创建企业性格色彩多层次对企业文化进行视觉化呈现。

（一）企业理念识别系统（MI）

企业理念是企业使命、企业价值观、企业愿景、经营宗旨、经营方针、社会责任和发展规划等意识观念的集合，是企业识别系统的核心和构建依据。科研、生产、营销等行为系统与企业形象设计等视觉系统均是对企业理念的物质化具体呈现，是企业对当前和未来一个时期的经营目标、经营思想、营销方式和营销形态所做的总体规划和界定，它反映出企业存在的社会价值、企业追求目标及企业经营内容。

（二）企业行为识别系统（BI）

企业行为识别系统是指通过颁布逻辑严谨、科学的制度准则以及实施必要的宣传教育培训，使员工内化企业价值理念，并将其应用于管理行为、销售行为、服务行为和公共关系等行为中去。企业行为识别系统通过文字、行动等方式对企业理念识别系统进行物质化呈现，是强化公司内部凝聚力，统一外部市场印象的有效手段。

（三）企业视觉识别系统（VI）

企业视觉识别系统由企业标志、标准字体、标语、象征图案、企业物质环境等一系列构成企业形象的视觉符号构成，是以标志、标准字、标准色为核心展开的一整套完整、系统的视觉表达体系。同样是以企业理念为指导，企业视觉识别系统通过差异、直观的设计方式，将企业理念、企业文化、企业制度、服务宗旨等抽象概念目视化为固定的图形组合，对内向员工传达出统一的企业价值观，对外向大众呈现出独具特色、性格鲜明的企业形象。

六、企业性格色彩定义及创建意义

（一）企业形象识别系统的创新发展——企业性格色彩

20世纪80年代，美国色彩形象顾问咨询机构（Color Me Beautiful Company）曾提出著名的"色彩营销"理论，即企业通过对目标人群及消费市场色彩偏好的研究，将适当的色彩应用于企业形象、产品包装、网页设计中，以此迎合消费者需求，实现心理、色彩、商品的有机统一。

企业形象识别系统中理念识别主要包括：企业使命、企业价值观、企业愿景等。理念识别是一种文字语言，色彩是一种情感语言，将企业理念识别的文字描述转化为企业拟人化、人格化色彩体现即是企业性格色彩。它将企业特质和属性与具有相应象征的色彩搭配，对企业理念进行情感化呈现。将企业理念识别系统移情于色彩符号，是对企业特质拟人化、人格化的展示，形成一套具有高辨识度的企业性格色彩体系。

就企业理念的视觉呈现方式而言，企业特质与色彩的象征意义联结，色彩在企业环境中的空间应用以及员工和市场在与色彩的互动中产生的文化认同和品牌辨识度，是企业性格色彩研究及设计实践的重点。如国家电力投资集团以中国红、能量橙、梦想绿及创新蓝传达企业性格特质与文化理念，展示国有大型企业的职业操守、企业价值定位、历史使命及发展愿景，凸显企业气质，搭建起企业文化与员工及社会的沟通纽带。

（二）创建企业性格色彩的意义

企业性格色彩利用色彩的符号性承载企业理念，是构成品牌形象展示系统，促进员工产生企业文化认同感的重要视觉手段。

如果说企业视觉识别系统以其特有的视觉构成方式吸引公众注意力并使其对企业产生记忆，从而强化消费者对该企业产品的忠诚度，那么，精准再现企业文化特质的企业性格色彩则更偏向对员工意识及行为价值观的统一与整合，使员工产生联想，并在潜移默化中形成与员工的人格化关系。创建科学、严谨的企业性格色彩，是传播企业经营理念、提高企业知名度、塑造企业形象的快速便捷之途，通过艺术化的视觉呈现，积极地宣传了企业文化，提高了员工认同感，并有效提升了企业员工士气。

简言之，创建企业性格色彩的意义从根本上来说就是通过色彩符号对企业文化理念的转化，统一企业员工的价值观，并以此指导其行为；另一方面，将鲜明的企业性格特征传达给消费市场，以此巩固品牌形象，传播企业文化，提升品牌辨识度。

七、企业性格色彩模型创建

（一）企业性格色彩模型的核心理念

色彩与企业的本质属性、价值追求有着直接关系，企业性格色彩模型的核心理念是以创建企业性格色彩体系为目的，建立一个将情感或价值观转换成色彩的设计体系，实现文化理念与色彩符号的转换与对接，以色彩呈现企业文化的物理性与文化性。

（二）企业性格色彩模型的作用

以色彩的美学原则及企业性格色彩模型为平台，将"色彩体现"转化为"量化应用"，建立一个以色彩设计与应用为核心的理论系统。企业性格色彩模型弱化了传统设计方式中设计师个体情感的支配地位，突破性使用科学、严谨的色彩体系对企业文化的展示进行量化组合，避免了因设计者情感、审美的波动所产生的不可控效果，实现从感性到理性的飞越，为企业文化的落地提供了全新的视角，为企业性格色彩体系的建立提供了科学的设计理论。

（三）企业性格色彩模型的原理

企业性格色彩的象征意义从根本上来说就是文化理念与色彩的转换。企业性格色彩模型分为企业性格色彩模型圆及企业性格色彩模型三角两部分构成，如图 2-1 和图 2-2 所示。根据国家发布的《色彩设计系统》[1]中所提出的色彩量化设计方法，该模型以企业理念识别系统为分析基础，参照不同区位色彩所代表的不同寓意象征、文化特质等内容，将企业特质转化为不同的色彩构成方式。

1. 企业性格色彩模型圆[2]

企业性格色彩模型圆由色相构成的圆外环、企业理念构成的圆内环及两环间色彩综合象征三部分构成，如图 2-1 所示。模型色相圆外环中分布着八个基准色，它们分别是：Red 红（R）、Orange 橙（O）、Yellow 黄（Y）、Kelly 薇（K）、Green 绿（G）、Turquoise 青（T）、Blue 蓝（B）、Purple 紫（P）。企业理念内环分别标注着企业使命、企业价值观、企业愿景等企业理念内核，其中由这三条理念衍生出的其他相关要素，归类为"理念"也被统一放置于此环中，构成模型的企业理念部分。

---

[1] 参见《色彩设计系统》GB/Z35473-2017 国家颜色标准。

[2] 吕光. 色彩大师：配色全攻略［M］. 济南：山东美术出版社，2011：2-3，8-9，15-17.

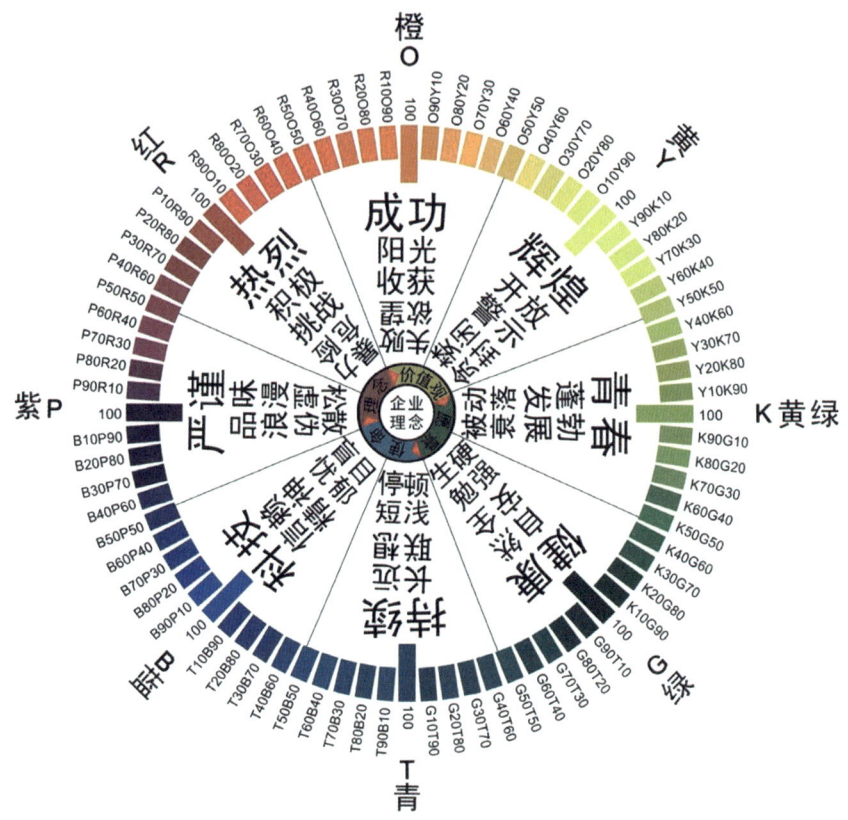

图 2-1　企业性格色彩模型圆

由色彩基准色归纳出的 5 个最具典型性的企业性格（包括正面、中性和负面描述）以名词的形式按纵向排列在相对应的位置中。排在顶端的词语是主要企业性格表述（字体最大），代表这一名词是所对应色相的最大共性企业性格，最后两个词语与前面的做反向排列，表示对该色相引发的中性或负面的共性企业性格感受。如红色：最大共性企业性格是热烈，带有刺激和兴奋感，但也有危险和暴力的负面印象。

外环每两个基准色之间划分为 100 阶，跨 10 取 1，形成 80 个色相。基准色一律以 100 表述为：R100、O100、Y100、K100、G100、T100、B100、P100，其余非基准色的数值只能是两个相邻基准色之和等于 100，即：O+Y=100、Y+K=100、K+G=100、G+T=100、T+B=100、B+P=100、P+R=100、R+O=100 按顺时针方向，以基准色排列先后顺序表述。

企业性格色彩模型圆两环间色彩综合象征，用外环色相圆将色彩的位置标定，是企业性格色彩设计体系的重要部分之一，在企业性格色彩设计中，色相的设计和改变代表了企业文化特质的改变，如：橙色（O）是收获，而紫色（P）是浪漫，色相的改变同时也暗示了文化象征的改变。

就色彩而言，企业性格色彩模型圆只是对典型的色彩符号进行了归纳，除此之外还有很多个性化的表述范例，需要设计者在设计过程中充分考虑企业所处环境、文化语境等相关因素。因此，企业性格色彩模型提供的是相关色彩文化范围的参考，设计师可以结合自己的实际经验灵活运用。在不同的语境中，红色还可以进一步扩展出一系列相关的心理描述，例如：奔放、热情、活力、热闹、艳丽、幸福、吉祥、革命、公正、恐怖、愤怒等。

2. 企业性格色彩模型三角[1]

色相仅仅是颜色的一种属性，除此之外还涉及黑白度（明度）和彩度（纯度）的概念属性。色相好比一个人的五官长相，黑白度和彩度则好比这个人的身高体形，它们共同出现才能完整说明一个颜色或人与众不同的特征。通过对黑度、白度、彩度等属性的组合搭配，设计者能够找到相应的企业性格描述，这也是企业性格色彩设计体系的重要部分之一。

企业性格色彩模型三角的使用方式可参考国家发布的《色彩设计系统》标准中的色位三角形。白色量（w）、黑色量（b）、彩色量（c）三条边构成三角形的坐标系，用来标识某一颜色在三角形坐标系中的位置。b、w和c的取值范围均为0~100，每一属性都被划分为100阶，b、w和c之和为100，位于三角形不同区域的颜色同样代表着不同的企业性格描述。

温和区色位为高明度低彩度区域；稳重区色位为低明度低彩度区域；中庸区色位为中明度中彩度区域；强烈区色位为中明度高彩度区域，如图2-2所示。

---

[1] 吕光.色彩大师：配色全攻略[M].济南：山东美术出版社，2011：4-7，10-11，18-21.

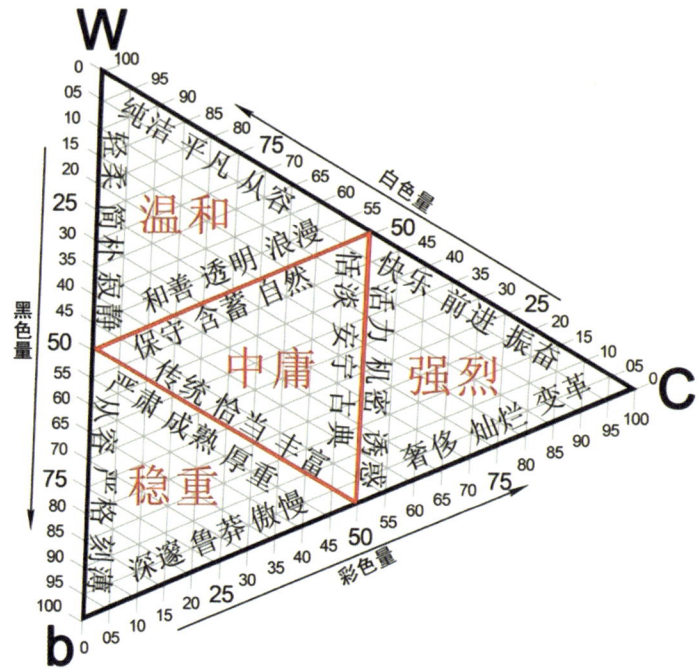

图 2-2　企业性格色彩模型三角

模型三角形采用 b（Black）、w（White）、c（Chroma）三个小写符号（采用小写符号是为了与色相大写符号相区别），分别表示颜色的黑度、白度和彩度属性，都遵循 b+w+c=100 的原则。换句话说，任意颜色中的黑度、白度和彩度成分共同组成该颜色的 100% 含量。通过分级坐标值的方法，可以借由颜色的某一或者某两个属性推导出其余属性的含量，从而轻松确定颜色的位置。

如何找到黑度、白度和彩度线，方法如下。

如图 2-2 所示：标号为（b）的是黑度线，从 w 点开始，向 b 点的方向平行发展，越靠近表示 b 点黑度值越大。

标号为（w）的是白度线，从 c 点开始，向 w 点的方向平行发展，越靠近 w 点表示 w 点白度值越大。

标号为（c）的是彩度线，从 b 点开始，向 c 点的方向平行发展，越靠近 c 点表示 c 点彩度线越大。

（b）、（c）、（w）三条线的交叉点标识出明确的黑白彩色度数值，即色彩位置。

在色彩设计中，不同的黑白度和彩度能够引发观者不同的情感反馈，同时也反映出企业性格特征在情感强度上的变化。例如，从柔和区域到沉稳区域，或从柔和区域到强烈区域，企业性格给人的情感体验随着黑白和鲜艳强度的变化而变化。

3. 企业性格色彩编码

企业性格色彩编码由两部分组成，第一部分是色相编码（H），就像我们的姓名中的"姓"一样，它有"80个姓"（80个色相）；第二部分是色貌编码（b+w），它同我们的名字一样，有许多种组合方式。

使用企业性格色彩模型可以轻松地标识任意颜色，将颜色的色相编码和色位编码组合起来就是一个完整的企业性格色彩编码。例如：青色比例为21、蓝色比例为79、黑色量为25、白色量为49，色相编码T21B79和色位编码b25w49组合为T21B79 b25w49。这组编码完整地记录了包括色相、黑度、白度和彩度在内的颜色特征和颜色属性，需要注意的是，在编码的时候要留心色相的总和与色位（色貌）的总和分别等于100。彩度的编码不用记录，因为只需要表示出黑度和白度，彩度的数值自然就可以得出。

（四）企业性格色彩模型的使用方法

企业性格色彩模型相当于一份简便快捷的企业性格色彩创建速查表，以企业文化理念为依据找到模型中对应关键词，再将企业理念转化为看得见具象色彩，为企业文化工作者迅速掌握、创建企业性格色彩提供了科学、便捷的使用工具，并对企业性格色彩的倾向上产生宏观把握和判断。

模型使用步骤：

第一步：明确企业文化理念；

第二步：在模型圆中找出与企业理念有关的关键词；

第三步：在模型三角中找出与企业理念有关的关键词；

第四步：完成色彩设计编码；

第五步：根据色彩设计编码找到色位区或从配色软件中找到配色。

例如，企业使命是奉献清洁能源。在模型三角中庸区中找到"自然"这一性格描述，确定黑度与白度（b25w50）坐标，中庸区色位为中明度中彩度区域；在企业性格色彩模型圆旋转企业理念内环，对准两环间色彩综合象征"自然"，确定色相为绿色，对应色彩环找到K40G60坐标，最终完成色彩设计编码K40G60 b25w50。

八、企业性格色彩创建方法及空间应用

(一)企业性格色彩的创建方法

1. 色彩文化调研

进行企业性格色彩的创建,首先要对企业所属国家、地域色彩偏好及民风民俗、企业产品特性、企业文化进行调研,对企业高层进行访谈,对员工进行色彩问卷调研,并以此为依据进行企业性格色彩创建,如表2-6所示。

表2-6 员工色彩调研表

工作环境状况:
(1)您赞同有创意且人性化的办公环境更能激发员工的工作热情?
(2)您赞同企业应该针对员工的个性需求对办公环境做出改善吗?
(3)您认为工作环境会影响工作效率吗?
(4)您对目前企业的办公环境满意吗?
(5)您觉得能体现企业特色的元素是什么?
工作空间色彩认知:
(1)如果在您的办公空间中设计色彩,您更喜欢大面积的色彩是?
(2)如果在您的办公空间中做色彩点缀,您更喜欢用什么色彩?
(3)如果让您用一个或几个色彩来体现公司的企业性质,您认为哪个最合适?
(4)您喜欢自己办公空间内的家具色彩是?
(5)如果在您的办公空间悬挂艺术品,您希望艺术品色彩是?
(6)您认为办公空间中色彩的适当应用是否能改善您的上班状态?
(7)您认为今年的流行色是?
(8)如果让您用一个颜色来形容您的性格,您觉得哪个色彩最合适?
(9)您认同色彩是一个空间的灵魂这个观念吗?
(10)您在单位的一天上班时间中最想长待的空间是?
(11)您认为办公空间的色彩和休闲空间的色彩应该有差异吗?
(12)如果把公司比喻为一个人,您认为他的性格是?

2. 依据企业性格色彩模型创建

在公司企业文化理念确定之后,以色彩调研数据为依据,对照企业性格色彩模型,找到色彩编码。

例如:北京东华科技集团企业核心价值观是诚心共享、创业创新;企业愿景

是致力于发展成为一个基业长青的企业；企业使命是让更多的人获得更好的技术。

企业性格色彩模型圆定位分析如下。

（1）诚心、共享、创业、创新的代表色相都是红色，在色相环上找出 R 色相就可以为这组颜色定调。

（2）基业长青色相是绿色，在色相环上找出 G 色相就可以为这组颜色定调。

（3）技术、科技色相是蓝色，在色相环上找出 B 色相就可以为这组颜色定调。

企业性格色彩模型三角定位分析如下。

（1）诚心、共享、创业、创新代表了一种较为外露和张扬的性格特性，用色彩来表现时，色彩的纯度要高，可查找模型三角位于强烈区的色彩来描述该企业性格。

（2）基业长青是代表了一种稳固、融合、协调、和睦的性格特性，与强烈区的主题有出入，查找模型三角位于中庸区的色彩可以表达该企业性格。

（3）技术、科技代表了创新创造，具有活力的性格特性，适合使纯度较高的色彩进行表述，在靠近白度线中部处，查找模型三角中位于中庸区的合适色彩。

如图 2-3 所示，以东华科技集团企业性格色彩创建过程为例，首先确定色彩设计编码，然后再根据色彩设计编码确定色位或从配色软件中找到配色，确立企业性格色彩。

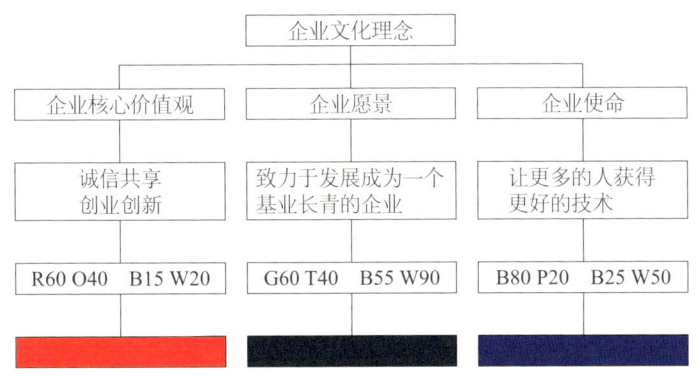

图 2-3　北京东华科技集团企业性格色彩创建流程

3. 依据企业形象标识创建

应用于企业标识图形、企业环境设计中的色彩，是建立在设计初期大量调查与定位分析的基础之上，需要以企业理念、精神、核心价值观为核心依据，兼顾"企业理念的准确传达"与"艺术化、有新意画面表现"，多角度、全方位地反映企业经营理念。

以国核电力规划设计研究院为例，该公司 2009 年隶属于国家核电技术公司，在企业文化宣贯时，设计团队首先对国家核电企业文化进行了分析总结，从企业标志"六合之花"提炼出主色调——红、橙、黄、蓝色四色为企业性格色彩，并赋予每种色彩以特定的文化名称和文化内涵，如图 2-4 所示。企业性格色彩的中国红——取自"六合之花"的外环，代表忠诚、使命，彰显出国家核电"引领核电技术，发展清洁能源"的企业使命和"忠诚于国家，忠诚于事业，忠诚于企业"的职业操守；能量橙——取自"六合之花"的中环，代表阳光、包容，彰显"以核为先、以和为贵、以和为本"的企业核心价值观；创想黄——取自"六合之花"的内环，代表着创新、激情，彰显"崇和、尚实、精诚、创想"的企业精神；科技蓝——取自国家核电企业标志的字体，代表科技、未来，彰显出企业"建设核心技术突出、代表国家能力的创新型现代国有企业"的企业愿景。此企业性格色彩后来推广为国家核电企业性格色彩。

图 2-4　国家核电企业性格色彩

4. 根据企业标准色创建

企业标准色的确立是建立在设计者对企业经营理念、组织结构、经营策略等总体因素的把握之上，通常是采用标准色加辅助色的方式来建立企业的用色系统。

标准色的选择应体现企业的经营理念和产品特性,表现该企业的生产技术和产品的实质内容,从而突出产品的差异性,提升品牌辨识度。

以国家电力投资集团的视觉识别系统为例,通过标准化的语言和系统化的视觉表现方式,设计者旨在将企业服务宗旨、行为和类型传达给社会公众,创造出一种具有差异化的品牌形象。

(1)标志——绿动未来。如图 2-5 所示,标志是最重要的品牌视觉表达方式之一,它体现了国家电投独特的企业文化见解。

图 2-5 绿动未来

标志释义:形——图形可以看作对英文字母"Energy"首个字母"E"的变形,代表了能源企业的价值属性。标志整体似双螺旋叠加循环体,如腾飞的双翼,充满动感与活力。色——以红色和绿色为基调,色彩渐变呼应,充满变化之美,凸显出发展清洁能源的国家使命。意——标识以国家电投的核心理念"和"为基础,表达企业内部的团结合作、企业之间的和合共赢、企业与自然的和谐共生。

(2)标准色。如图 2-6 所示,标准色是象征公司精神及企业文化的重要元素,

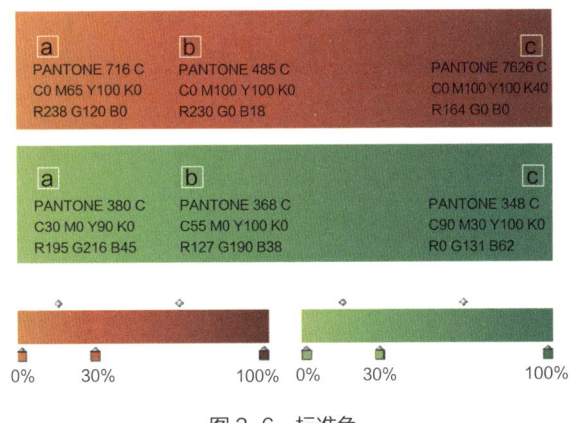

图 2-6 标准色

通过对比色、互补色等多种色彩组合方式,能够产生强烈的视觉体验,显示出色彩在提高品牌形象辨识度中的强大作用。

(3)辅助色。如图 2-7 所示,在充分使用标准色的基础上,开发出此系列辅助色彩。

图 2-7 辅助色

(4)企业性格色彩创建。如图 2-8 所示,国家电投选择了标准色及辅助色中的中国红、能量橙、梦想绿、创新蓝作为企业性格色彩。中国红——红色本身传

图 2-8 企业性格色彩

达的是勇气和信念。中国红代表了忠诚与使命，彰显"让天更蓝、水更清，生产清洁能源"的企业使命。能量橙——橙色本身传达的是温暖和幸福。能量橙代表阳光和包容，彰显国家电投一体两翼的经营哲学。梦想绿——绿色本身传达的是自然与和谐。梦想绿代表清洁能源和活力，彰显"发展清洁能源"的企业使命。创新蓝——蓝色本身传达的是科技与未来。创新蓝是对企业文化的传承，也是对科技创新的坚持。

5. 根据企业精神创建

华能集团"三色"文化具有特定的思想内涵，即：企业使命是为中国特色社会主义服务的"红色"公司，是注重科技、保护环境的"绿色"公司，是坚持与时俱进、学习创新、面向世界的"蓝色"公司。

华能集团根据色彩的象征意义对企业的性质进行视觉展示，其建构出的"三色"理念，是对华能企业精神的概括和延续。其中，"红色"是华能本色，是立身之本、"三色"之本。建设"红色"公司，是华能的根本态度和精神境界，是华能为国民经济发展、社会进步和人民生活水平提高而努力的历史使命的集中体现，是华能职责的生动写照。"绿色"寓意人类与自然环境协同发展、和谐共进。建设"绿色"公司，表明华能崇尚科学、尊重人才、注重科技、保护环境和促进社会可持续发展的人文观念和科学态度。"蓝色"是华能标志的基本色，寓意华能坚持与时俱进、学习创新、面向世界，吸纳世界上一切先进技术和先进文化来壮大华能事业，表现了华能人海纳百川、通达天下的博大胸怀和跻身世界强企的雄心壮志。

建设"三色"公司是华能的神圣使命，是与华能的战略目标相适应、相吻合而构成的文化形态。"绿色""蓝色"是华能得以持久发展、跻身世界大企业之林的必备因素，也是巩固"红色"的必要条件。以"红色"为本，以"绿色""蓝色"为源，构成了严密而完整的理念体系。建设"三色"公司理念蕴含三个层面的诉求：国家利益至上，服务国家、造福社会；理性追求企业经营价值，努力回报投资者；以人为本，促进员工全面发展。如图2-9所示，华能集团某电厂利用废旧管道制作的"三色"文化雕塑。

图 2-9　华能集团某电厂"三色"文化雕塑

（二）企业性格色彩的空间应用要点

1. 色彩对应文化

以艺术设计手法为形式，以企业性格色彩为依据，将企业文化理念视觉化、形象化，并通过对企业空间的色彩美化，建立起企业文化与企业员工间的联系和沟通纽带。同时，色彩符号在时间与空间的视觉化展示过程中，不只是企业文化的目视化，还要凝结本区域的历史、信仰、风俗及企业员工的情感。

2. 色彩服从功能

企业性格色彩设计应用是指通过色彩的设计，将室内外色彩艺术化、科学化，以满足企业员工进行工作、学习等基本行为，创造出良好的色彩环境，体现出与其所在语境相符的性格色彩特征。在功能要求方面，设计师应事先分析好目标场所内，每一个具体空间的使用情况，由于使用对象或使用功能有明显区别，空间色彩的设计就必须因地制宜有所区别。

3. 色彩改善空间

通过运用色彩的物理属性和移情作用，设计师能够在一定程度上优化空间尺度、比例、分隔并渗透空间。例如，当室内闲置空间较多时，可通过使用具有视觉收缩效果的色彩，配合相关办公家具的摆放，有效增加空间的围合感，以色彩弥补和掩盖原有空间的不足。

4. 色彩符合审美

色彩在美学范畴内的使用范式，是在人类漫长的实践过程中，以多数人的审美要求为依据，逐渐形成和完善的。企业性格色彩设计要充分发挥色彩的美学价值，正确处理空间内主色调与辅助色、装饰色等多种色彩的比例关系、统一变化，明确主色调对整体氛围的主导作用，并通过其他色彩的应用，更加有效地烘托、加深情感氛围。

5. 色彩评价科学

色彩是一种意义丰富的符号信息，如马克思所说的"以物代色"的原始时期，色彩的冷暖感起源于人们对自然界某些事物的联想，这种心理暗示与移情，成为色彩符号特有的属性。

正如上文所说，不同的色彩组合能够影响甚至改变使用者对空间、温度、氛围等因素的感知和体验，如欧洲中世纪哥特式教堂中神秘圣洁的气氛，便是通过巧妙的色彩搭配来实现的。受不同社会文化语境的影响，对色彩的研究必须逐步从定性研究进入到定性和定量相结合的研究，从一般主观评价上升到主观与科学检测结合的评价，为企业性格色彩设计建立更加科学的研究基础。

（三）企业性格色彩的空间应用

企业性格色彩系统以将色彩设计作为企业文化理念的视觉展现形式，加快了企业文化的宣贯与落地，并通过感官印象和情感体验，把物质环境内化为企业文化的一部分，在建筑空间中与员工建立起文化的联动，进而增进员工对企业文化的认同与互动。与此同时，企业性格色彩系统通过对企业文化的"物化"与美化，实现了物我一体、天人合一的哲学高度，使员工感到愉悦并有所启迪，唤起员工对企业的情感与美学联想，如图2-10和图2-11所示。

图2-10 企业性格色彩转换图

图 2-11　国核电力院管理楼门厅企业性格色彩应用

色彩学不仅作为一门科学门类，其发展还受到美学、社会学、心理学等多种学科领域的影响。色彩是一种高效的情感语言，它作为人类最为敏感的信息媒介之一，可以有效地传达文化、情感、意识形态等有形或无形的信息。通过给色彩赋予企业文化内涵，设计师将企业性格色彩应用于建筑空间中，潜移默化地影响并加强员工对企业文化的认知，进而实现企业文化的互动与落地。

第二节 物化移情——企业文化目视化

审美享受就是在一个与自我不同的感性对象中玩味自我本身,即把自我移入到对象中去。

——[德]W.沃林

在古代,无论是东方还是西方,人们都意识到有一种不可触摸到的非实体的"场"存在于我们周围的环境中,并且这种特殊物质"场"时刻影响着人们。如果让企业的空间环境承载着企业文化,企业就建立起一种有时间和空间的特殊物质"文化场",这个"场"就是人与环境、社会及文化交互的媒介。

一、企业文化目视化概述

(一)企业文化目视化的概念

企业作为由多种社会关系相互作用而构成的相对独立的社会空间,其发展特点正如法国哲学家布迪厄所言,是在"争夺各种权力或资本的分配"[①] 中生成的、充满张力的关系场域。企业在充满竞争与不确定性的前进道路中,企业文化对企业发展的核心作用以及对随之产生的制度、行动等内容的积极实践,能够将员工耦合进企业历史与现状及其发展规划之中,使其在无意识中内化企业精神,在思想与行为层面上形成一种集体化认同,从而给企业固守创业初心,砥砺前行提供了方法论的依据。

---

① 皮埃尔·布迪厄,华康德.实践与反思:反思社会学导论[M].李康,李猛,译.北京:中央编译出版社,1998:155.

艺术史家潘诺夫斯基在 20 世纪 50 年代曾暗示，17 世纪的西方科学革命，其根源可以追溯到 15 世纪发轫的"视觉革命"。埃杰顿更进一步提出，由 14 世纪意大利画家乔托所开创的"艺术革命"：即运用解剖学、透视学及明暗法等科学手段，在二维平面上创造三维空间的真实错觉，为 17 世纪的"科学革命"提供了一套全新的观察、再现和研究现实的"视觉语言"。他假设，如果伽利略没有受过这套新的视觉语言的教育，就不可能有他的科学发现。为了证实其论点，埃杰顿把目光转向了中国。他以中国艺术家复制西方传教士带入中国的宗教绘画为例，说明中国为什么没有出现科学革命的原因，平面化的视觉艺术语言，阻碍了科学地观察与再现自然技术的发展。

埃杰顿的观点难免偏激，受到了马洪尼的批评。马洪尼否定 15 世纪的艺术家的技术革新为科学革命提供了重要背景，他认为，在 17 世纪的科学革命中，科学家依靠几何学，通过视觉图像解释的不是机器的运作方式，而仅仅是机器的模样。只有代数学的完善，才使科学家能够清楚地表述动力学法则，由此完成科学革命。

无论如何，埃杰顿假说强调了一个在过去与现在均受到忽视的重要问题：视觉艺术在人类各知识领域中究竟起着何等作用？目前正兴起的"视觉文化研究"热表明这一点已开始被重视。

因此，企业如何从认知层面、物理层面、心理层面、社会层面等构建一个"文化环境场"，通过视觉感知、审美感应、文化感受，全面、深入地展示并落实企业文化，建立起一种由企业文化理念、员工意识交织而成的，"以人为本，以文化人"的文化氛围，成为企业文化创建过程中的重要环节。

企业文化目视化是通过对企业文化理念的解码，把书面的思想语言转化为空间的视觉语言。通过解码功能，使企业文化真正成为"体验"文化和"执行"文化。

企业文化目视化设计通过色彩、符号、图案、雕塑等可视元素，在特定时空、区域里，有序地传达出一整套包含企业文化理念、企业行为规范和企业文化价值观在内的企业文化内涵。通过运用管理学、文化创意、设计美学、色彩生理及心理学等多学科研究成果，以企业室内外空间为表现载体，以视觉化再现的艺术语言为形式手段，将企业物质文化、行为文化、制度文化和精神文化进行艺术可视化。如通过图形、色彩、造型等基本要素，将企业文化融入企业建筑、景观、室内装修、陈设等空间环境之中,将环境与视觉、空间及时间纳入一个整体中进行系统研究,以可视化文化环境塑造企业员工及获得社会认同。

(二)企业文化目视化的意义

通过对国际上一些知名公司统计,"在那些表现优异的顶级公司里,公司文化和它所生长的企业环境的吻合程度很明显要高出一筹。公司文化必须与它所在的环境的要求步调一致"[1]。现代电力企业,无不面临着日益激烈的市场竞争。因此,作为反映着立业根基的企业文化,也必须具有鲜明的时代特征,要通过视觉手段,形象、生动地向员工及社会展示出企业求新求变、勇于创造、追求卓越的活力与信念;并通过对企业环境、物质元素的优化改良及企业文化目视化,系统塑造出符合员工心理需要的文化环境空间,使员工在工作过程中体验企业文化,在欣赏艺术作品的同时品味企业文化,这既能提高员工的艺术修养和整体素质,又能实现企业文化的精神输入,还能作为贯彻企业文化宣贯的有效手段,而这也恰好为增强企业活力,提升品牌创新性和竞争力起到促进作用。

企业文化目视化设计是给人"看"的设计,它发挥出视觉语言的信息传达、情感沟通及文化交流作用——跨越语言的障碍,消除文字的阻隔,凭借对视觉构筑物的感知与理解,实现"见景生情,情景交融"的目的。与此同时,"观看"的共情性也给企业文化目视化设计提出了美学与情感化的要求,即要通过对空间环境及物质对象的特殊造型或排列组织,展现不同的美学特征及价值取向,为观者带来审"美"的愉悦,使人从内心产生对展示物的共鸣。

(三)企业文化目视化设计依据

企业文化目视化设计以国家和行业标准及各类设计技术规范等为依据;以环境心理学、设计美学、色彩学、社会学、文化学、历史学、环境生态学、环境行为学、人因工程学、建筑学等学科为指导;以企业性格色彩创建模型、企业文化目视化设计模型、企业文化诊断模型、色彩分析软件和仪器等为工具;以地域文化、民族文化、企业文化等为核心,通过调研分析、现场访谈、文化创意、概念

---

[1] 特伦斯·迪尔,艾伦·肯尼迪.新企业文化:重获工作场所的活力[M].孙健敏,黄小勇,李振,译.北京:中国人民大学出版社,2015:13.

设计、意见反馈、深化设计等方式完成企业文化目视化设计方案。

（四）企业文化目视化设计目标

1. 企业内部——增强企业员工凝聚力

基于企业环境及其文化理念，梳理企业文化目视化设计思路并结合现场实际落实设计方案。以此为目标，优化企业生产、管理环境，提升其空间功能，彰显企业文化；通过创建企业性格色彩，增加企业性格色彩展示，从而充分发挥企业文化的导向作用、凝聚作用、激励作用、约束作用，通过统一企业愿景、核心价值观和企业精神，统一内部员工的意志，把员工的个人目标引导到企业目标上，强化其归属感和认同感，增强企业员工凝聚力。

2. 企业外部——提高企业品牌影响力

企业文化目视化设计将企业文化融入空间环境及产品设计等环节之中，应用企业文化取得良好的社会形象以提升企业的品牌附加值，通过不断强化品牌辨识度及认同感，从而获得强大的市场竞争力，提升企业的品牌影响力。

品牌文化主要是向企业外部传播，通过企业文化目视化设计能与消费者进行有效的沟通，丰富品牌形象，塑造品牌个性，应用良好的品牌文化来提升品牌的影响力和客户忠诚度，保持产品在市场中长盛不衰。

二、企业文化目视化设计系统

（一）企业文化目视化设计模型

如图 2-12 所示，企业文化目视化设计模型是将企业文化分为物质文化、行为文化、制度文化及精神文化四个层面，并分别对其进行艺术性、视觉化设计。

企业文化目视化设计系统，分别通过固化于制、显化于物、外化于形、融化于情和内化于心五个方面，最终实现实化于效，以此提高工作效率、增加生产效益、落实安全文化的目的。

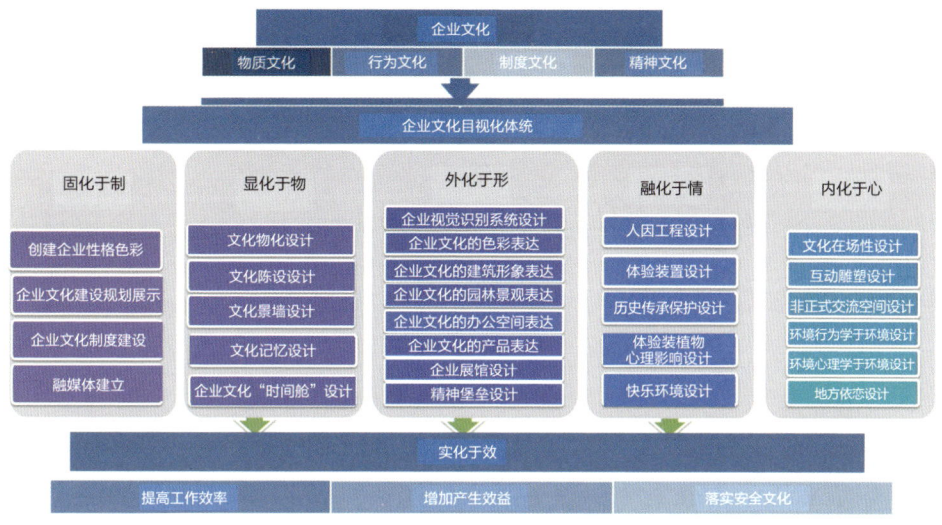

图 2-12 企业文化目视化设计模型

（二）企业文化目视化设计内容

1. 固化于制

（1）创建企业性格色彩。本章第一节已对企业性格色彩如何对企业理念和情感特质进行视觉化转化做出了详细阐述。在实际设计过程中，设计者要将企业性格色彩运用到空间环境及陈设物件的设计中，通过突出企业文化理念、产品特质，塑造和提升企业形象，实现员工与环境空间的互动，从而落实文化理念的宣贯传达，获得员工对企业文化理念的认同及市场品牌辨识度。

（2）企业文化建设规划展示。编制企业文化建设规划是指根据目前企业文化建设的现状及存在的问题，结合企业组织机构职能及发展战略，规划与战略相匹配的企业文化，并通过视觉化展示方式，进一步增强员工参与企业文化建设的意识，以加强员工的使命感，助推各项工作顺利有序地开展。

（3）企业文化制度建设。企业文化制度建设是企业文化的重要构成部分。制度是文化的载体，相对于无形的文化理念，制度规则是一种有形的管理。将抽象的企业文化制度化，是企业文化建设的根本保障，如制订企业文化理念视觉化、规定文化活动参与方式，编写人才培养与招聘制度等。

（4）融媒体建立。进入 21 世纪以来，以电脑、手机、数字电视等工具为媒介的数字化新媒体，凭借广覆盖、快传播、高互动等优势，逐渐代替了传统媒体，成为企业传播领域的生力军。在此情况下,传统媒体与新媒体的融合形成了优势互补,"融媒体"就是在这两种媒体相互融合的实践过程中顺应而生的。它不是一种独立的实体媒体,而是通过对广播、电视、互联网的优势资源进行整合,对媒体功能、手段、价值实现全面提升的一种运作模式及科学方法。

企业"融媒体"系统的建立,能够对新老媒体的人力、物力及宣传资源进行优化整合,变各自服务为共同服务,实现资源通融、宣传互动,从而建立起一种新型和谐、相互依托的媒体关系,进一步提高了企业文化的宣传效率,增强受众的企业文化认同。

2. 显化于物

(1)文化的物化设计。企业文化的物化设计扎根于中国传统文化中"天人合一""物我同一"的哲学内核,将文化转化为一种象征性的价值符号,使视觉媒介与文化理念相糅合,使意象与物质相转化,使情景交融、心意相通。

如图2-13所示,以华电集团奉节电厂《同心》雕塑为例,因为该电厂为新建电厂,人员来自全国各地,所以企业需要一个标志物来凝心聚力。该雕塑以中国传统文化中的绳结"同心结"为造型素材,以电厂中的废弃钢管为主要材料,依据企业性格色彩将雕塑颜色设计为橙色。通过造型与色彩的塑造,该雕塑成为奉节电厂企业文化的物质化载体,彰显出电厂员工扎根奉节、同心同德、团结一致的精神信念。

图2-13 华电奉节发电厂《同心》主题雕塑

（2）文化的陈设设计。文化的陈设是对企业文化的鲜活体现。文化的陈设设计是指在室内设计的过程中，设计者根据企业环境特点、文化定位、功能需求、审美要求、工艺特点等因素，精心设计出高境界、高品位的艺术化环境。企业文化的陈设艺术不同于一般的装饰艺术及环境艺术，它强调陈设品的企业文化性，借以表达特定的思维逻辑和企业文化内涵，对塑造企业环境文化，烘托文化氛围等起到画龙点睛的作用。

以雕塑《和而不同》为例，如图 2-14 所示，该雕塑是为山东海阳核电厂所设计。设计师以当地海底基岩和核电站建设中使用的剪力钉为素材，将传统文化"和""坤""道""韵"的精神内核融于其中，彰显出企业"和而不同"的精神理念。

图 2-14 《和而不同》主题雕塑

（3）文化景墙设计。"文化景墙"这一概念把景墙在企业文化建设中的特殊作用做了概念性总结，成为企业文化建设的重要手段。文化景墙分室外与室内部分。室外文化景墙能够宣传企业文化，兼有美观、分隔、装饰、遮挡作用的景观墙体，是作为一种视觉语言，经过艺术化处理与景观融为一体。也是企业室外划分空间、组织景色的墙体。而今，多尺度的景观空间和高标准的审美要求促使景墙功能多样化，越来越具有环境雕塑的品质，在现代景观设计中起着日益重要的作用。

室内文化景墙是用来宣传企业文化、提升企业品牌形象、展示员工风采、美化室内环境的视觉空间。景墙上面包含公司简介、公司使命、企业奋斗目标、企业精神、经营理念、员工风采等内容，除此之外，还可以加入一些动态化的更新内容，比如：公司动态、活动消息、新获荣誉、先进人物等。文化景墙既能实时传递文化信息，又能给员工带来美的视觉享受，从而引起员工内心深处的情感共鸣。

（4）文化记忆设计。每一个企业的文化都有其独特的发展历史与脉络，它串联起企业的历史、现在与未来，并给参与其中的物件、场景、人等元素赋予意义，这一现象被德国学者阿斯曼夫妇称为"文化记忆"，其涉及人类对文化现象的记忆与回忆两个层面。一方面，通过文本系统、意向系统、仪式系统等文化符号参与了对历史信息的存储，构成文化共同体核心要旨的"凝聚性结构"；另一方面，由于这些以符号形式保留下来的文化，蕴含在丰富的集体记忆之中。因此，文化记忆在被创建的过程中，同时向参与者提供了一种能够超越时空束缚的交流场所，并在这一过程中完成了对历史文化的延续与传承，或者说，对共同体文化的再生产。阿斯曼夫妇将文化记忆看作是一种"集体知识"，在不同的历史、文化及社会生存语境的作用下，每个文化共同体得以形成一种独特的身份认同，而在这一过程中产生的共同价值体系和行为准则，则起到约束成员、保持共同体完整性的维护作用。

企业文化记忆作为对企业发展历程中重要事件的延续与传承，对企业员工而言，是最持久的情感记忆。大到生产厂区、楼体建筑及景观道路，小到零件摆设及工作用品，这些都是对企业某段时代印记的记录。通过某种艺术形式将这些文化记忆符号进行视觉艺术呈现及保存，能够使员工获得沉浸式的文化体验，使其在对集体知识的感受与思考中，获得作为企业构建者的身份认同，从而铭记企业发展历史，不忘初心，砥砺前行。

如图2-15所示，以田湾核电站雕塑《开业之石》为例。1954年秋中国发现的第一块铀矿石被带进中南海让毛泽东、周恩来等中央领导研观，证明了我国地下埋藏有铀矿。如今，这块为高层领导反复讨论，帮助其制订决策的矿石，被誉为"开业之石"。雕塑作品以铀矿石为原型，利用计算机建模工具对矿石原型进行等比例三维扫描建模，再将其用激光切割成一块块金属板，按原比例组合。该雕塑作品通过质和量的蜕变，给观者呈现出不同的视觉感受；通过对物体的艺术化再现，让员工深刻铭记核电创业者的历史功勋和伟大业绩，从而激励后人奋发向

第二章 "文化创意+"电力企业文化

图 2-15 田湾核电站《开业之石》雕塑

上，不断进取。

（5）企业文化"时间舱"设计。"时间舱"是指将当下具有代表意义的物品装入一个容器之中，密封后深埋到地下，待几十年甚至上百年后，由后人开启，以供研究之用。

将此概念细化至企业文化"时间舱"设计之中，即是将员工对企业的期望及愿景记录下来，利用容器或其他形式进行保存，待几十年后再将其打开。随着时间的流逝，陪伴企业一路发展、变革的企业员工们，会由于"时间舱"的开启，重新感受历史的记忆，这种情感跨越了时空的束缚，与当下的经验相交融，从而使员工产生对企业的情感共鸣与认同，被看作一种体验企业文化的新形式。

如图 2-16 所示，以国家电投天津公司装置作品——《时间舱》为例，设计师将代表着天津码头文化的老船木做成时间舱放置在墙面上，作品以胶囊"舱"为

图 2-16 时间胶囊

57

媒介，将员工写给未来的信件储存在里面，待10年或更久远之后再打开。通过给现在一个期许，给未来一个回忆的理念，该作品可被看作企业文化记忆的一部分，同时也寓意着公司不忘初心、扬帆远航的企业愿景。

3. 外化于形

（1）企业视觉识别系统设计。企业视觉识别系统是以标志、标准字、标准色为核心展开的完整的、系统的视觉表达体系，它将企业理念、企业文化、服务内容、企业规范等抽象概念转换为具体记忆和可识别的形象符号，从而塑造出排他性的企业形象。

企业视觉识别系统是对企业品牌文化的具像化、统一性的表达，它的特点在于清晰地展示"视觉力"结构，从而准确地传达独特的企业形象。一流的企业视觉识别系统不仅能通过标志造型、色彩定位、标志应用、品牌气质等元素助推品牌成长，促成品牌战略的落地，还可以引导消费者对品牌的认知，树立起良好的视觉印象和口碑。

（2）企业文化的色彩表达。在色彩设计过程中，要以企业性格色彩作为视觉主线进行环境、空间色彩的统筹规划，从而赋予空间文化内涵。通过将企业性格色彩装饰运用于建筑空间之中，能够实现企业员工与企业性格色彩的互动，从而实现其对企业文化的认同，增强企业员工的向心力。

相对于文字、图像等媒介，色彩会对员工产生更为强烈的视觉感受，作为环境文化设计最终展示的视觉元素之一，色彩在合理的空间应用之中，成为企业文化的符号，传达出企业理念与企业文化内涵。因此，我们必须重视环境文化中色彩语言的合理表达，实现员工与企业文化的互动及企业文化的视觉化、物质化呈现。

（3）企业文化的建筑形象表达。一个优秀的建筑设计作品，要对地理环境、建筑空间、建筑材料、建筑色彩、文化语境、经济发展状况等因素做出最优化的综合考量，因为建筑设计不仅仅是为了满足功能的需求，同时也是一个城市、企业等物质对象的文化精神体现。

企业文化特征不仅体现在标志及文字制度上，更体现在对建筑概念与建筑色彩的选择、把控之上。通过建筑来传达企业文化的表现手法有很多，如具象直接的表达或抽象隐晦的传递，但从本质上来讲，都是通过建筑自身构成要素的组合与搭配来完成。

企业的建筑文化有其自身的结构层次特征。首先，建筑式样及建筑风格等外在形态构成了企业文化的物质化显现，是一种呈现在视觉中的建筑设计的结晶成果；其次，这些建筑外观的呈现基础，建立在隐性的并对核心概念的成立起到决定性作用的文化因素之上，后者是企业建筑形式及风格产生的内因。

建筑语言能够反映出企业的价值观念、思维方式、文化符号、审美情趣、建筑思想、创作方法及设计手法等，企业建筑的规划、设计、装饰等各个方面都应该充分考虑如何对企业文化做出具体而精确的体现，这样一来，设计出的作品才能够和企业文化有机结合，在实现建筑功能的同时，还能够展示出企业内在的文化底蕴。

（4）企业文化的园林景观表达。设计师通过园林景观设计，利用雕塑、景观路、景观树池等构成元素对企业文化进行物化体现，并通过色彩、形式与企业文化的呼应与结合，达到在景观规划中体现企业文化的目的。

企业景观是企业文化的显性构成，通过将企业文化组织到景观设计之中，由此形成了对企业文化的沉淀与提炼。景观设计的目的不仅是为了创造高品位的人性化空间，满足我们的精神需求，也是为了创造出符合地域环境和人文风情的景观语言，使景观成为文化的载体，给景观呈现注入新的活力。

（5）企业文化的办公空间表达。办公空间是员工接触最多的场所，对企业文化而言，它担负着重要的传播作用。因此，在办公空间的设计上，要更加重视对企业文化的传达与体现。

就办公空间设计而言，企业文化可以通过设计形式、色彩语言、装饰点缀等手段传达给企业员工。室内办公空间作为一种实体环境，是人类造物行为的成果，其展示形态是在设计师对企业文化的感悟中，提炼出来的一种有意味的形式，这个"意味"就是企业文化理念。通过设计语言，室内环境所传达的深层文化结构能够与其归属的企业文化深层结构相一致，从而实现企业文化在办公空间中的实现，使办公空间内化为企业文化的一部分。

（6）企业文化的产品表达。企业文化可以视为由企业价值观、行为规范构成的"企业文化"和由产品、服务构成的"产品文化"组成的复合体。产品文化作为物质形态及经营理念等各种意识形态的总和，是产品价值、使用价值和文化附加值的统一。

产品文化随时间迭代和更新，其形成更与生产及滋养它的企业文化密不可分。

产品文化是企业文化与社会文化共同作用的产物，是连接企业与消费市场的重要媒介，消费者更多的是从对产品或对服务的消费中来感受企业文化。

当产品陷入同质化的市场疲态中，企业文化与产品文化已成为助力企业在激烈的市场竞争中脱颖而出的重要砝码。企业想在恶劣的竞争环境中求得生存，就必须从两个方面着手：一是建设一种能够体现企业魅力，并有效引导企业奋斗，且具有辨识性的企业文化；二是努力把产品的使用价值、文化价值和审美价值融为一体，形成独特、富有人情味的产品文化。在此基础上，将企业文化和产品文化有机结合，进而实现提升企业竞争力的目的。

（7）企业展馆设计。企业展馆作为企业展示品牌形象的重要场所，已逐渐引起企业的重视。展馆对企业形象、企业产品、企业文化、企业理念等进行集中展示，使客户更进一步了解企业文化、产品品质、服务细节等各个方面，更可作为客户来访参观、交流、洽谈的场所。这样一来，我们看到的不但是有形的展厅形象，更能感受到该企业深层次的精神内涵。

文化影响企业，品牌助力企业。企业展馆作为企业文化与品牌形象的集合体，是推动企业文化建设不断深入的一大窗口，是与社会大众沟通的良好渠道。优秀的企业展馆设计有利于树立、巩固企业良好的形象，同时，也可以体现出企业的发展历史，及其在发展过程中所建立起来的深厚的文化底蕴。

（8）精神堡垒设计。精神堡垒，一般是指表达企业形象的独立式标志，是一种用以传达企业精神和形象的独特的艺术载体。精神堡垒通常安置在企业比较醒目的区域中，高大的立式箱体结构或立柱支撑结构，使其能够在远距离之外便被辨识出来。

在进行精神堡垒设计前，应深入企业进行调研，不仅要了解企业文化，还要对企业进行深入的全面调查分析，由此得出独一无二的设计理念。设计时应尽量注意设计形式的简约、独特，要与企业整体文化形象相呼应，设计语言要与企业文化保持和谐一致。同时，要从地方文化中挖掘要素，在设计中融入地域特色，使该设计成为展示企业文化与地方文化的精神堡垒。

4. 融化于情

（1）人因工程设计。人因工程学是关于人和机器、技术的一门学科，通过对人的行为、能力及操作过程的空间限制等因素的研究，对和工作有关的工具、机器、系统、任务和环境进行合理设计，从而达到提高生产效率、提升安全性、舒适性及有效性的目的。

人因工程学是一门迅速发展的新兴交叉学科，它涉及多种知识门类，如：生理学、心理学、解剖学、管理学、工程学、系统科学、劳动科学、安全科学、环境科学等，所涉及的应用领域十分广阔。在生产与办公空间的设计过程中，应充分考虑人因工程因素，对空间尺度、照明、噪声控制、家具色彩及功能进行深入分析与调研，以此来提升员工工作环境质量，提高工作效率，保证生产安全。

（2）体验装置设计。装置艺术在20世纪的现代艺术实验中成为一种独立于其他类的艺术样式，随着科技的发展，艺术创作不断借鉴与吸收科技成果，出现了新的艺术形式，互动装置就是在此背景下诞生的。与此同时，随着经济的发展，继产品经济、商品经济和服务经济之后的又一种新型经济形态——体验经济随之出现，并逐渐发展成为一种新的品牌价值源泉。"体验"成为在社会经济、生活领域中，人们乐意为之付费的商品，在这样的背景下，对互动装置的体验设计研究，变得更加有意义。

体验装置设计的基本原则与应用形式为人们提供了新的信息传递方式，这种体验式的交互技术更好地实现了人机之间的互动，使人们在一种虚拟的情境下"实现"现实中无法实现的情景。对互动装置的体验设计研究涉及多个学科内容，如艺术学、哲学、人机交互、用户体验等。

（3）历史传承保护设计。历史遗迹能引发怀古、怀旧、回忆和反思，对这个日益浮躁与同质化的社会而言，有着镇静冥思的作用。有精神记忆的环境能够使精神有所依托和慰藉，从而使人达到忘我的境界。

在英国文化学家怀特看来，文化作为一种具有连续性的统一体，其每个发展阶段都产生于更早的文化环境之中，同理，企业的发展史也可以被看作是一部企业文化的演进史。随着社会的快速发展，许多传统文化正在悄然流失，而企业文化作为对企业发展历史的见证，在伴随着企业成长的同时被不断地丰富充盈。就此而言，设计师更应该秉承传承企业历史的设计原则，在设计过程中融入企业的历史脉络，使其成为凝固的文化，或者说，成为可视、可感的文化。这样才能将企业历史文化源源不断地传递给后来人，让企业文化的历史内涵得以永续留存。

如图2-17所示，在中国工程物理研究院成都基地《科技之石》这一雕塑案例中，以都江堰马槎石笼中的原石为元素进行创作，一个以网状不锈钢对原石外表进行包裹，另一个用不锈钢复制原石，光滑的不锈钢表面如镜面般反射出周围的事物，将时间和空间融入环境之中，形成再造自然的效果。都江堰被誉为世界水利文化的鼻祖，是中国成都古代科技成就的代表，而该雕塑所在的科研楼，正是科技创新龙头——中国工程物理研究院成都基地的所在地。该作品呈现出一种人工与自然和谐共生的共同体状貌，寓意人类文明与自然相互依赖以及科技与自然相辅相成的科学发展观。

图 2-17　中国工程物理研究院成都基地《科技之石》雕塑

（4）植物心理影响设计。设计师在为现代园林配置植物种类时，往往只注重植物组合方式的意境性、群落性、层次性、季节性和空间感，但却忽视了植物本身对人产生的直观的生理和心理感受。

多项研究证明，植物及植物景观对人的生理和心理都有着积极的影响，如帮助人释放压力、缓解疲劳、提高工作效率及增加人的幸福感等。通过对植物的属性、色彩、功能等要素进行合理组合与搭配，将其应用于调节人的生理和心理变化，对处于高压生活和亚健康状态中的现代人而言具有重要意义。

植物色彩是园林景观中最能引起视觉美感的构成元素，它直接作用于人的感官并刺激观者做出情感反应。在园林植物景观设计中，无论是宁静安逸的休闲空间，还是庄严肃穆的纪念空间，或是热烈喜庆的节日场合，通过植物色彩的合理搭配，都能够得到生动细腻的展现。设计师利用植物色彩营造不同的景观效果和园林氛围，是丰富人的情感世界的重要手段。

目前，我国对植物色彩的研究，主要集中于植物色彩的分类、植物色彩的生物学成因以及植物色彩的应用等方面。深入、定量地研究植物色彩和人的关系，了解人们对植物色彩的生理和心理反应，同时探讨哪种颜色的植物最能帮助人释放压力、缓解疲劳、恢复平静，唤起人们心中的喜悦，促进人与自然的和谐发展，具有十分重要的意义和价值。①

（5）快乐环境设计。环境设计是一门复杂的交叉学科，是指以某一或某些主体为对象，为其创造出的一种客观环境，是一种对多种设计手法进行整合、再创造的实用艺术。环境设计通过一定的组织、围合手段，对空间界面进行艺术处理（形态、色彩等），运用自然光、人工照明、办公家具、饰物的布置、造型等设计语言，以及植物花卉、水体、小品、雕塑等配置，使建筑物的室内外空间环境体现出特定的氛围和一定的风格，满足人们的功能使用及视觉审美上的需要。

快乐环境可以看作是环境设计的创新与升级，是人们对环境心理的体验。通过对环境设计的体验，企业员工能够产生感官认知的飞跃，同时提升环境给人以美与和谐的感受，从而在整体环境中实现人与环境的对话、艺术与精神的融合，实现设计快乐环境的目的。

5. 内化于心

（1）文化在场性设计。"在场性"是哲学中的一个重要概念。康德将"在场性"理解为"物自体"；海德格尔将其理解为"在""存在"。"在场"是显现的存在，或存在意义的显现；歌德将其称为"原现象"。更具体地说，"在场"就是直接呈现在面前的事物，就是"面向事物本身"，是经验的直接性、无遮蔽性和敞开性。

企业文化目视化设计的"在场性"，是设计内容存在于这个空间的依据，是人与设计作品的关系，它首先体现在视觉上的在场，其次是心理上的在场。在场性设计承载了我们的记忆，使员工与企业历史、现状与发展未来相遇，保持了传统文化的历久弥新，又兼具与时俱进的开拓进取。

企业文化的在场性设计研究是指文化如何介入现场空间、介入现场空间后与现场的关系以及与空间对话产生的意义。文化在场性是站在当代艺术的视角上，对新材料、新观念、新技术及其所带来的新机遇不断探索与反思，是在艺术形式上与雕塑、装饰、信息技术、交互设计及生命技术等诸多领域不断产生跨界与延展的复杂成果。

如图2-18所示，以广东省南雄电厂雕塑作品《铭记》为例，此作品将电厂项目

---

① 李霞. 园林植物色彩对人的生理和心理的影响［D］. 北京：北京林业大学. 2012.

建设前预制的混凝土样板进行选择性保留，并以此为原型进行艺术创作，将工程建设期间拆迁房屋留下的门牌号用传统贝壳镶嵌工艺固定在混凝土样板上。作品体现出对项目建设者的尊重、建设质量的管控、场地的记忆，同时也是企业文化的在场性体现。

图 2-18　广东省南雄电厂雕塑《铭记》

如图 2-19 所示，新疆阜康抽水蓄能电站雕塑作品《岁月 -1》，是用树的年轮为素材进行时间的塑造。图中是将新疆阜康抽水蓄能电站建设中砍伐的树木废弃的树墩用现场工程用的混凝土进行浇筑封存，以表达尊重与敬畏自然的理念深深根植于每一位企业员工的心里，通过方正的造型与包裹、精致的工艺与施工，传达给企业员工控制、安全、环保的理念，树木的年轮编织成一册艰苦创业的印记年历。在示意图 2-20 中，雕塑《岁月 -2》中的树根随着时间的流逝而慢慢枯萎、腐烂、脱落，只留下一个空的混凝土外壳，这既是对时间岁月的抽象物化体现，更是对场地的记忆和打造百年企业的决心。

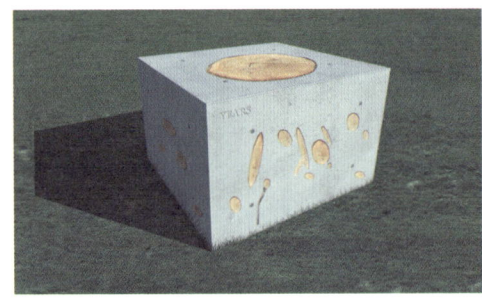 

图 2-19　新疆阜康抽水蓄能电站雕塑《岁月 -1》　图 2-20　新疆阜康抽水蓄能电站雕塑《岁月 -2》

（2）互动雕塑设计。20世纪中期，杜尚通过他的现成品艺术，传达了他对"艺术"的思考，他视观众为实现艺术品意义与价值的重要组成部分，认为"艺术作品是由艺术家和观众共同创作完成的"。在这种观念的影响下，观者的介入与其对作品产生的影响，逐渐成为影响当代艺术创作方式的重要因素。法国著名策展人尼古拉斯·博瑞奥德认为此类艺术品充分表现出一种人与作品之互动的"关系美学"，这一概念强调了作品的开放性与观者的在场性。

以此为背景，设计师在进行雕塑创作时，也应充分考虑雕塑作品与人的互动关系，通过特定的造型语言，使人主动参与其中，从中获得物质或精神上的体验。对企业而言，互动雕塑的目的是使员工与雕塑想要传达的思想产生共鸣，给人以精神和审美上的满足。互动性雕塑设计不仅仅是视觉和美学上的艺术，它还能够超越艺术的限制，实现人与雕塑的真实互动，让员工充实雕塑的意义，补充到雕塑创作的过程中来。

互动性雕塑在主题上不会刻意追求深刻的内涵，注重的是人与雕塑间的互动。其创新主要体现在以下几个方面：首先，互动雕塑注重的是人的参与，要体现"以人为本"的设计理念。雕塑在空间及造型设计上，应暗示人主动接近或进入雕塑，如作品常常预留出足够的空间供人们参与，使人们的活动与雕塑成为一体。其次，由于现代生活节奏的加快，人们愈发希望在工作之余能从环境中体验到舒适放松的感觉，因此，较之纪念雕塑，互动雕塑更加注重功能的趣味性和娱乐性，强调寓教于乐。为实现这种功能，雕塑造型语言应避免呆板沉闷，着重打造轻松、愉悦感。再次，互动雕塑使人们在身临其境的同时能够欣赏雕塑的形式美，感受人与环境、人与雕塑之间的相互融通，达到人、雕塑、环境的互动沟通。

以北京计算科学研究中心互动雕塑《计算》为例，如图2-21所示，作品将中国非物质文化遗产珠算盘与代表现代科技结晶的计算机键盘相结合，并进行抽象创作，既体现出北京计算科学研究中心对计算历史文化的传承，又体现了研究中心科技创新的奋斗目标。

图 2-21　北京计算科学研究中心《计算》雕塑

（3）非正式交流空间设计[①]。从人类行为的角度来说，交流分为正式交流和非正式交流两种。正式交流多以实现目的为导向，需要的空间类型较为正式，如各种类型的会议室、多功能厅等。与之相比，非正式交流则是以变化和发展为导向的，因此这种交流方式没有固定的模式，交流的结果也是不可预测的。因此，在非正式交流中，接触和沟通就显得更为重要，因而需要创造一个自由的空间，使不同个体在其中能找到满足自我需求的空间机能。研究显示，工作中非正式的交流比正式的交流更有效。

非正式交流空间的设计要素包括：可停留性、"步行尺度"的可达性、宽松的氛围、相遇的偶然性、空间的积极性。这些空间的共同特征方便人们可以在此驻足停留和交谈，从而产生思想、灵感的碰撞，营造出来的是一种休闲、放松的气氛。非正式交流场所可以是内部中庭、咖啡屋、书吧、健身中心、廊道等。

（4）环境行为学与环境设计。环境行为学是一门新兴的学科，它既是人文的也是科学的。环境行为学引进了人类认知世界的内心模式，从中分析人类与环境是如何相互作用、相互影响的，从而提高环境的可识别性以及自身的秩序性。

"环境是包含人类在内的一切生物赖以生存的物质基础。人的行为和环境之间始终保持着紧密、不可分割的联系，既相互对应、相互制约，又相互依存、相互

[①] 张晋艳. 高科技园区非正式交流空间的设计学研究［J］. 建筑 .2014（17）：56-58.

转化，从而构成对立统一的整体。"①

理想的企业文化环境设计，应该是能让员工获得愉快的交往空间，能在环境中获得认同感与成就感，并能作为企业文化象征。

环境是人与自然、人与社会相互作用的产物，是自然环境与社会环境构成的复杂系统；自然环境和社会环境相互结合，共同影响着人的活动，环境的优化，是主体自觉与客体约束的统一过程，是一个全面的系统工程。准确地认知环境，把握环境与人的相互作用，进而采取针对性的措施优化环境，既是坚持和落实科学发展观，实现社会和谐、自然和谐的内在要求；也是全面实现企业文化目视化的关键。

（5）环境心理学与环境设计。心理学研究表明，好的办公环境设计往往能激发员工的创造性，缓解工作过程中的疲劳，提高工作效率等。靠近窗户的员工对工作环境有更高的满意度。

人的需求极其复杂，从物质到精神、生理到心理等诸方面都有着极高的要求，同时，现代人的思想觉悟也从"生存意识"进展到更高层次——"环境意识"。如何创造能够适应现代生活，满足人们生理和心理需求的高质量环境，是当下亟待解决的问题。

环境是人类活动的场所，不同的环境设计应当考虑不同的心理需求。一般来说，生产性的环境设计、办公工作环境设计或公共环境设计，主要应考虑的是现场群体的心理需求，如发电厂主控室、厂前区设计等都应以特定职业人群的心理需求作为设计的依据。

"环境设计通过空间的组合秩序，实现工作环境、生活环境与人的协调，起到优化心理精神状态、减轻人的生活负担和提高生活质量的作用。"② 由于人是环境系统的核心，因此环境设计应遵循以人为本的原则，将满足人的生理和心理需要放在第一位。环境设计的最终目的就是将人们的行为向有益的方向引导，从而达到较为完善的动态平衡，因此，在"以人为本"的时代语境中，环境心理学研究就显得非常重要和具有现实意义。

（6）地方依恋设计。地方依恋可以维持人的生存感、安全感以及人与环境的

---

① 史洪. 环境行为和环境设计关系浅析［J］. 山西建筑 .2009（34）：106.
② 吉少雯. 环境、心理与设计［J］. 室内设计与装修 .2001（5）：23.

连续性，同时也能增强主体与社会的联结感和归属感。地方依恋是指个人对其工作、居住环境等地的认知或产生感情上的联系，或者说是个体在情感上融入某地的感觉，表现在空间上则是个体希望与情感依恋的地方保持较近的距离。

"地方依恋有利于帮助员工更好地适应环境，获得心理平衡，有助于员工克服认同危机，并使其在不断变化的世界中获得生存所需要的稳定感，有利于人们充分参与并融入当地生活。"[①] 不管人的流动性有多大，地方依恋的情感特征却总是以某种形式存在于我们的生活之中。在地方依恋设计时，与企业所在地方发展情感联系是心理平衡和良好适应的前提，它有助于克服认同危机，并使员工在不断变化的世界中获得所需要的稳定感。

6. **实化于效**

（1）提高工作效率。通过企业文化目视化设计对室内外工作环境的整体打造，塑造出以人为本的工作环境，创造出一个充满创造力与活力的环境。好的工作环境会激发员工积极的工作心态，提高其工作效率，让员工感受到企业浓厚的文化底蕴。

（2）增加生产效益。企业文化目视化设计通过对环境空间的整体塑造，提高了员工的工作效率；通过对环境的文化宣贯，在企业内、外形成了良好的企业形象，不仅会提高品牌辨识度，赢得市场认同并增加产品认购率，更能增强员工对企业的信心和提高生产力，增加企业的生产效益。

（3）落实安全文化。安全文化作为企业文化的重要组成部分，无时无刻不体现在生产环境之中。企业文化目视化设计通过对生产空间中的企业文化的重点塑造，使企业安全文化深入员工内心，增强其安全意识和操作规范，促进企业安全文化的落地与巩固。

企业文化目视化设计通过以上内容实现了其在六个层面中的覆盖与延伸，通过对企业环境的整体打造，实现企业文化的深层植入，实现实化于效的目的。软硬环境的提升，提高了员工的工作效率，增加了生产效益，落实了安全文化，避免了事故的发生，为工作者带来情感和精神上的关怀，同时提高了员工的职业健康水平。

---

① 李春霖，曾维希. 人与地的联结：地方依恋[M]. 武汉：汉斯出版社，2018：585-599.

三、企业文化目视化设计方法

（一）设计要求

1. 坚持整体规划的原则

企业文化目视化设计是跨专业、跨学科的设计，它涉及企业文化、环境艺术、装置艺术、视觉传达、文化创意等领域。在设计时，要坚持统筹安排、整体规划，实现对设计方案的全面优化。

设计时首先要有企业文化目视化设计的整体策划，确立文化定位、设计语言，明确设计目标，策划设计主题。其次是编写方案的整体实施计划，以此推动企业文化目视化设计按原计划顺利实施。

2. 坚持艺术与功能相结合的原则

在设计中既要考虑布局、尺度、交通等功能因素，也要把艺术性审美作为其评价标准。目视化设计源于环境，又直接通过环境来表现。在设计时要表现出一种外在的美感，也要有着秩序化的内在美学效果，比如颜色、材料、形式的美感，同时也要满足艺术审美的精神享受。当将艺术与功能并联起来实现审美化与实用化的统一协调，目视化设计才会得以淋漓尽致地展现。

3. 坚持艺术创新的原则

创新是企业文化目视化设计的灵魂，是文化的本质特征。继承和创新是企业文化发展的根本问题，离开两者的支撑，就没有企业文化的生存和发展。创新是艺术的生命，是艺术有所突破的标志，企业文化目视化设计如果没有艺术创新，就没有生命力，更不能与时俱进。

创新的前提首先是继承优秀的传统文化，在继承中学习，在学习中扬弃，在扬弃中发展，这才是创新的有效途径，只有不断创新，才有艺术的进步。

4. 坚持大文化原则

大文化设计就是以"文化创意+"为核心，充分利用各种艺术设计形式进行创意设计，将抽象的文化物化为有形的环境。企业文化目视化设计的大文化是区别于传统的单一设计观念，它涉及众多的艺术设计领域。随着科技的迅速发展，知识结构日趋综合化，环境艺术、雕塑创作、视觉传达、装置艺术等现代艺术设计也都必将置身于其中，在应用中相互借鉴、吸收、交叉、渗透以及重新组合，实现实用价值与艺术价值的高度统一。

（二）设计方法

1. 前期工作

（1）场地调研。场地调研是设计之初的重要环节，场地包括狭义场地和广义场地两种概念。狭义场地是指项目地点视觉范围内的空间，广义场地是指项目所在区域的整体地理条件、自然环境及地域历史文化。

（2）现场访谈。深入现场了解企业发展历史、文化需求，收集优秀文化案例；对企业高层管理人员进行访谈，举办企业中层管理人员座谈会，开展基层工作人员问卷调查；调研公众对企业的认知度，市场竞争对手的文化策略等。

（3）资料表述。该阶段常以记录为目的，将各种内容进行收集整理。在进行调研总结时，应尽量使用图解及文字说明的方式，使资料数据直观、具体、醒目，为下一步设计打下基础。

（4）资料分析。资料分析建立在前期调研访谈的基础之上，其作用是对整体调研中的各种因素做出综合性的分析与评价。资料分析在整个设计过程中占有很重要的地位，有助于完善目视化设计细节，激发创意构想。

2. 构思阶段

设计师对项目背景、地域情况、功能组成等基本内容的分析过程，也是对资料分解、消化、吸收并获取灵感的过程。借助理性分析、归纳、提炼，设计师能够从庞大的资料库中发现有价值的东西，并以此为依据进行设计创作。

（1）资料筛选整理。在构思过程中，筛选是手段，分析是目的。设计师应以新项目的具体条件为基础，制订设计方向及设计目标，通过对所收集到的资料进行分析、筛选、整理，设计师应建立起设计方向及方案框架。

（2）设计定位。设计师首先应确定文化主线、色彩定位、设计表达的形式语言，把所要表现的对象设定在一个特定范围内，圈定设计规模、设计主题及设计理念。根据项目具体情况进行设计定位，有利于设计师有效、规范地调控后期工作。

（3）目标制订。设计师通过设计目标建立起初步的方案框架和构思，包括终极实现目标（或社会反响）、员工希望、人文体现、尺度形态、文化愿景等。

（4）策划方案。策划方案是策划成果的表现形式，通常以意向图片及文字为载体，将策划思路与内容客观、清晰、生动地呈现出来，并以此为指导，高效便捷地进行实践行动。

3.设计阶段

（1）概念性设计。概念性设计是初步的方向性设计草图、示意图、规划图、风格趋向等内容，也是与建设方探讨方案的基础。

（2）深化设计。深化设计是指在概念性设计的基础上，结合现场的实际情况，依据设计规范，完成施工图设计。

4.方案评估与工程概算

（1）方案评估。方案评估是指通过设计方对方案执行情况的汇报以及委托方对汇报内容的听取，双方对阶段或最终方案的可行性进行评价与论证，并决定方案能否被采用。

我们在注重方案质量的同时，也要注重方案的表达方式。好的表达方式能让设计师和委托方在最短的时间内建立起彼此的信任感，这对于方案的接受有着重要的影响。

（2）工程概算。概算是控制工程建设投资规模和工程造价的主要依据。对委托方来说，工程投资的第一控制关键就是概算控制。因此，概算编制是决定项目成败的关键因素。

5.方案的实施

（1）设计交底。设计人员同实施单位进行沟通，将设计意图及设计理念完整地表达给施工人员，帮助方案实现。

（2）设计监理。设计人员应具备设计监理的能力，以指导、监督施工细节与方案完成，确保实施效果满足设计的要求。同时，设计师应配合设计过程中出现的设计变更及设计调整，及时完成图纸修改，确保施工的精确性与完整性。

（3）竣工验收。项目完成后，设计师应与委托方、实施方共同参与项目的竣工验收，对整体的完成效果负责，若为总承包项目，则需与业主签订质保协议，确保项目质量。

四、企业文化目视化设计案例分析

企业文化目视化设计是推动企业文化落地的有效工具和方法，也是提升企业生产力的良好途径。下面我们针对国核电力规划设计研究院（以下简称"国核电力院"）企业文化目视化设计情况进行简要阐述与分析。

（一）固化于制

1. 创建企业性格色彩

方案设计时，国核电力院隶属国家核电，因此以国家核电企业 VI 手册中的企业标志为依据，选取中国红、能量橙、创想黄、科技蓝四种标志性色彩进行企业性格色彩创建，如图 2-4 所示。

2. 企业文化建设规划编制

编制国核电力院企业文化建设规划，共分为六个部分。

第一部分：推进企业文化落地工程的主要目标。

第二部分：推进企业文化落地工程的总体思路。

第三部分：推进企业文化落地工程的工作方法。

第四部分：推进企业文化落地工程的步骤。

第五部分：推进企业文化落地工程的措施。

第六部分：推进企业文化落地工程的保障措施。

（二）显化于物

1. 文化物化设计

以雕塑《链接》为例，如图 2-22 所示，作品以开采于国核电力院参与设计的山东荣成石岛湾核电站海底岩石和国核电力院附近的北京西山山脉的天然岩石为创作材料，将两石以咬合的形式进行组合，形似中国传统建筑的卯榫构件，寓意国核电力院核电设计的引进、吸收、消化与再创新，实现核电与常规电的结合。

图 2-22 国核电力院会议中心雕塑《链接》

在雕塑《大地的力量》中,如图 2-23 所示,设计师以天然岩石、钢筋、水泥为材料,选用开采自国核电力院参与设计的第一个 AP1000 核电项目——山东海阳核电站海底的天然岩石,用建设核电站的钢筋水泥将其包裹浇铸,形成人工与自然的共同体,象征人类与自然相互依赖及人类应保护自然与安全利用自然能源。

图 2-23　国核电力院会议中心雕塑《大地的力量》

2. 文化陈设设计

在办公公共空间墙面上悬挂着的电力工程版画及综合材料作品,其灵感来自国核电力院设计的代表性工程以及设计人员早年使用过的绘图工具和老设计图纸,一方面以绚丽的色彩传递艺术的美感,另一方面,通过艺术手法的加工提炼,展现出企业业绩与历史,成为企业独特文化历史的物质化显现。

3. 文化景墙设计

《山水情》是应用于国核电力院会议中心大堂的文化景墙。作品以粗犷的岩石为素材,着重体现山岩的自然质感,彰显出博大、力量、秩序之美。岩壁中波浪蜿蜒的不锈钢,寓意"水穿顽石"的敬业精神,如图 2-24 所示。

图 2-24　国核电力院会议中心雕塑《山水情》

4. 文化记忆设计

在中心花园区域设计《创业历史年轮》景观,如图 2-25 所示,通过古朴沧桑的旧石碾,创业人员的手印,寓意历史辗转,创业者谱写历史、共创基业的文化内涵。

图 2-25　国核电力院雕塑《创业历史年轮》

(三)外化于形

1. 企业形象识别系统设计

将企业标识及导示牌应用于园区导视系统设计之中,在园区重点位置进行体现,如图 2-26 所示。

图 2-26 国核电力院企业形象识别系统设计

2. 企业文化的建筑形象表达

园区建筑外立面色彩方案以中国红和能量橙为主色，将北京城市色——灰色作为辅色穿插其中，打造和而不同的视觉之美，如图 2-27 所示。

图 2-27 国核电力院企业文化建筑形象表达

3. 企业文化的园林景观表达

在生产楼内庭院中放置《山水赋》景观小品，如图 2-28 所示，在围合的建筑空间中，与国核电力院会议中心顶部水纹造型上下呼应，营造空谷幽兰般的中国传统水墨空间，演绎出浓厚的自然人文气息，让企业员工感受到中国传统园林文化的意境。

图 2-28　国核电力院雕塑《山水赋》

如图 2-29 所示，作品《山水》位于国核电力院园区东北角的绿地中，是用国家重大专项废弃的核电厂高能管道防甩限制件，将自然石材与核电厂钢构件结合，形成山水意向与现代工业的对比，在纪念核电事业发展的同时让企业员工体会到中国古典园林造景的意境。

图 2-29　国核电力院雕塑《山水》

4. 企业文化的办公空间表达

在办公空间设计中对室内进行企业性格色彩规划。管理楼室内设计以"中国红"为主色调，如图 2-30 所示，符合管理部门忠诚、使命的角色要求；生产楼室内设计以"创想黄"为主色调，为设计工作者提供活力、高效的色彩空间；培训楼室内设计以"能量橙"为主色调，符合培训楼学习、创想、探索的功能定位；科研楼室内设计以"创想蓝"为主色调，符合科技研发工作者严谨、求索、进步的角色性格。四种色彩交织在办公空间，如同乐章的旋律，在整个空间中变奏回响。

图 2-30　企业文化的办公空间表达

（四）融化于情

1. 人因工程设计

园区办公空间设计充分考虑了人因工程因素，对空间尺度、照明、噪声控制、家具色彩及功能进行了深入研究与设计，严格控制最终完成效果。

2. 体验装置设计

在办公楼墙面创作《和之歌》体验装置，将企业性格色彩通过极简艺术形式进行展示，员工走近还可以"拨动琴弦"，以此强化企业性格色彩对员工的感染力，如图 2-11 所示。

3. 历史传承设计

在中心花园区域设置杏坛，取孔子"杏坛讲学"之意，中央两颗银杏树相依相恋，四周回字排列的石凳上刻有《论语》中的经典名句，整个景观实现了自然与人文的和谐统一。国核电力院历年新学员拜师仪式在此举行，体现企业传帮带的文化传承。

（五）内化于心

1. 文化雕塑设计

如图 2-31 所示，《和之歌二》雕塑将司歌《和之歌》乐谱与用于核电站建设的代表性建材——核岛安全壳钢板与剪力钉结合，通过打孔组装，将司歌在墙面进行立体体现，形成静止的乐章，用员工熟悉的生产元素拉近员工与企业的心理距离，将文化以柔性方式输入员工内心。

图 2-31　国核电力院会议中心雕塑《和之歌二》

2. 非正式交流空间设计

在每栋楼都设有非正式交流空间，员工在这里可以驻足停留交谈，在交流和沟通中促进企业创新的文化氛围。

企业文化目视化设计集成了多个学科的宝贵经验，从宏观入手，对微观探究，立足于国内企业文化发展现状，以新的设计思维，提出了企业文化融入环境的新模式。企业文化目视化设计以新思路、新途径实现企业文化落地，为企业文化建设开辟了新的模式。

第三章 "文化创意+"发电厂设计

发电厂是将自然界蕴藏的各种一次能源转换为电能（二次能源）的工厂，它的建成重构了区域风貌。这种重构能否成功，取决于文化创意彰显出的设计力量。

发电厂建设既要安全、经济，又要重视工业技术之美；既有人文思想，又有情感设计的发电厂是我们这代人的责任。

本章通过"文化创意+"与发电厂形象提升、人本设计融合研究，系统阐述发电厂建筑表皮的艺术表现，提出发电厂控制室软人因设计理论。

第一节　形象提升——发电厂建筑表皮艺术表现

表皮是建造的结果，是对场地的回应，是材料诗意的表达。

——［瑞士］彼得·卒姆托

发电厂按照使用能源划分为火力、水力、地热、核能、风力、太阳能发电厂等。因为现阶段我国火力发电仍占据大半的发电比例，火力发电厂建筑表皮设计具有典型意义，所以，本文所描述的发电厂特指火力发电厂。火力发电厂按照燃料划分为燃煤、燃油、燃气、垃圾及生物质发电厂等。

发电厂高耸入云的烟囱这种标志性的特征曾承载着几代人的记忆，它也曾是一个城市工业化、现代化的象征。时至今日，随着大气环境的恶化以及人们审美需求的提高，人们对发电厂的形象又有了不同的认识。目前，很多电力企业一味追求发电厂"去工业化"设计，本文则从发电厂建筑表皮的工业技术美、形式美、质感美、场所美等不同视角对发电厂建筑表皮艺术表现进行论述，帮助电厂设计及建设者找到穿着"得体"的建筑表皮。

一、发电厂建筑表皮概述

（一）发电厂建筑表皮的定义

发电厂建筑是按生产工艺流程设计的组合建筑群，具有造型特征鲜明、空间形态复杂、建筑尺度庞大等特点，对整个区域空间环境有着重要的影响。发电厂建筑表皮是指具有空间结构的外层系统，不仅包括表层系统而且包括结构系统，是建筑内部空间和建筑外部空间直接接触的部分。发电厂建筑表皮应该兼具内在自然属性和外在社会属性，因此，发电厂建筑表皮是发电厂的一张名片。

当我们把电厂建筑看作为一个"有机体"时,建筑表皮也就在一定程度上具有了仿生学的含义,建筑表皮成为一个具有自主性的组织结构;当我们把电厂建筑看成一组"雕塑"时,建筑表皮由视觉转化成信息,表皮成为我们所认知的"建筑形式",它强调的是表皮肌理与造型能力;而当我们把电厂建筑看作是社会群体中的"个体"时,建筑表皮成为各种社会文化信息的传播载体,它强调的是表皮的社会属性。

(二)法国巴黎蓬皮杜艺术中心的启示

法国巴黎蓬皮杜艺术中心是"高技派"建筑的典型代表。这一设计流派形成于20世纪中叶,当时,西方发达国家要建造超高层的大楼,混凝土结构已无法达到其要求,于是开始使用钢结构,为减轻荷载,又大量采用玻璃。这样一来,一种新的建筑形式便形成并开始流行,构筑成了一种新的建筑结构元素和视觉元素,逐渐形成一种成熟的建筑设计语言,因其技术含量高而被称为"高技派"。这个流派赞美科技和工业的胜利,积极地使用现代建筑材料钢构和玻璃,自豪地对外展示自己的结构和功能,完美体现了高科技的态度和风格。

高技派理论上极力宣扬机器美学和新技术的美感,它主要表现在三个方面:一是提倡采用最新的材料——高强钢、硬铝、塑料和各种化学制品来制造体量轻、用料少且能够快速与灵活装配的建筑;强调系统设计和参数设计;主张采用与表现预制装配化标准构件。二是认为功能可变,结构不变,表现技术的合理性和空间的灵活性既能适应多功能需要又能达到机器美学效果。三是强调新时代的审美观,应该考虑技术的决定因素,力求使高度工业化技术接近人们习惯的生活方式和传统的美学观,使人们容易接受并产生愉悦感。

位于法国巴黎建筑外表像发电厂的蓬皮杜艺术中心诞生于20世纪70年代法国"五月革命"背景下,整个社会氛围处于求变求新之中,"打破传统设计框架,敞开文化的大门",因而,蓬皮杜艺术中心应运而生。与传统建筑形象不同,蓬皮杜艺术中心将内部结构、设备、楼梯和辅助用房等可移动的建筑部分都放在了建筑外皮上,使得建筑的内部空间被解放出来,在建筑的外立面上,是绿色的排水管道、蓝色的暖通空调系统、黄色的电力管网、红色的消防管线等层次递进的线性元素。蓬皮杜艺术中心区别于传统工业形式,将冷漠、呆板的管线进行了艺术化的表现,是一种技术美的体现。蓬皮杜艺术中心对技术问题的艺术化处理,使工业具有了艺术性，也使蓬皮杜艺术中心在自建成以来半个世纪里，依然作为法国巴黎的标志性建筑物，原因在于其传递的价值观念、美学倾向是不能被时间所磨灭的，如图3-1所示。

工业技术美学理念能让建筑设计更具独特的逻辑美感。然而，国内一些电力企业不分地域环境，盲目追求"去工业化"，从蓬皮杜艺术中心这座形似发电厂由钢管构成的庞然大物，我们应该得到启示，现代发电厂应突出强调现代科学技术同文化艺术的密切关系，让电厂散发着独特的工业技术美感，使建筑表皮的工业技术美学外展化。

图3-1 法国巴黎蓬皮杜艺术中心

（图片由重庆华人当代美术馆馆长罗群毅提供）

（三）发电厂建筑表皮"去工业化"设计的思考

发电厂建筑表皮的设计与我国社会经济发展紧密相连。近些年来，随着我国对大气环境污染治理的加强，城市形象设计要求的提高，发电厂似乎成为"脏、乱、差"的代表，因而一些设计师受民用建筑设计的启发，对发电厂建筑提出"去工业化"设计的思路，把"去工业化"设计理解为追求高档材料，过分强调建筑造型及装饰等不理性的设计思维。

目前，发电厂建筑表皮的"去工业化设计"似乎成为设计的主流，但从文化创意的视角下来看，作为发电厂的建筑表皮其传递的社会价值应为技术问题的艺术化处理，而不是单纯的"去工业化设计"。对于通常按设计寿命40年的发电厂而言，在建筑形体一定的情况下，建筑表皮充当着内外空间媒介的主要职责，同时展现着建筑的表情。所以说，发电厂建筑表皮设计应该更多考虑的是与周边城市、草原、山脉、森林、河流的和谐关系，而不是"去工业化设计"。只有这样才能使发电厂在其使用周期中保持其文化生命的活力。

理性的发电厂建筑表皮设计思路应该是：一是严格按照生产工艺流程设计，其建筑设计由工艺流程决定，因为发电厂建筑的层高、竖向布置、平面组织形式等均受到工艺要求的影响，发电厂建筑表皮设计应以功能为主，形式为辅。二是根据发电厂所在区域不同的人文、自然环境，建筑表皮应该有不同的设计语言定位，用建筑语言融入区域环境，达到与自然共鸣、与城市和谐。三是根据发电厂类型、容量的不同，确立其建筑表皮的设计形式。如大容量的火力发电厂，因其高耸入云的烟囱、体块巨大的冷却塔，应以工业技术美学的设计思维，充分保留其原结构，体现发电厂建筑工业之美；小容量的城市热电联供电厂及垃圾发电厂应体现与城市的协调；生物质发电厂应体现与自然环境的和谐。四是在发电厂设计时，不只是设计如何发电，还要以人为本为员工提供舒适、安全、感性的工作、生活环境，提高员工的归属感与向心力；还要将企业文化物化到环境中去，大容量发电厂设计，厂前区设计应多考虑建筑、景观、色彩的文化体现，厂区建筑应多从人因工程、安全文化、情感设计体现。

二、发电厂建筑表皮的工业技术美

（一）工业技术美的概念

工业技术美学是为了研究人类造物活动、机械生产和产品文化中有关美学问题的应用美学学科，也称作"技术美学"。现代发电厂的设计与建造本身就体现了工业美学的特点，错落有致的主厂房、高耸的烟囱、双曲线的冷却塔构成工业厂区典型的轮廓，再加上成排的变电设备架构、纵横交错的线路、高架的管线和露天的装置等，构成了发电厂的天际线，形成一种新的"景观"。所以说，电厂工业建筑具有独特的工业美学价值。而电厂的建筑表皮作为现代电厂设计中工业技术美的集中体现，是一种理性的美，是一种科学技术的美，也是一种机器美。这种新时代的工业技术美固然不是厂区环境的全部，但却是塑造理想电厂空间的重要因素。

工业建筑最大的特征就是其内部空间的生产工艺自身有一定的流程，发电厂的生产流程决定了它以主厂房建筑为核心的配置，形成了体量大小悬殊、功能及造型各异的建筑物、构筑物、外露设备、管线和构架等组成的特有空间。因其特殊的功能要求需要不同的空间，形成了许多特殊的建筑造型，如高大、超长的建筑体量，高耸的构筑物，高架的管线和桥廊，外露的结构和管线等。经过对这些设备进行整体工艺设计安装、按国标统一色彩标准、表皮面进行艺术化设计，可以体现出意想不到的工业技术美学效果。

（二）工业技术美的表现

1. 大尺度主厂房建筑的壮阔美

主厂房是发电厂建筑群的核心，是发电厂炉、机、电三大系统的汇交点。主厂房通常由汽轮机、发电机房、除氧间、煤仓间、锅炉房及附设的控制室组成。

主厂房的一个很重要的特点就是大跨度、大空间、单元化的结构形式。就整体而言，主厂房是发电厂建筑中最为壮观的建筑，整组建筑高低错落又相互连通，共同构建成雄浑稳健、层次分明的建筑形象，成为电厂建筑群中第一景观。

现代大容量发电厂主厂房就以其巨大的体量、建筑表皮压型钢板造型的韵律感、单元式开窗带来的节奏感，体现出工业美学的特点。压型钢板是近年来使用比较多的一种新型建筑材料，它主要用于屋面、墙面的围护结构和楼面系统，在国内的发电厂中使用广泛。压型钢板具有易拆装、便操作、施工周期短、耐久性好、可塑性强、强度高、美观的特点,用于主厂房的外墙可以塑造一个光洁、轻盈、色彩鲜艳、富于韵律感和时代感的建筑形象,充分体现了建筑艺术与工业技术的完美结合,如图 3-2 所示。

图 3-2　中国华电集团有限公司奉节发电厂主厂房效果图

2. 高耸挺拔混凝土烟囱的阳刚美

发电厂中的混凝土烟囱直插云霄,彰显出力度与挺拔。混凝土材料在此显示了一种最本质的美,体现出一种"素面朝天"的品位。整体结构犹如蓄势待发的火箭,秀长而不失雄伟,体现出阳刚之美。烟囱顶部设有航空标志灯及色环,在蓝天白云的衬托下显得格外醒目与艳丽。比较起钢结构烟囱,不加修饰的混凝土烟囱显得更加雄伟挺拔粗犷,混凝土非凡的表现力和塑造力使烟囱像一座雕塑般拔地而起、直冲云霄,如图 3-2、图 3-3 所示。

3. 双曲线混凝土冷却塔的造型美

火电厂的循环水自然通风冷却塔是大型钢筋混凝土双曲线薄壳结构。冷却塔的工作原理是将从循环水管中的热水提升到一定的高度,通过水平管道铺开后洒入塔内,由于热水的水温使得塔内的空气向上升腾,当水蒸气升到一定的高度被冷却后就会变成水滴滴下来,没有变成水滴的水蒸气就从塔顶升腾而去,也就是人们看到的"白烟"。

双曲线混凝土冷却塔的施工工艺是先进的爬模技术，模具一层层的向上爬升，就逐渐形成了冷却塔简练的形体，造就了优雅的双曲线壳壁，而壳壁也留下了平滑、流畅的模具痕迹。双曲线冷却塔就这样形成了阳刚之气与阴柔之美的综合体。它那种寒素枯涩的美，像"老僧入定"般纯粹与素净，如图3-3所示。

图3-3 广东南雄电厂方案效果图

4. 干煤棚大跨度结构的力度美

发电厂中干煤棚是独具特色的大跨度建筑物。干煤棚是发电厂中储存煤的大型库房，干煤棚结构要求跨度大、净空高，以满足作业和操作空间。其建筑形式多种多样，有全封闭的圆形，也有开敞式的彩虹型等。圆形的干煤棚，顶盖部分用钢构架做成一个穹顶，外面覆盖压型钢板，在穹顶的最高处设置了采光孔。上下两部分交接处设有观察平台和采光窗，整个造型像是草原上的蒙古包，具有很好的艺术效果。结构所表达的建筑语言呈现出工业技术美的表达形式，高耸的穹顶、浑圆的空间结构、富于机械艺术美的钢节点、充满张力的自然曲线以及大跨度自由空间，都给人以工业技术美学感染力和某种程度的技术神秘感。

5. 其他建构筑物的结构美

发电厂里有许多富有韵律感和节奏感的建构筑物，例如输煤栈桥、室外管架、火车卸煤沟等。输煤栈桥的作用是通过输煤皮带将煤从煤区传送到主厂房的皮带层里。室外管架也是游穿在厂区中将所有的建筑物联系在一起，甚至从几个高大的设备厂房的缝隙中穿过，既作为管架又作为交通联系的平台。火车卸煤沟和输煤栈桥的内部空间都是线性的，结构都是单元式伸展的，具有强烈的结构美，电力出线构架一排排的钢构架表现着一种严谨的秩序美，使人仿佛置身于时空隧道中。

发电厂作为工业建筑不可避免地嵌入了机械美，在电厂中除了室内设备，还存在大量露天的设备，它们大多体量巨大、尺度超常、造型独特，他们或体现着设备工艺美，或体现出粗犷的机械雕塑美，它们是工业美中不可或缺的一部分。

三、发电厂建筑表皮的形式美

（一）形状

形状，是眼睛把握物体最基本特征之一，主要涉及物体的边界线和它的基本空间特征。建筑表皮所呈现出的形状都是由基本的圆形、三角、方形、六边形等基本几何形状的组合而成。这些几何形状可能发生量度的增加与减少来进行组合拼接。

建筑表皮的形体要素如何构造和连接也是影响其呈现的一大因素，构造的层次显示与不显示，构造的连接方式、连接构件要素都会影响到建筑表皮整体给人的视觉印象。由于几何形状之间也是有相互搭接的部分，他们之间的形状边界是相互共享的，因此，几何形体之间的旋转、扭曲、倾斜构成了建筑表皮超脱于二维的三维空间张力。

1. 德国施文迪生物质发电厂

德国施文迪生物质发电厂位于德国南部偏远的施文迪小镇，1000平方米的小建筑和周围的农场风景协调一致，建筑材料取材于当地树木落叶松，围成一个圆形的筒仓似的区域。以落叶松板格栅组成的三角形为单元，拼接出圆形、多边形等形状组合，体现出三维空间的张力。

发电厂满足了农场的电力和热力供应，它的能量来源来自周围的树皮等。并且这个发电厂设置了一个对外公众参观的走廊，提供了一个和公众友好对话的窗口，让大众可以看到里面的生物质发电全过程，如图3-4所示。

图 3-4　德国施文迪生物质发电厂

2. 冰岛地热电厂

冰岛地热电厂的建筑表皮设计以简洁玻璃体块的形状碰撞，组合出现代电厂极简主义的设计风格。热电厂位于冰岛南部的亨吉尔火山，是冰岛最大的电站，也是世界第二大地热电站。这个地热发电厂是为了满足雷克雅未克日益增长的电力需求而建造的，如图 3-5 所示。

图 3-5　冰岛地热电厂

（二）结构

从建筑发展史来看，早在砖石、木构建筑时代，建筑的表皮与建筑结构是一体化的。随着建筑功能种类的细化，特别对于工业建筑而言，在美观的基础上建筑表皮与结构的角色出现分离，其中，在工业建筑中，厂房等功能性强的建筑物其建筑结构与建筑表皮具有一体化的经济性要求，有时为了追求建筑的视觉审美和文化价值，表皮的结构形态往往由建筑师设计提出而非结构工程师，这时，视觉上的感受效果甚至取代结构的内在逻辑性，成为设计中的主导因素。在这种情况下，就需要建筑师与结构工程师相互协调、沟通，综合考虑结构与建筑表皮的各种因素，在两者矛盾中寻找平衡点。

在当代新的建筑美学观念、数字技术及设计模式等因素的驱动下，当代结构性表皮也呈现出复杂性与非线性形态。这些新的建造技术和材料的应用使得建筑表皮的建构正在呈现多元化的趋势，这种表皮与结构的结合方式随着技术水平的提高，其经济适用性也相应提高，增加了建筑表皮结构化的发展步伐。建筑表皮结构化是一种新的发展趋势，其能够带来一种全新的形式表现和空间体验。

1. 丹麦阿迈厄岛资源中心

丹麦阿迈厄岛资源中心是一个位于工业区的垃圾焚烧发电厂，为了改善发电厂给人污染环境的陈旧印象，丹麦BIG建筑设计事务所创始人比雅克·英格斯为发电厂专门设计了一种蒸汽环烟囱，通过排放蒸汽"烟圈"的数量来代表每吨二氧化碳的排放，为哥本哈根人提供了一个清晰而有趣的环保标记。多年来，它已经变成了一个寻求刺激的人进行极限运动的目的地。在这个工业设施里有着不同的极限运动形式，如滑雪、卡丁车赛和攀岩等。能源中心的坡屋顶被设计成滑雪场，能源中心的临海区域被设计成极限运动的场所。

比雅克·英格斯不把阿迈厄岛资源中心作为一个孤立的对象，而是让建筑变得动态，加强建筑与城市之间的关系，在城市尺度上重塑成一个创新者，它重新定义了城市和工厂之间的关系。

2. 哥伦比亚阿哥斯自备发电厂

如图3-6所示，哥伦比亚阿哥斯水泥厂自备发电厂，厂方希望在完成发电功能的同时也要能代表工厂的形象。它不仅仅是技术解决方案，也具有当地文化上的象征意义，使这个工业建筑能代表当地的文化。

图 3-6 哥伦比亚阿哥斯自备发电厂

3. 德国维尔兹堡电厂

如图 3-7 所示,改建后的德国维尔兹堡电厂建筑表皮,采用了彩色金属型材,新材料的使用让建筑在外立面演绎出不同的韵律和节奏。改建的金属型材的色彩主要是铜色和银色,和谐地融入这个古老城市当中。改建后顶着三根银色大烟囱的火电厂,恰如其分地存在于酒店、汽车园区、水域、人行道等周边城市元素中。

图 3-7 德国维尔兹堡电厂

四、发电厂建筑表皮的质感美

(一)色彩

建筑色彩是建筑个性的最直接的表现,并且色彩是建筑表皮的基本构成。建筑表皮是色彩的载体,色彩是建筑表皮的表情,两者之间相互成就、相互作用。色彩能够对人的生理、心理产生影响,例如冷暖、轻重、软硬、强弱以及其组合所产生的联想功能,使公众在走进建筑时迸发出种种的感情。如图3-8所示,韩国沃森核电站以屋顶绿色为主题,与周围海洋、草地颜色相呼应,在立面色彩上以饱和度低的暖灰色调为主,构成建筑的鸟瞰尺度、人行尺度两个维度的色彩体系。

发电厂建筑由于其具有公众性、企业性的特点,因此,其色彩的使用不单是建筑师个人设计理念的表达,更应该表达工业建筑对生产功能、安全管理、企业文化的综合体现。

图 3-8 韩国沃森核电发电厂

在建筑色彩的选取中也制订相应的色彩方案,建筑立面色彩分为基调色、辅助色、点缀色,在建筑物需要重点强调的部位,如入口、楼梯、中庭、屋顶等往往需要辅助色和点缀色的搭配运用来强调对建筑印象的统领作用。同时,建筑内外色彩的选取也应是一种对话关系的存在,增强建筑整体性格的表达。

(二)肌理

建筑表皮的质感融合了视觉和触觉的综合印象,质感一般指物体表面或实体经触摸或观看所得之稠密或疏松以及质地松散、精细、粗糙之程度,源于拉丁文Textura,即肌理(或纹理),主要是强调人对某种材料外表面特有结构的感受。人们通过质感体验建筑表皮的特征和物质性。

建筑表皮的视觉质感(视觉肌理)与视距有着密切的关系,只有在适当的观赏距离,建筑表皮材料才能充分展现其质感美。瑞典大瀑布能源公司的电厂,如图3-9所示,设计多以压花铝板为厂区主体设计材质,在阳光的照射下,铝板显示出机械美学特性。不同材料在建筑表皮中展现出不同质感的对比可以加强视觉效果,而同一种材料,采用不同的加工方式,改变其表面特征,也会体现出不同的视觉质感,这是发掘建筑表皮肌理美的一种有效手段。[①]

图3-9 瑞典大瀑布能源公司电厂

---

① 刘蕾蕾.现代工业建筑创作中的表皮材料运用研究[D].山东:山东建筑大学,2012.

（三）材质

1. 铝材

铝材具有良好的延展性、导热性、导电性、耐腐性、反射性，非常适合于轧制加工和焊接。铝合金板材可加工成纯铝单板、铝塑复合板、铝蜂窝复合板；可以加工成平板形式以及各种断面的波纹板等形式，因其表面光滑、耐候性好、便于清洁，多用于墙面及屋面材料，广泛适用于建筑室外环境中。铝合金平板饰面常给人时尚、新潮、前卫的感觉。

宁波市鄞州区生活垃圾焚烧发电厂的建筑表皮就使用了这种材料。该电厂坐落于青山绿水之间，深红色的外墙上，点缀着一些白色的六边形饰块。晶莹剔透的蜂巢式铝板幕墙，层次分明、颜色柔和。塔楼高耸入云，厂区绿草如茵，通过铝制表皮的反射性使整个工厂与秀丽的自然风光浑然一体，如图3-10所示。

建筑的不同体量运用了不同的立面元素。建筑底部由穿孔铝板结合透明玻璃打造双层蜂巢表皮，根据内部空间的功能，调节蜂窝状玻璃窗体大小，总控室、电机室外侧采用大型的蜂巢状玻璃窗洞。建筑上部烟气净化区外部为透明玻璃外罩金属蜂巢表皮，相较于建筑底部的蜂巢表皮做法更为轻盈。

图3-10　宁波蜂巢垃圾焚烧发电厂

2. 铜材

铜是绿色的金属，它经久耐用，易于回收再利用。铜的导热率和电导率都很高、化学稳定性强、抗张拉强度大、可塑性和延展性好，还具有非常优秀的抗腐蚀性。铜优异的耐腐蚀性能同样使其非常合适于用作建筑外墙及屋顶板材。现代建筑中，由于铜加工技术的日益成熟，铜板的运用逐渐由高贵走向大众。

3. 锌板

建筑中，锌板与常用的镀锌钢板和铝板相比较，拥有显著的优点。锌板具有自我保护特性，不需要进行其他特殊的防腐处理。[①] 锌板金属带有明显的工业生产的痕迹。与木材、石材等这些天然材料相比，它冷峻的气质，比较适合于表现工业化的形式。因此，在丹麦"能源之塔"的设计中，如图 3-11 所示，由于孔洞较多，因此选用了抗氧化性强的钛锌合金板作为立面材料。

图 3-11 丹麦"能源之塔"垃圾发电厂建筑表皮材料

4. 钢板

现代建筑中，一般均采用工厂化方式在钢板表面涂覆其他金属或非金属覆盖的方法。表面镀锌、铝、铅、锡等金属的钢板统称为镀层钢板；表面涂覆有机涂料的钢板统称为涂层钢板；表面涂覆瓷釉的钢板成为搪瓷钢板。彩色压型钢板因为其易擦洗、塑性好等特点在国内工程中应用较广泛，在华电宁夏永利电厂设计

---

① 刘蕾蕾.现代工业建筑创作中的表皮材料运用研究[D].山东：山东建筑大学，2012.

中采用了彩色压型钢板的设计材料，如图3-12所示。

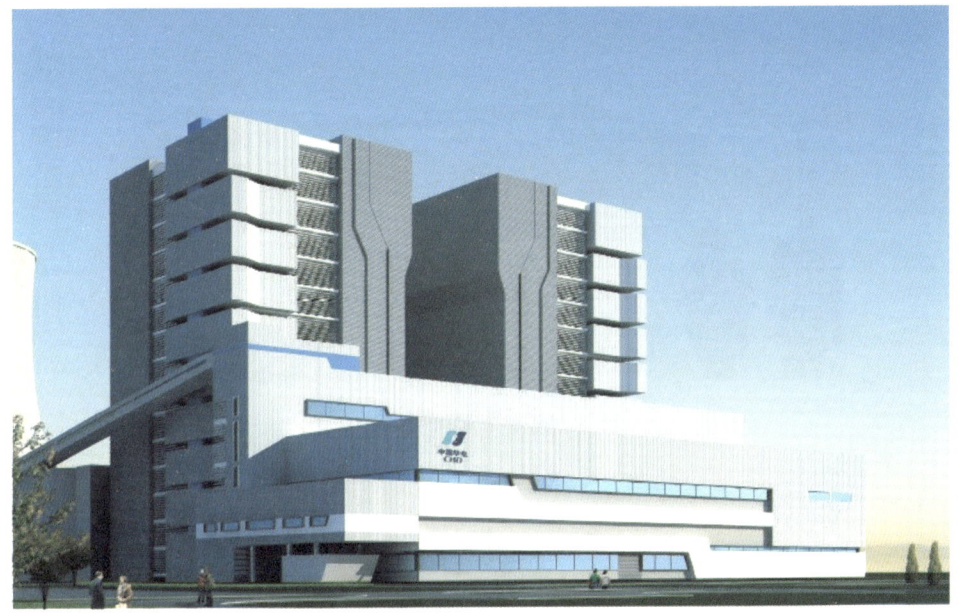

图3-12 宁夏永利电厂效果图

5. 不锈钢板

不锈钢板具有优异的耐久性和好的清洁性，便于清洗，因此，比较适合造型艺术要求高的建筑。同时，不锈钢板具有造型性强的特点，利于制作冲孔板。冲孔板在施工建设中应用广泛且具有良好的吸声降噪功能，应用于建筑表皮会表现出较强的现代感和工业美。

6. 石材

石材的材料性质属于脆性材料，韧性较差，但具有密度大、坚硬，抗性好的物理性优点，其耐火性能、保温隔热性能较其他材料也更为出色。天然石材系指在自然岩石中开采所得的石材，它是人类历史上应用最多的建筑材料之一。由于大部分天然石材具有强度、耐久性好、蕴藏量丰富、易于开采加工等特点，因此，它被各个时期的人们所青睐，常被作为地面、屋顶、建筑构件、雕塑等材料来使用。在辽宁清原抽水蓄能电站工程项目中，就因地制宜根据当地石材开采条件选择石材作为其立面材质，如图3-13所示。

图 3-13 辽宁清原抽水蓄能电站效果图

石材表面可以通过抛光、哑光、机刨纹理、烧毛、剁斧、喷砂等不同的加工赋予石材光亮、亚光、凹凸等不同的表面效果，各种表面加工效果与石材本身的纹理结合形成了总体的视觉质感。如抛光后的石材其固有的颜色、花纹得以充分显示，装饰效果更佳。机刨纹理能将石材表面加工成特定凹凸纹理状，使其本身的纹理丰富而美丽。大理石在加工中就常常把它做抛光或亚光处理，光洁的表面更能展现其内部纹理的图样，而本身纹理不够清晰的材料（如花岗岩），就运用烧毛、剁斧等方式加工石材。

7. 涂料

涂料立面是附着于物体表面的一种液体物质，一般是由液体、胶粘剂、颜料、添加剂等元素组合而成。涂料在物体表面会形成一层完整的薄膜，对物体起到保护和装饰的作用。

涂料是各种立面装饰中兴起最晚的装饰材料，在所有装饰面材料中，涂料颜色可谓最多，最容易调配。涂料的特点：与应用较多的外墙面砖相比，涂料立面具有整体性好、施工简单、安全、易于更新等优点，在华电国际莱州电厂排水发电站的立面项目中就利用了最易于操作的涂料立面，如图 3-14 所示。但与石材、面砖、玻璃、金属板等材料相比，其耐候性、自洁性差，特别是在空气污染严重、空气湿度大的地区较为明显。如果因为施工不好、涂料性能和档次较低等，就会出现涂料立面显旧显脏，而且容易起皮脱落，这就要求每隔数年就要重新粉刷，以保证建筑外墙的洁净、美观。

图 3-14 华电国际莱州发电厂排水发电站

8. 清水混凝土

混凝土是现代建筑中应用最为广泛的材料之一，混凝土的大发展时期正是现代主义建筑思潮盛行的时期，20 世纪 60 年代，混凝土材料开始在设计中广泛运用。建筑师们努力挖掘混凝土的特性，控制施工精度，混凝土展现出自身丰富的设计内容。20 世纪 70 年代后，质朴的混凝土开始频繁出现在建筑舞台，一些建筑师追求混凝土的精致，力争表达出混凝土的雅致、自然、细腻的效果；一些建筑师追求混凝土粗犷的力度美感，保留施工的痕迹甚至瑕疵，他们更加注重真实性的表现，不去苛求施工工艺，主要依靠建筑的整体性表达效果；另外一些建筑师则将混凝土的粗犷与精致协调结合，使建筑整体体块比例的推敲显得精致无比，接近建筑时混凝土表皮又显示出粗犷有力。除此之外还有一些建筑师通过在混凝土中混入添加剂以追求混凝土的色彩以及特殊的质感。至此，混凝土开始成为建筑材料语言在表皮设计甚至整个建筑设计中的主角。在许多德国电厂中主要以灰色为电厂设计的基调色，清水混凝土的建筑材料往往与不锈钢板合用，体现简洁的工业设计风格，如图 3-15 所示。

图 3-15　德国万思福电力公司发电厂

9. 面砖

出于对传统砖墙效果的追求，同时为适应现代饰面材料所追求的轻、薄要求，酷似砖面效果但厚度较薄的面砖出现了，因此，在许多电厂建筑中采用面砖立面突出立面质感效果，如越南沿海二期发电厂、丹麦哥本哈根发电厂，如图 3-16 和图 3-17 所示。一般地讲，陶瓷面砖是以黏土为主要原料，经配料、制胚、煅烧、表面处理等加工过程而成。面砖外表皮的设计主要应考虑到墙面整体的色调、质感、面砖规格及比例、面砖排列方式、勾缝宽度及色彩等。当然，表皮的细节是和建筑整体的块面、虚实、比例等设计分不开的。

图 3-16　越南沿海二期发电厂厂前区效果图

图 3-17　丹麦哥本哈根发电厂

由于大部分面砖具有良好的耐久性、耐酸碱性、耐磨损性、清洁性等优点，并且其价格相对低廉，因此，在国内外建筑的外表皮材料所应用的比例特别大，甚至在一段时间内成了建筑外表皮的主要材料。

如荷兰斯塔斯加德能源站，是当地一座吸引眼球的标志性建筑，如图 3-18 所示，斯塔斯加德能源站烟囱高达 40 米，建筑表面采用绚丽瓷砖装饰。瓷砖拼接出荷兰传统文化图案，成为工业与艺术的结合范例，突破了传统的工业建筑的单一功能，让能源站成为荷兰恩斯赫德市最大的艺术品。

图 3-18　荷兰青花瓷斯塔斯加德能源站

10. 玻璃

玻璃材质是以石英砂、纯碱、石灰石等原料在高温下熔融、成型、冷却而成的一种透明的、脆硬性的固体材料，广泛用于建筑、日用、艺术、医疗、电子、核工程等领域。在德国杜塞尔多夫劳斯沃德发电厂项目中，通透的玻璃幕墙作为高耸的烟筒与地面巨大体块之间的过渡元素出现，如图3-19所示。

图3-19　德国杜塞尔多夫劳斯沃德发电厂

玻璃的运用也从早期的以采光通风为主要目的的窗户、幕墙扩展到内外墙装饰、屋顶、地板等部位，甚至成为结构材料，玻璃也从追求透光可视的纯功能材料发展成为无所不能的内外装饰材料，在荷兰代尔伏特垃圾处理发电厂的设计方案中，磨砂玻璃的应用使得电厂建筑具有独特的建筑立面的质感特色，如图3-20所示，玻璃幕墙的简洁形式与现代工业建筑形象相吻合。

图3-20　荷兰代尔伏特垃圾处理发电厂

11. 陶板

陶板是以天然陶土为主要原料，添加少量石英、浮石、长石及色料等其他成分，经高压挤出成型、低温干燥及1200℃的高温烧制而成，具有绿色环保、无辐射、色泽温和、不会带来光污染等特点。空心结构，自重轻，同时增加热阻，起到保温作用。

陶板的颜色是陶土经高温烧制后的天然颜色，通常有红色、黄色、灰色等20多种，能够满足建筑设计师和业主对建筑外墙颜色的选择要求。颜色为天然陶土本色，色泽自然、鲜亮、均匀、不褪色、经久耐用，赋予幕墙持久的生命力。

由于陶板的物理化学性能的稳定性及其表面的一些特殊处理，具有耐酸碱、抗静电的作用，所以不会吸附灰尘原始色。

五、发电厂建筑表皮的场所美

（一）光影

灿烂阳光赋予建筑明晰有力的体量，赋予建筑表皮丰富的造型和内涵。光与影构成了建筑表皮动态构图的真正意义，建筑表皮随着时间的变化图形自身也会改变其形状、位置、深浅。

对于发电厂的建筑表皮而言，由于受到功能的限制，在表皮上的变化不应过大，并且考虑到发电厂建筑大体量的特点，不必要的细部装饰，不但使造价提高，而且破坏发电厂建筑的朴素形象，有时还引起功能和形式的矛盾。在丹麦"能源之塔"的设计中，如图3-21所示，由于垃圾焚化炉的烟筒巨大，因此，在立面上雕刻具有韵律孔洞，通过孔洞之间光影的变化打破立面的单调。往往这个时候可以用比较简单的方法解决问题，利用水平或者垂直的表皮构件营造光影效果，营造出具有生机的建筑立面造型，从而打破墙面的单调性，这是光对构图的一种新的变化，解决了功能与艺术之间的矛盾。

"**文化创意＋**"**电力工业融合发展**

图 3-21　丹麦"能源之塔"垃圾发电厂

（二）空间

一般认为空间是由墙、地面、天花围合而成。不过最终得到的是经过表面处理之后的墙、天花、地面围合的空间。而且最后的表面处理是人们原本想得到的，它的色彩、形状和质感是我们为达到适当的空间效果首先考虑和设计的，后面的支撑物是这层表皮得以成立的途径。被表皮处理过的空间可以视为建筑的"第四空间"，它是由人在时间的维度内，对建筑表皮所做出的心理反应的空间，它是动态的空间。在德国杜塞尔多夫劳斯沃德发电厂的设计中，如图 3-22 所示，夜晚的灯光效果通过立面有韵律的灯光变化，将"第四空间"引入设计中，使设计具有灵动性。

图 3-22　德国杜塞尔多夫劳斯沃德发电厂

对于发电厂建筑而言，建筑表皮体量的巨大，使得时间维度的"第四空间"距离较长，因此，如何将发电厂建筑的表皮设计的有节律感，满足人对"第四空间"的视觉想象变得尤为重要。格式塔心理学早已证明："视觉形象永远不是对感性材料的机械复制，而是对现实的一种创造性把握，它把握到的形象是含有丰富的想象性、独创性、敏锐性的美的形象。"[1]

自信息革命以来，迅猛发展的技术给人类带来便利的同时，人们逐渐开始向往和追求拥有场所精神的建筑，而技术是场所精神实现的必要因素。营造场所精神的两个具体方法是光影和空间，只有真正将光影和空间与建筑表皮相融合，才能创造出具有时代情感的建筑和充满诗意的空间环境。

六、发电厂建筑表皮未来设计方向

（一）模块复合化

复合化的表皮主要是多层表皮，它的出现是当代建筑技术高度精密化、专业化的产物。复合化表皮改变了传统的建筑结构与外围护之间的关系，结构与外围护不再是简单的内外关系，而是由结构和填充物共同构成建筑的复合表皮，即复合化表皮为两层以上的结构模块所组成的复合化建筑表皮。丹麦 BIG 建筑事务所

---

[1]　季翔.建筑表皮语言［M］.北京：中国建筑工业出版社，2012：97-100，105-107.

在丹麦的垃圾发电厂设计中，模块化的元件构建出了多变的建筑表皮。

对发电厂建筑而言，大体量受力承重的建筑结构成为建筑主体，采用复合结构可以直观地体现出建筑的结构美，这类结构既不像砖石那样密实，也不是差异明确、间距疏离的结构构件，结构化表皮是一种有足够密度和间隙的组织物。事实上，当结构构件的密度达到一定程度时，结构本身就具有表皮的特征。

（二）平面艺术化

在建筑表皮的发展中，我们可以发现一种建筑的艺术表现趋向：即越来越多的建筑不论从建筑形态还是表面肌理上，都越来越像是一件艺术品。发电厂建筑表皮在经过艺术化处理之后，也可以成为城市的一个艺术品，丹麦BIG建筑事务所在瑞典进行的一座热电厂改造就是如此，热电厂仅在冬天供暖使用，因此，改造后的电热厂大部分时间可以作为城市的公共活动中心，这样对其艺术性的要求就有所增强，丹麦BIG建筑事务所将彩色玻璃设计成一个玻璃外罩，并且工业建筑自身所具有的工业结构的极简主义美学要素也得以体现，因此，瑞典热电厂项目不仅是一个城市市政项目，更是一个城市艺术中心，如图3-23所示。

图3-23 瑞典热电厂改造项目内部空间

（三）生态科技化

随着科学技术的发展，建筑表皮将不再是一个简单的建筑内外分隔层，而是具有通过改变自身位置、形状、密度、颜色等要素来调整建筑表皮的自然气候资源能力的高科技表皮，如图3-24所示美国霍奇基思生物质发电厂。随着建筑技术的发展和新材料的不断出现，许多感应设备和新技术等正进入建筑表皮的设计中，根据不同的地域气候条件，通过运用这些新技术、新产品，改变建筑各层表皮的功能特性、表皮层的数量、重叠的方式及顺序，获得不同形态和性能的建筑表皮系统，并通过建筑表皮新的功能使建筑具有新的面貌。在深圳龙岗垃圾发电厂项目中，倾斜的建筑格栅立面起着遮阳降温的作用，并且屋顶的光伏太阳能板为建筑内部能耗提供清洁能源，其设计都极大地丰富了建筑表皮和立面效果，如图3-25所示。

图3-24　美国霍奇基思生物质发电厂

图3-25　深圳龙岗垃圾发电厂

（四）材料多样化

材料工业技术的发展势必带来建筑表皮的革新，许多新材料具有传统材料不可及的特性，具有如轻质、柔韧性强、坚固、透气性好、防辐射能力强等诸多方面的优势。对这类新材料在表皮上的运用是一个不断探索的过程，不断对传统结构和常规构造进行改进，并刺激了新表皮形式的生成，给建筑师更灵活的创作空间。在运用和拓展的过程中，它们完成了从常规材料到新材料的转变。新表皮材料更是工业建筑展现其形象的一个新的载体。在意大利博赞发电厂项目中，多种建筑材料的拼贴组合应用，配合造型的体块撞击、角度倾斜，体现出建筑材质拼贴组合的艺术氛围，丰富了发电厂呆板的长方体块造型，如图3-26所示。

图3-26　意大利博赞发电厂项目

建筑表皮创作中的材料运用不是通过单一材料的选择来进行的，它应该是各种材料构造方式的综合运用。什么样的建筑适合选用何种材料或者说材料对于一个特定的建筑具有特定的表现力，这需要我们从材料特性、建筑性质、经济因素、使用部位以及建筑师对不同材料的认识程度等多方面作具体的判断分析。

(五)表皮非线性化

非线性建筑表皮是指在非线性科学影响下,形成的非线性的建筑表皮,它具有动感和复杂的形态。非线性建筑表皮有两种形式,即非线性建筑的表皮和线性建筑中具有非线性特征的表皮。混沌理论是非线性设计的基础,混沌理论即万物都有关联性,混沌理论指导我们细心地观察事物,透过现象看到本质。

非线性建筑中曲线是一种重要形式。曲线的形态是自然界普遍形态的概括,曲线天生就被人们所喜爱,曲线具有柔和性、自然性、复杂性和动力性,这在一定的程度上契合了建筑表皮形式的多样性,这也是建筑表皮非线性的必要性表现。在英国马恩岛发电厂项目中,将高耸的烟筒体块与巨大的发电厂房造型一起考虑,采用曲线的模式组合,使其具有雕塑般的造型艺术,如图3-27所示。

图3-27 英国马恩岛发电厂项目

建筑表皮的非线性组织形式可以分为:分形拓展法、拓扑变形法两大类型。

分形拓展法分为:自相似性、几何编制法两种。自相似性是分形几何的一个重要的特性,分形体的不同层次在形状上相似,并且通过一定的方式形成一个更大的整体。在加拿大萨里垃圾发电厂项目中,自相似的形状主要在每个二维立面中出现:屋顶的三角形、侧立面的长方形格栅等,如图3-28所示。几何编织法是在自相似性的基础上,编织的操作从二维进入到三维,一维的线组织与二维的表面相互交叠缠绕使表皮有了一定的空间深度。这种编织过程形成的空间维度增加了表皮的复杂性,当下许多建筑都采用受分形几何理论影响的编织表皮处理方式。

图 3-28　加拿大萨里垃圾发电厂

　　拓扑变形法是物体在保持自身性质的前提下，也就是没有生成质变的情况下，随着物体的运动变化，物体上两点的位置也会相应发生变化。在诸多工业厂房设计中，三角形、长方形、曲面等二维层面的元素在三维层面上产生变化，以此来创造出建筑体量的变化。南非垃圾发电厂、波兰垃圾焚烧发电厂、深圳老虎坑三期发电厂项目为长方体在三维层面上的拓扑变化，如图 3-29、图 3-30 和图 3-31 所示；美国拉斯维加斯发电厂，为曲面在三维层面上的拓扑变化，如图 3-32 所示，这些二维图像在三维层面上的拓扑变化多在计算机建模中实现其变化模拟，以期得到理想的建筑造型。

图 3-29　南非垃圾发电厂

第三章 "文化创意+"发电厂设计

图 3-30 波兰垃圾焚烧发电厂

拓扑学形成建筑表皮的变化和流动,拓扑变形的发展过程中,变形是重要的形式,利用各种条件进行虚拟变形,得到各个层面的体验。总之,拓扑思维改变了人们对二元概念的看法。即使是不规则的建筑表皮曲面,也能够切割成有限块并拼合成为和指定的具有同样面积的表皮曲面,世间万物都是有其规律可循,并有规律可总结。

图 3-31 深圳老虎坑三期发电厂

109

"文化创意+"**电力工业融合发展**

图 3-32　美国拉斯维加斯发电厂

将非线性的设计概念引入电厂建筑表皮的设计中，其意义在于除非线性提出了具有审美趋势的发展规律之外，也具有生态化、信息化的功能。生态化的意义在于非线性的建筑表皮可以数字化模拟生态生物结构，构成新型的建筑材料表皮，使得建筑能耗更加绿色环保，符合新时代绿色能源要求；信息化的意义在于建筑表皮的每个元素都具有有效信息性，使建筑表皮被纳入人工智能领域，让建筑表皮更加智能化地符合人类对建筑的新时代使用需求。

第二节　人本管理——发电厂主控室软人因设计

我们必须学会把技术的物质奇迹和人性的精神需要平衡起来。

——［美］约翰·奈斯比特

发电厂长期以来贯彻的是"安全、适用、经济、美观"的设计方针，其中，"安全"是发电厂存在和发展的基础。一旦发生事故，不但会造成重大的人员伤亡和经济损失，也会产生巨大社会负面影响。

主控室作为全厂的控制中心，相当于整个电厂的神经中枢，其能否安全平稳运行对于整个电厂的正常运转有着至关重要的作用。主控室的室内设计是一项多学科的综合性设计，除了根据电厂生产流程、工艺规范要求外，还应正确处理室内空间环境与人的相互关系，体现"以人为本"的设计原则。

一、人因工程与软人因设计概述

（一）软人因设计提出的缘由

自美国三哩岛严重核电事故发生后，人因工程设计成为核电安全研究的重要课题。人因工程设计对实现核电厂的安全目标和运行目标至关重要，根据世界上运行的400多座核电厂统计，在发生的重大事件和事故中，人因失效所引发的各种事故和安全事件占到总数的50%～85%。震惊世界的三哩岛与切尔诺贝利核电厂严重事故，主要原因就是人的失误所导致的。在发电厂中，由于主控室人机接口最集中，操控员与人机接口联系最密切，发生人的失误最多，后果也最严重，因此人们自然地把人因工程研究与应用首先着眼于主控室。

现阶段我国大型火力发电厂仍然是电力系统主力军，尽管近年来的集约化、自动化、专业化程度越来越高，但是每年仍会有因为主控室人为因素导致机组非计划停运，甚至造成人身伤害的事故发生，给国民经济、家庭和社会带来较大的负面影响。所以人因工程设计研究对火力发电厂的安全运行也有十分重大的意义。

从我国近几十年的火电事故统计资料来看，由于人员失误原因造成的事故从20%提高到80%以上；另对我国某大型国有企业发电集团近些年多起重大事故调查分析得出：物因为主事故占21%，人因为主事故占77%，其他占2%，可见人因是造成事故的主要原因。

如何体现现代电厂"以人为本"的原则，如何为工作人员提供一个舒适、理性以及有情感的最佳工作环境，如何提高工作效率、提振工作人员精神、减少差错，成为现代发电厂主控室设计的重点。

目前，国内对人因工程的研究，多停留在人体工程学等"硬"的领域，而对人的情感、心理、生理、美学及感性工学等"软"的一面关注较少，而这正是现代社会需要关注的重点，也是减少电力安全事故的重要举措。

本节主控室软人因设计的研究，是基于核电厂主控室人因工程设计、主控室设计 ISO 国际标准及根据人的感官能力、生理与心理特征、情感设计基础上所提出的新概念，并将此项设计研究拓展到火电、水电、新能源发电主控室设计，统称发电厂主控室软人因设计。

（二）人因工程设计的概念

人因工程是研究人机交互作用，把人的特点引入工程设计，获得安全和高效的工艺设备与系统的新兴工程技术学科，涉及生理学、心理学、解剖学、管理学、工程学、安全科学、环境科学等，是跨越不同领域的交叉边缘学科，是国际科技前沿课题。

人因工程设计以人的解剖学、生理学和心理学为基础，研究人、机器和环境三者之间的相互作用关系，为设计安全、高效和舒适的最优状态的技术设备及系统提供理论与方法。

现代发电厂电力生产过程中几乎人的所有生产指令都是通过人机界面发布和执行的，良好的人机界面有助于减少工作失误，提高操作的可靠性。因此，以现代人因工程学为理论基础，根据生产工艺特点、电力生产流程以及员工操作习惯，设计和使用符合人因工程学的人机界面及空间环境具有重要意义。

(三)软人因设计的概念[①]

软人因设计的狭义概念是研究计算机应用、网页等虚拟界面的设计,以满足人的健康、情感和认知需求,在用户期望、系统工作流和美学之间寻找平衡,设计中通常考虑人的生理局限、情感需求、认知能力。随着人因工程学科的发展,软人因设计注重人因学"软"的一面,将关注的重点放在虚拟界面和界面的非物质意义上,而非物理界面本身,也不是局限于传统的人机界面。

软人因设计以工业设计心理学、人性化设计、情感化设计等软性学科为基础,而不是以人体测量学应用为重点。近年来随着人文因素、设计美学的注入,软人因设计有了更大的发展。

(四)发电厂主控室软人因设计的概念

发电厂主控室软人因设计是通过主控室环境对运行人员感官层面(人对物体的形、色、音、触等感性认知)、使用层面、观念层面影响的研究,对主控室进行科学的设计,使运行人员感官愉悦、身心舒适、情感认知、文化认同,进而对他(她)们的意志和行动产生积极影响。通过研究人的认识特征和规律,研究人的情感与意志,研究人和环境的相互作用,用各种设计方法去影响人的情感,使发电厂主控制室的设计达到预期的效果,更好地发挥其在"软"功能方面的作用。

发电厂主控室软人因设计是在人因工程设计基础上关注与操作人员有关的设计生理及心理学、环境美学、人文社会学等,即考虑操作人员感官能力、生理与心理特征等,并在长时间内让操作人员获得情感上的满足,为运行人员提供最佳工作环境。

设计内容包括美学设计、情感设计、感官环境设计、空间与人的生物节律协调性设计、旷奥度设计等。

二、发电厂主控室软人因设计的意义

(一)科技与情感的平衡

科学技术正深刻地改变着人们的工作生活方式和价值观念,在展示人类聪明才智的同时,也带给人新的苦恼和忧虑,那便是人情的孤独、疏远和感情的失衡。因此,

---

[①] 韩维生.设计与工程中的人因学[M].北京:中国林业出版社,2016:321.

在现实社会里人们必然去追求一种高科技与高情感的平衡、一种高理性和高人性的平衡。技术越进步，这种平衡愿望就越强烈。正如约翰·奈斯比特所说："无论何处都需要有补偿性的高情感。我们的社会里高技术越多，我们就越希望创造高情感的环境，用技术的软件一面来平衡硬性的一面。我们必须学会把技术的物质奇迹和人性的精神需要平衡起来，实现从强迫性技术向高技术和高情感相平衡的转变。"因此，主控室设计的情感化、人性化是高科技发展的必然要求，作为高科技结构张力的互补机制，软人因设计将充当高科技与高情感的平衡剂，与高科技发展形影相随。

（二）人本理念的体现

软人因设计是为"人"而做的设计，需要满足人的生理和心理、物质和精神的需求。设计的使用者和设计者是人，因此，人是设计的中心和尺度。这种尺度既包括生理尺度，又包括心理尺度，而心理尺度的满足是通过设计的人性化来实现。因此，人性化设计是设计的本质要求，并成为评判设计优劣的不变准则。李砚祖先生认为："什么是好的设计？处于技术水平、市场需要、美学趣味等条件不断变化的今天，很难有永恒评判的标准。但有一点则是不变的，那就是设计中对人的全力关注，把人的价值放在首位。"这正反映在了软人因设计对人本理念的关注和重视。

（三）精神生活的追求

现代设计是技术与情感的结合，科学技术给设计提供了良好的功能，而艺术和情感使设计赋予美感，充满情趣和活力，成为人与设计和谐亲近的纽带。随着社会的发展，人们所孜孜以求的理想化、艺术化的造物方式和生活方式，由不自觉走向自觉，由追求物质需要为主到两者兼顾并以追求精神享受为主。设计的层次越高，其精神性的因素就越多、越圆满，物质性和精神性、理性化和人性化的结合就越完美、越融洽，从某种意义上说，设计的不断发展和提升的过程即是人的认识、思想和情感不断完善的过程。人类社会的一切都已打上了人类精神意识的烙印，设计也不例外。因此，软人因设计达到人物和谐，"物我相忘"的境界，是设计师永恒追求的目标。

三、发电厂主控室美学设计

德国哲学家鲍姆加登认为"美学即研究感官与情感规律的学科"。生命需要美，艺术需要美，科技更需要美。美是科技、艺术和生命的结合，美是人们心里的一种需要。主控室的设计应当在考虑使用功能、经济性原则的同时把审美设计扩充其中。

（一）比例与尺度

比例是数量之间的对比关系，表明各种相对面间的度量关系，在美学中，最经典的比例分配莫过于"黄金分割"。色彩比例是指色彩组合设计中，局部与局部、局部与整体之间长度、面积大小的比例关系。它随着形态的变化、位置空间变换的不同而产生，它对于色彩设计方案的整体风格和美感起着决定性的作用。

尺度是物与人之间关系的比较。人在室内环境中，不仅只利用空间的使用功能，不同的空间还会给人以不同的心理暗示，所以，主控室要依据环境心理学对室内空间的具体要求来进行设计。

（二）调和与对比

"对比"是美的构成方法之一，如光线的明暗对比、色彩的冷暖对比、材料的质地对比及传统与现代的对比等。通过对比构成方法，使主控室产生更多层次与形式的变化，演绎出各种不同节奏的空间组合方式。与之相对，调和则是将对比双方进行缓冲与融合的一种有效手段。

在主控室设计时，形态上有高低、曲直、方圆、大小、宽窄等对比；色彩上有浓淡、明暗、冷暖等对比；位置上有左右、前后、上下等对比；肌理上有疏密、粗糙与光滑等对比。

主控室设计通过艺术加工达到调和的设计方法：一是同种元素的组合；二是类似元素的组合；三是不同元素的组合。

（三）节奏与韵律

节奏与韵律是由于设计要素在空间与时间上的重复而产生，两者是密不可分的统一体，是美感的共同语言，也是设计师的创作和受众感受的关键。节奏是韵律的条件，韵律是节奏的必然结果。在主控室设计中可以通过点、线、面等单位形态的重复出现，体现秩序性美感；通过将造型及色彩按某种定向规律做循序推移系列变动，形成渐变性节奏；通过材料与色彩的多种简单重复性节奏组成，形成多元性节奏。

（四）对称与均衡

对称即以相同的装饰元素，按照相等的距离，由一中心点（或线）向外放射或向内集中的"图形"。其特征是结构规则平稳，具有安静、稳定的特性，这种特性适宜在发电厂主控室设计中应用。

均衡是对称结构上在形式上的发展，由形的对称转化为力的对称。主控室设计中，是靠正确处理视觉重心的平衡度而获得美感。

无论是对称还是均衡都是一种平衡。平衡是人的一种生理功能和要求，人除了要求自身的平衡外，还要求周围环境也具有一种平衡感，即安全感。心理学家发现，人类观察物体时会产生一种追求稳定平衡的趋势。对称与均衡在一定程度上反映了处世哲学的中庸之道，因而在我国古典建筑中常会使用这种表现方式。

（五）主从与重点

主从关系是发电厂主控室设计中需要考虑的基本因素之一。在主控室中的视觉中心设计是重要的设计点之一。人的注意范围内一定要有一个中心点，这样才能制造出主次分明的层次美感，对电厂主控室而言，这个视觉中心就是主控室的监控屏幕，"配角"布局切勿喧宾夺主。空间内重点色设置不宜过多，否则多重点即无重点，多中心的安排将成为过度设计，破坏主次有别、井然有序的效果，产生无序、杂乱的弊端。

（六）过渡与呼应

对于发电厂主控室的设计与施工而言，硬装与软装的和谐搭配并不难，真正的难点在于如何让二者产生"联系"，这就需要运用"过渡"的设计手法。呼应作为一种均衡的形式美，是各种艺术常用的手法。在主控室设计中，过渡与呼应总是形影相伴，如顶棚与地面、桌面与墙面、色彩搭配等，若能做到过渡自然、巧妙呼应，往往能取得意想不到的效果。

（七）比拟与联想

比拟就是把一个事物当作另外一个事物来描述、说明。比拟是一种文学上的说法，在形式美学当中，与联想密不可分。所谓联想，是指人们根据事物之间的某种联系，将其由此及彼的心理过程。联想是连接眼前事物与以往相似，甚至相反事物之间的纽带，它可以使人思路更开阔、视野更广远，从而引发审美情趣。

联想的内容建立在已知且客观存在的事物之上，运用比拟的手法，借助联想，使抽象的意识活动与具体形象相结合。例如，主控室选用茂盛的绿色盆栽，局部设置枯山水，将室外自然环境引进室内，让人有种融入自然的联想。

四、发电厂主控室情感化设计

（一）什么是情感空间

空间形态大致可被分为三个层次：物理空间、生理空间、心理空间。物理空间是指人建造的物质场所，其在形态上的进深、宽度、高度都是可以被精确测量；生理空间是指以人体生理需求为依据，制造出的定制化闭合区域，多指能够满足采光、通风、温度调节等要求的空间；心理空间是指以不可测定的生活空间或艺术空间，也就是我们所说的情感空间。情感空间是所有空间形式中最能打动人心同时也最能给人以启发的空间。

不能产生情感交流的空间是不完整的，情感交流来自我们对空间的感知，了解空间结构的过程实际上就是一个心理感知的过程。也许我们都有过这样的心理体验，一个宽敞明亮的空间会让你心情舒畅，一个狭窄低矮的空间会让你压抑甚至愤怒，而这种心理上的变化就是人与空间进行的情感交流的结果。与此同时，空间的内部结构与装饰又会对置身其中的使用者产生很大影响，设计的风格、颜色、装饰的效果等在满足使用者功能需求的同时，也在丰富使用者的精神需求。

使用者要与空间进行情感化的互动交流，将其心底最需要表达的情感释放出来。空间情感是使用者内心的意识观念在外界某种环境刺激下而产生的一种模糊的情感，是室内空间的高级审美形态。设计者必须了解室内空间的这一特性，才能真正从人的真实需要以及人对空间的真实感受出发，才能塑造出人性化的室内空间，真正体现设计"以人为本"的观念。

（二）什么是情感化设计[①]

情感化设计是享誉全球的美国认知心理学家唐纳德·A.诺曼在其《情感化

[①] 唐纳德·A.诺曼.设计心理学 3：情感化设计［M］.何笑梅，欧秋杏，译.北京：中信出版社，2015：49-70.

设计》一书中，首次提出了情感化设计的概念。他将设计从低到高划分为功能性、可依赖性、可用性和愉悦性这四个层面并将情感化设计置于最上层的"愉悦性"层面当中。情感化设计从知觉心理学的角度揭示了人类本性的3个层面：本能水平、行为水平、反思水平，并强调了情感对于日常工作生活决策的重要性。

1. 本能水平

人是视觉动物，对外形的观察和理解出于本能。视觉设计越是符合本能水平的思维，就越可能让人接受并且喜欢。

2. 行为水平

行为水平的设计可能是我们关注最多的，功能性的设计讲究效用与性能。优秀行为水平设计需具备功能性、易懂性、可用性和物理感觉4个方面的设计考量。

3. 反思水平

反思水平的设计与物品的意义有关，受到环境、文化、身份、认同等的影响，形态会比较复杂，变化也较快。

设计语言是传达抽象情感的工具，不同的生活经历、教育背景、性格特征及对文化的不同理解使每个设计师都有一套独有的设计语言，从而形成形态各异的设计体系。但有一点是共通的，即对文化的表达与思考。情感定位来自设计师对空间的理解，也来自其对文化的思考。从空间功能到精神需求，再到文化认知，是一个由浅入深的过程。

文化意象是一种以视觉形象为表达媒介，将情感体验作为一种带着感觉的预想概念。形态的塑造与色彩、光影、材质等设计元素的运用都有助于实现预想的感受。通过对形态的加工与创造，营造出相应的意象，为我们的情感体验提供一个明确的方向和途径。就形象的创造与加工方式而言，是否能产生设计所预想的情感体验，除了形式法则以外，文化意象也是一个尤为重要的内容。任何空间的风格和特征，都是由当地的自然条件与历史条件共同塑造形成的，人在自然环境与社会环境中生活，将从中获得的感知、情感和意象融合在一起，创造出与自然人文环境相协调的空间，使人唤起过往的情结，产生文化认同和心理归属感。而文化因素的抽象性与复杂性，通常需要通过符号、造型、色彩等一系列元素加工成具有文化意向的视觉形象来进行表达。在主控室设计中，需要获得怎样的情感体验来源于设计对空间情感定位的把握以及形式语言的创造和文化意向的表达。

（三）主控室情感化设计的重要性

科学技术的发展对主控室设计提出了更高的要求，将满足人的感性心理需求放到了设计目标的核心位置。"情感"因素多被人们理解为人与人之间的感性情怀，被越来越多的应用于建筑和空间的表达。将情感化的思维逻辑应用于设计之中，为空间赋予感情，这正是设计的魅力所在。人的情感经过空间体验会变得更加丰富多彩且有意味。

情感的真实来自人内心需求的真实性。就电厂主控室而言，值班员在使用空间时与其产生情感交流，可以获得不同的心理感受。对空间环境进行情感化设计就是围绕人的情感体验，对人的情感给予充分的关注，并期待用我们的设计来探寻和唤醒人类最真实、最丰富的情感需要。因此，对空间设计情感化的关注应该成为今后主控室设计的一个重点。在主控室设计中加入软人因设计，是对室内空间和环境的再创造，它明确把创造满足值班员物质和精神生活需要的室内环境作为室内设计的目的，并坚持以人为本的设计原则。

电厂主控室环境空间将抽象性的情感需求转化为可感知的空间形式，在值班员的体验过程中，实现人与空间的情感传递。主控室内空间环境设计是为了满足值班员生理或心理需求而开展的，而空间的情感化设计就是满足心理需要的必要条件。将空间的情感化作为艺术审美范畴内的一种概念，不能单纯地理解为由于生理需求而产生的情感内容，也不能将其看作是承载情感的物象的可视空间。艺术中的空间情感本质上是建立在人类的体验之上的，通过物质化的空间容器与概念化的设计理念来陈述和表达人类丰富的情感世界。

综上而言，以人为本的设计首先要考虑到人的情感元素在室内空间设计中的核心地位，不能忽视情感空间环境设计及人与空间之间关系的紧密性。空间的尺度、材料、光影、色彩等都对空间环境的情感营造有着非常关键的作用。

（四）主控室情感化设计

美国心理学家诺曼在其《情感化设计》[①] 一书中提到："在设计过程中，同时进行创造性思考和集中注意力，是需要技巧的。假设一个设计任务是为一个核电厂

[①] 唐纳德·A.诺曼.设计心理学3：情感化设计[M].何笑梅，欧秋杏，译.北京：中信出版社，2015：13-14.

或大型化工厂的操作员建造一个控制室（这个例子适用于很多生产制造型企业）。设计的目标是监控生产的关键工序或流程，也就是说控制室的操作员能够监控整个车间，并且在发生问题时解决它们，或许最好的方式是施加中性的或轻度负面的情感，以使人们保持警觉并集中注意力。这需要给操作员提供一个有吸引力的愉悦环境，以便在正常监控状态下，他们能够保持创造力并以开放的心态去发现新情况。当某项工厂的监控参数达到危险级别时，控制室就会改变状态，让操作员产生负面的情感使其集中注意力去处理所面临的危险。"

本文所关注的是正面情感的设计，因当发电厂发生事故及异常时，其各种信号及警铃足以让值班员产生负面情感。主控室空间设计实现功能需要之后，最终要解决与人的情感交流，这种情感通过视觉及身体的体验，转换成空间性格知觉。由于不同的空间带给人的差异化感受，会形成特定的空间性格。空间设计正是要追求空间性格的差异以及符合某种特定精神需求的空间气氛，以满足丰富的空间心理知觉感受。

1. 装修形态的情感化

形态一般是指形象、形式和形状。装修形态的情感化设计表现更倾向于装修的内在特质以及结合视觉感官的形态设计。

随着社会的发展，电厂主控室装修的功能不仅指使用功能，还包含了其审美功能和文化功能等方面。设计师利用不同的装修形式表达不同美学特征及价值取向，使值班员从内心情感上与环境产生共鸣，通过互动来满足精神上的需求。

电厂主控室情感化设计可以由形状、材质、色彩、光影、氛围等诸多载体进行表现。在空间中将特定的某种情感需求作为设计依据，给抽象情感赋予可感知的物质形式，使情感可以被描述。这种借助载体构建人与环境情感关系的方式正是满足值班员情感需求的装修形态。

2. 文化环境的情感化

文化环境的情感化是对发电厂主控室环境情感化表现的更高层次的要求。正如文人墨客进行文化艺术创作的同时不仅讲究形式的完美，还要对深层次的文化意境做细致考究。

发电厂主控室文化环境不是对某一维度的单一再现，而是透过表象，对其内在精神语言的探索，意境的创构是使人们得到情感共鸣和归属感的一种表现方式。

在主控室环境设计中，设计师将文化设计理念通过物化抽象地落实到空间中，通过具体的点、线、面、块、体等设计语言进行表现。

3. 形式多样的情感化

"人类工效学和室内设计与美学要求,控制室室内设计应有助于主要操作活动。室内设计所选用的颜色、纹理和材料应能向使用者提供愉快、平静的工作环境与工作空间。"[①]

发电厂主控室空间形式的多样性是室内设计情感化表达的特点之一。正如世界上的一切物质都有独特的表现形式一样,室内空间的表现也不例外。建筑形式和空间秩序是呈现在环境空间中的首要物质元素,建筑的形式、质感、材料、光影、色彩等要素汇集在一起,就能够表达空间的品质或精神。

发电厂主控室空间的品质取决于设计师运用、处理这些要素的能力。由于不同的空间形式具有不同的性格和气氛,空间中物体形态的呈现形式是与人的心理因素密切相关的。比如方形、圆形等严谨规整的几何空间,能够给人庄重、平稳、肃穆的心理感受;不规则的空间形式则给人以随意、自然、流畅、无拘无束的感觉。建筑空间形式的多样性影响着建筑的情感,而室内空间形式的多样性也同样影响着空间使用者,使其产生多种多样的情感体验。

例如,狭长的电厂主控室空间具有很强的引导性,人们会自然而然地沿着设计师设计好的空间行进,这种空间形式还会对人产生一定的情感影响。

4. 尺度比例的情感化

设计师不论如何表达空间环境的情感都需要通过适当的比例尺度来完善。依据国际标准 ISO 人类工效学和室内设计与美学要求,在规划控制室时,应规定适当的整体空间的比例,避免造成值班人员的不适感。如天花板与地面距离尺寸过低会使人产生幽闭、压抑的感受。

空间尺度的选择影响着主控室设计的情感表达。在三维空间中,等量的正方体、圆球、三棱锥虽然没有方向感,但是却让人感觉到严谨、规整,不等量的几何体则呈现出活跃、有方向感、富有变化的空间组合特点。空间中的形体都是由不同体量的点、线、面、体组成,主控室空间由于这些形体的组合变化而变得丰富。因此,形状体量的结合变化也是影响空间尺度的关键因素,尺度和比例过大,会让人感觉很遥远、不亲近;尺度和比例过小,又会让人觉得压抑不舒服。

---

① 参见控制中心的人类工效学设计 ISO11064-6 第六部分:控制中心的环境要求。

5. 人本理念的情感化

以人为本的设计原则可以说是设计界的基本定律，一切设计都是围绕着人的利益和需求出发的。设计的根本目的也正是处理人和物之间的关系，一切服务为人，但也应顺应自然，只有在这个前提下，我们才能探讨这个原则的可实施性。

在主控室装饰设计的时候，要充分考虑到室内空间陈设的作用。室内的陈设、配景绿化能够给人以无限的想象同时刺激人的生理，能让视觉感受转换为情感，对人的心理和精神产生一定的影响。

电厂主控室追求以人为本的设计，都是为了回应人性的情感世界，如何能达到令人满意的空间效果，如何能适应人们的审美需要和精神需要，这就要求我们从根本出发，以人为本，从人的生理、心理、审美、生物节律等多方面要求细化到主控室空间中。

6. 监控屏字体传递的情感化

在对发电厂主控室内监控屏进行字体设计的过程中，字体的选择一方面要根据字体本身的气质特征，另一方面要根据设计的需求进行选择。设计中常用的中文字体主要有宋体、仿宋体、黑体、楷体、隶书、魏碑、行楷等，常用的英文字体主要有 Arial、Old Style、Roman 等，表 3-1 将分别对上述字体类别进行讨论。

表 3-1 文字传递的情感分类[1]

字体		传递的情感
常用的中文字体	宋体	宋体是从古代印刷体中的宋体、明体刻书中汲取精粹演变发展而来的，应用最为广泛，一般的中文文档很多都选择了这种字体。宋体的基本特征是字形方正，横细竖粗，给人以工整大方的感觉
	仿宋体	仿宋体的基本特征是字身略长，粗细均匀，起落笔有钝角，横画向右上方倾斜，点、撇、捺、挑、勾尖锋较长，字形秀美、挺拔，适用于注释、说明等
	黑体	黑体是一种现代字体，笔画单纯，粗细一致。黑体起收笔为方形，圆头黑体起收笔为圆形，给人以结构严谨、庄重有力、朴素大方的感觉，视觉效果强烈，一般用于标题等醒目的位置

---

[1] 陈寿菊，黄云峰. 多媒体艺术与设计 [M]. 重庆：重庆大学出版社，2007：46-47.

续表

字体		传递的情感
常用的中文字体	楷体	楷体是一种有中国文化的古老字体，楷体保持楷书顿笔、行笔的形式，笔画富于弹性，横竖粗细略有变化，由于风格接近于手写，给人以亲切感且易读性好，传递出一种中国文化特有的意味
	隶书	隶书作为一种古老的中文字体具有一种肃朴的风范，笔画厚重，结构严谨，多用于版式中的标题，传递出很浓的人文气息
	魏碑体	魏碑体是楷体的一种，笔画苍劲有力，大气而有气势，有很强的图案效果，一般不直接用在文字正文，多用于表达有文化内涵的标题
	行楷	行楷是介于行书和楷书之间的形式，流动感强、飘逸大方，笔画隽永，有时候用在设计中的手写内容，有很强的亲和力
	综艺体	综艺体由于字型方正坚实，笔画厚重，转角自然朴实，是现代设计中常用的美术字体，适用于标题，有很强的现代感
	琥珀体	琥珀体又称叠圆体，圆润活泼、装饰性强
常用的英文字体	Arial 字体	此种字体类似于中文中的黑体，它完全抛弃了字脚，笔形粗壮有力、朴素端庄，常用作标题，有很强的美术效果
	Old style 字体	人们普遍认为这种字体是从古代手写的钢笔字体发展而来的，字体亲切感较强
	Roman 字体	它类似于中文中的宋体，具有清秀、明快的特点。

由此可见，不同的字体类型表现出不同的字体特点，传达出不同的字体情感。在设计过程中，需根据字体呈现的内容、所呈现的方式和环境进行选择。有时，可能会有多种字体同时出现，此时就需要根据视觉顺序和画面主次关系来确定字体的组合样式

7. 灯光设计的情感化

光色在视觉对空间形态的感知过程中起着十分重要的作用。正如路易斯·康曾经说过："对我来说，光是有情感的，它产生可与人合一的领域，将人与永恒联系在一起。"[1]

灯光能激发人们不同的心理反应和情绪联想。光色的功能作用，造就了灯光在空间形态难以估量的感情色彩作用，它渗透在光和影之中，不是独立地存在。实际上，光、影、色三者是统一的整体，相互依存，互相结合，它们共同作用于

---

[1] 约翰·罗贝尔.建筑·静谧与光明：路易斯·康的建筑精神[M].成寒，译.北京：清华大学出版社，2010：9-23.

人的视觉与心理，唤起人们的审美感受。

8. "灰空间"的情感化

"灰空间"的概念最早是由日本建筑师黑川纪章提出的，他将这种空间视为"用来减轻由于现代建筑使城市空间分离成私密空间环境和公共空间环境而造成的感情上的疏远"。[①] 用灰空间的概念指代那些介乎于建筑与其外部空间环境之间的过渡部分。这种具有半封闭、半开敞、半私密、半公共特质的空间形态在一定程度上模糊了主控室的内外界限，使主控室的室内和室外成为一个有机的整体。

"灰空间"是一种联结，同时也是一种过渡，能够充分与自然沟通，消除墙内外的隔阂，给人一种自然有机的感觉。

从目前现状来看，传统的电厂设计着重于强调对空间工业特征的反映，巨大的室外空间尺度往往忽视了对室内空间环境品质的影响，也忽略了人的需求。从发电厂主控室室内朝外一眼望去，设备管道林立，充满工业建筑的冰冷感与机械感。因此，电厂主控室"灰空间"设计是现代主控室设计的重要组成部分。

"窗口设计具有心理学的意义，自然光的引入使控制室的工作人员保持与外部世界的联系，可以使值班人员消除实体围合所造成的闭塞感。"[②] 研究表明，自然景色可以有效缓解压力，即"心理窗口"意义。

9. 点、线、面的情感化[③]

在主控室设计中，点是一切形态的基础，是力的中心，点在空间中起着标明位置的作用。点具有特有的表情，在平面上放一个点，视线的注意力就被吸引到这个点上来，构成视觉中心，从而提高整个表面的视觉效果。就点的本身形状而言，曲线点饱满充实，富于运动感；直线点则表现坚稳、严谨，具有静止的感觉。从点的排列形式来看，等间隔排列会产生规则、整齐的效果，具有明快感；变距排列（或有规则地变化）则产生动感，显示个性，形成富于变化的画面。

线在造型设计中是最富有表现力的要素，比点具有更强的心理效果。线的表现特征主要随线型的长度、粗细、状态和运动的位置而异，从而在人们的视觉心

---

① 邹岚. 城市商业步行街的灰空间研究 [D]. 南昌：南昌大学，2009.

② 参见德国标准化协会 DIN EN ISO11064-6-2005 控制中心的人类工效学设计第六部分：控制中心的环境要求.

③ 韩勇. 家具与设计 [M]. 北京：化学工业出版社，2017：93-99.

理上产生不同的感觉。线富于变化，对动、静的表现力最强，一般直线表示静，曲线表示动。此外，线的长与短、粗与细也会给人不同的视觉感受，长线体现了一种持续感和运动感；短线具有一定的刺激性和断续性，运动感较为迟缓；粗线具有厚重感和迟缓感；细线则给人以纤细、柔美、轻松的感觉，如表 3-2 所示。

面的情感特征是正方形、正三角形、圆形具有简洁、明确、秩序的美感；多面形是一种不确定的平面形，边越多越接近曲面。曲面形具有温和、柔软、亲切和动感。此外，在设计中，还应注意不同面积、不同虚实的面给人带来的不同感受，大面积的面给人一种扩张感、重量感，而小面积的面则产生收缩感；虚面使人感到放松、无量感，实面则量感大，有一定力度，如表 3-3 所示。

表 3-2 线的情感特征

类型		情感特征
直线	水平线	安定、平稳、连贯、左右扩展
	垂直线	积极向上、端正、严谨、高耸
	斜线	方向明确，富有动感、速度感、不稳定感
	折线	曲折、坚劲有力，具有一定的攻击性、不安定性
曲线	圆弧线	流畅、舒展、饱满、柔和
	C 形曲线	含有一定的力度，简要、柔和、华丽
	S 形曲线	含有一定力度，优雅、抒情、高贵
	自由曲线	柔美、轻快、流畅、最具奔放、自由、丰富、明快之感

表 3-3 面的情感特征

类型	情感特征
正方形	明确稳健、单纯大方、整齐端正
矩形	使人感到丰富、活跃、轻松
三角形	不稳定感，陈设造型却能使人感到轻松活泼
圆形	象征着完美与间接，同时给人以温暖、柔和、愉悦的感觉
椭圆形	柔和、温雅、均匀、律动、趋势感
有机形	轻松活泼，富有动感

五、发电厂主控室感官环境设计

（一）视觉环境设计

1. 主控室空间的光环境设计

光具有令人感动的魅力，可激发自由、丰富、灵动的联想，通过强化、弱化、虚化、实化等表现手段，光能够渲染特定的空间氛围，塑造各种空间性格，使室内空间这一物质存在上升到精神的高度。

不同的使用功能需要不同的光环境，主控室灯光的设计是否与使用功能相适应，是否满足照明要求，都直接影响建筑空间使用的质量，影响运行人员的工作和生活。

（1）光的色温、色彩应符合美学要求。从值班员的心理健康需求来看，灯光的色温、色彩应符合心理学要求。心理学家发现，红色环境中，人的脉搏会加快，血压有所升高，情绪容易兴奋冲动；蓝色环境中，脉搏会减缓，情绪也较沉静。颜色能影响脑电波，脑电波对红色的反应是警觉；对蓝色的反应是放松。由于主控室环境中事故及异常报警指示都是红色，所以在主控室色温设计时，应以偏冷色调为主。

（2）明与暗、光与影的组合搭配。利用明与暗的搭配，光与影的组合创造一种舒适、优美的光照环境。影子的面积大，沉重的阴影可以形成凝重、低沉、压抑等效果。相反，影子的面积小，形成明亮的影调，使画面显得轻快、活泼、明朗。空间中合理的照明设计能使它的结构特征及主控室的人和物清晰，给人以赏心悦目的美感。光与影的巧妙组合往往能美化主控室的整体面貌。为此照明光线的指向性不宜太强，以免阴影浓重，造型生硬；灯光也不能过于漫射均匀，以免缺乏亮度变化，致使造型立体感平淡无奇，主控室显得索然无味。

（3）光源设计以自然光和人工直接照明为主。室内光环境可以帮助或妨碍视觉工作的完成。如眩光会造成注意力的分散，而合理的照度及光色可以提高人的兴奋程度。运行人员在进入工作状态时，会希望有一个与之适应的环境，这是人的生理与心理需要所决定的。这就要求设计师在设计整体空间时注意运用适当的灯光语言，发挥光元素的表现力，创造出适宜的工作氛围。

总之，主控室的空间功能特性决定了该空间必须具备沉静严肃的空间气氛，避免杂乱无序。就光源的应用设置而言，尽量减少装饰性照明，避免光源杂乱所造成的视觉累赘，在保证空间亮度的前提下增强视觉真实感；光源的组织形式，其大小、形态尽量一致，形成严格一律的格局；光源本身的形态不宜多变，以规则的线状和面状为主；窗面是自然光的来源，应有意开大窗、整窗、窗格简洁形成面状光源，结合人工光源，充分吸收自然光源；人工光以直线为主以求得整齐划一的视觉；光源颜色应简化语汇，主控室空间照明色彩，以无彩色或略偏冷色为主要色调，并使墙、顶、地及陈设纳入统一的色彩范围，以取得性格鲜明、严整划一的视觉空间性格。

2. 主控室空间的色彩设计

色彩其实本身并没有情感，只不过在人的思考、视觉以及情感的影响下而变得富有情感，色彩通过在空间、材料、质感上的体现使得这种抽象的情感、抽象的含义变得具体。

（1）界面色彩设计。控制室内设计应提供美化设置或其他视觉放松形式，通过纹理和颜色的变化赋予工作位置、橱子、显示器以及使用带有网格等几何结构的天花板形态，实现空间带给使用者的视觉放松感受。在空间中不同维度的区域界面组合形态中，"反射率梯度应与使用者的正常心理预期保持一致，如墙要比天花板暗，比地板亮；工作位置区域内的一般装置及设备的饰面应避免色彩对比差异较大"[1]，如表3-4所示。

墙面、地面、天花板在控制室空间中占据主要面积。因此，背景色是室内色彩设计中首要考虑的问题。不同色彩在不同的空间背景上所处的位置，对房间的性质、对心理知觉和感情反应可以造成很大的不同，一种特殊的色相虽然可能完全适用于地面，但将其置于与墙面、天花板的综合空间环境中时，则可能产生完全不同的效果，如表3-5所示。

表3-4　主控室装饰表面反射系数推荐值

表面位置	色彩	反射系数 ρ（%）	构件
上部	白色	$\rho \geqslant 80$	天花
中部	冷灰色	$50 < \rho < 60$	墙面
中部	冷灰色	$20 < \rho < 60$	工作面
下部	深暖灰色	$20 < \rho < 30$	地板

---

[1] 参见德国标准化协会DIN EN ISO11064-6-2005控制中心的人类工效学设计第六部分：控制中心的环境要求。

表 3-5　主中控室区域色彩方案

项目	位置	色彩	色彩范围
01	天花		C：1M：1Y：1K：0- C：5M：3Y：3K：0
02	墙面		C：4M：3Y：3K：0- C：49M：27Y：38K：0
03	操作台		C：12M：12Y：30K：0- C：37M：42Y：61K：0
04	地面		C：69M：58Y：50K：3
05	座椅		C：34M：51Y：74K：0- C：32M：96Y：39K：1

（2）空间色彩设计。主控室作为电厂的控制中心，其色彩设计要符合空间功能特点，同时要满足值班员的心理需求与视觉感受。主控室设计需要为值班员营造一个高效、专注的工作环境，因此主控室的基调一般应以冷色调或者沉着色为主，避免大面积使用安全警示色或兴奋色，此类色彩通常传递出兴奋、燥热的感觉，使长期处于这种环境内的运行人员产生疲劳感，从而降低注意力，影响工作效率。在以冷色为基调的主控室里，为弥补冷色调的单调性，可以在某些重点部位加点暖色，一方面利用补色效应，让人视觉上得到短暂的休息，提高注意力和工作效率，另一方面能增加主控室室内环境色彩的层次和变化，丰富空间效果。通过色彩搭配，使主控室空间给人以安全感、舒适感，稳定运行人员的情绪，并有效利用色彩来减少眼睛疲劳，提高注意力，进而提高工作率，减少事故发生。如采用高明度、低彩度的色彩给人以轻松、愉悦的感受，如灰蓝、灰绿色给人以理智、沉稳的感觉。

"主控室室内墙壁饰面应优选淡色而不是亮色，色彩选择应避免心理影响。当选择不当，颜色也能产生压迫感。深色的椅子面料使用"斑点"而不是素色装饰，从长远来看更为实用。"[1]

---

[1] 参见德国标准化协会 DIN EN ISO11064-6-2005 控制中心的人类工效学设计第六部分：控制中心的环境要求。

"建筑结构或者家具色彩的选择上应该避免过暗或过亮。饰面的平衡将是操作员的整体视野的一部分，需要充分考虑与控制室操作有关的所有的视觉需求。地毯应具有强对比度，应避免大的装饰图案和几何纹理。"[1]

3. 主控室旷奥度设计[2]

（1）旷奥度的定义。空间旷奥度即空间的开放性与封闭性。室内空间与室外空间是相对独立而又关联的两个空间。两者的区别就在于室内空间一般指有顶面的空间，而室外空间是指无顶面的空间。两者的联系就在相互贯通的程度如何，即视觉空间的开放性与封闭性问题。

（2）旷奥度设计的意义。主控室空间旷奥度，归根结底是空间围合表面的洞口大小，多数情况下是指主控室门窗、洞口的位置、大小和方向，这里包含侧窗、天窗。

主控室的位置由电厂枢纽布置、主副厂房相对位置确定，主要考虑便于运行维护，在此条件下，出现了"无窗主控室"。实践证明，长期在这"封闭性"很强的空间里工作，对人的生理和心理都是有害的，这就出现了所谓"建筑病综合征"，有的称之为"闭所恐惧症"。这里的人，精神疲惫、体力下降、抗病能力降低。这就告诉我们，人是不能长期脱离室外环境的。如何掌握主控室空间开放或封闭程度，就是主控室空间旷奥度设计问题。

（3）旷奥度的视觉特性。主控室空间旷奥度，不仅指室内和室外空间的关联程度，即门窗、洞口的大小、位置和方向，它还包含室内空间的相对尺度，各个围合界面的相对距离和相对面积比例的大小。

主控室空间是由不同虚实视觉界面围合而成的，这个空间不仅是三维的几何空间，更是四维的视觉空间，这一点反映在旷奥度的视觉特性方面。

在主控室容积不变的情况下，减小顶面的面积（相对则增加墙的高度），室内空间显得宽敞，即层高高时显得宽敞，反之则显得压抑。

在主控室空间尺度不变情况下，若改变顶棚的分格大小，旷奥度也随之变化，不分隔比分隔其室内空间显得宽敞，如将顶棚分成各种形状的网格，如藻井的做法，则比不设藻井的空间显得高些。

---

[1] 参见德国标准化协会 DIN EN ISO11064-6-2005 控制中心的人类工效学设计第六部分：控制中心的环境要求。

[2] 刘盛璜.人体工程学与室内设计［M］.北京：中国建筑工业出版社，2004：104-105.

如果改变主控室的家具、设备和陈设的数量或尺度，空间旷奥度也会发生变化。如果减少家具、设备和陈设的数量或缩小其尺度，室内显得宽敞。反之，则显得压抑。

主控室内空间尺度不变，空间旷奥度还随着室内光线的照度大小，色彩的冷暖，界面质地的粗糙或光洁，室内温度高低等变化而变化。当室内光线照度高，色彩为冷色调、界面质地光洁、温度偏低，此时，室内空间显得宽敞。反之，则显得压抑。

空间旷奥度与空间相对尺度有关。当主控室内净高小于人在该空间里的最大视野的垂直高度时，则空间显得压抑。当室内净宽小于最大视野的水平宽度时，则空间显得狭小。此时的视点应是室内最远的一点，这是空间视觉的重要特性。

（二）听觉环境设计

听觉是仅次于视觉的重要感觉通道，故在发电厂主控室设计过程中，设计人员需要深入了解听觉特性，通过噪声控制及声音设计等方法进行听觉与环境设计。

1. 噪声的危害

从物理学角度来看，噪声是发声体做无规则振动时发出的声音，但从环境角度而言，凡是妨碍到人们正常休息、学习和工作的声音以及对人们要听的声音产生干扰的声音，都属于噪声。噪声会导致值班员烦躁，音量过强的噪声还会危害人体健康。

噪声对人类生产生活的影响主要表现在心理和生理两个方面。

（1）高频率的噪声下，一般人都会产生焦躁不安、心情紧张及心跳加快等症状，对于需要高度集中注意力的工作者而言，会降低工作效率、加速工作疲劳感。

（2）噪声可引起多种疾病，长期接触噪声的人，容易发生眼疲劳、眼痛、视物不清等现象，容易出现听力损伤、消化衰退及心脏血管伤害等疾病。

2. 听觉设计

听觉设计的根本目的就是根据声音的物理特性、听觉特性、环境特点等，创造一个合适的、舒服的听觉环境。听觉设计主要包括噪声控制及音质设计。

主控室工作条件的质量在很大程度上取决于噪声干扰的影响。因此，控制室内噪声是主控室环境设计的一个重要课题。《火力发电厂建筑设计规程》第4.3.2条规定，集中控制室、主控制室、通信室、计算机房、其他控制室（室内背景噪声级）应≤ 60 dB（A）。

噪声控制主要从三个方面着手，即控制声源、控制声音传递过程和隔声。

（1）控制声源。控制噪声声源是降低室内噪声最直接、最有效的方法。在建筑规划阶段就要考虑到室外环境噪声对室内的影响，尽量远离外部噪声源。对于室内噪声源的控制可采取降低声源的发声强度、改变声源的频率特性及方向性、避免声源与其相邻传递媒介的耦合等方法进行控制。

（2）控制声音传递过程。噪声强度是随着传递时间和传递距离的增加而逐渐减弱的，故应尽可能地使噪声源远离主控室，或者通过吸声处理、做隔断或绿化等措施限制噪声传递路径。

（3）隔声处理。对声源的隔声可采用隔音罩，比如许多噪声较大的电厂设备就自带隔音罩；对接收者的隔声可采用隔音室，比如为值班员人员设置独立的控制室，与噪声源隔开；对声音传播途径的隔声可采用构筑隔声墙与隔声屏，防止或削弱噪声的传播和叠加。

主控室听觉设计重点是噪音防控、声学特征设计，声学特征设计与室内设计、主控室尺寸、主控室设备及家具息息相关，理想的主控室尺寸在长、宽、高三个尺寸上应符合黄金分割比例，以使主控室的驻波影响降低，提高听感。

（三）触觉环境设计

18世纪德国启蒙运动时期的哲学家、文艺家赫尔德将触觉归属于作为"心灵底基"的"幽暗"领域，通过将触觉与视觉相比较，赋予触觉高于视觉的首要性和优越性。狭义的触觉，指刺激轻轻接触皮肤触觉感受器所引起的光滑、粗糙、寒冷、湿润、柔软、坚硬等肤觉。广义的触觉，还包括增加压力使皮肤部分变形所引起的肤觉，即压觉。

1. 触觉

人体触觉器官的作用过程与视觉机能相似，同样需要一定的刺激才能感知、获取外在世界所表现或传达出来的信息、表情和情感。根据人的皮肤接触外界时产生的感觉，触觉分为冷暖感、粗滑感、干湿感、软硬感、振动感、轻重感、顿挫干、快慢感等，其中前四种是最主要的触觉特性。

主控室装饰材料由于各种材质特征的不同，对人的心理诱发作用有所区别。金属类材质比较坚硬，给人以寒冷的感觉；红色的大理石，在触觉上是冷的，但在视觉上可能是暖的；蓝色的布帘在触觉上是暖的，但在视觉上就是冷的。木质类材质的纹理比较自然别致，给人以轻松亲近的感觉。木材表面山纹纹理颜色的明度、色调、纯度及其纹理等视觉物理量与自然、美丽、豪华、朴素、雅致、温暖、明亮、轻重等心理量之间均具有相关性。

与工厂及其他机械性的区域相比，主控室布置应该更加人性化。"保护墙基的壁脚板和天然硬木的使用，增加了环境的质量和温馨程度。"① 在主控室装饰设计过程中，对装饰材质的应用通过对视觉和触觉上的感受，让运行人员在心理上产生最直接的反应，但由于每个人对物质材质情感反应不同，所以对室内环境的情感体验也会有所不同。主控室设计要追求人与自然的和谐共处，强调对材料人性化的设计运用，蕴含着对人的精神需求的深切关注，充分表现空间中的情感化设计。

2. 振动与振动觉

振动觉指当音叉或其他振动物体接触身体时所产生的一种感觉。一般认为这种感觉是触觉的一种，是触压觉反复受到激活的状态。

身体的不同部位有不同的振动感受性。实验表明，手指、手部等处的振动感受性较高，这同触觉感受性较一致。但也有许多不一致的地方，如鼻部、唇部的振动感受性甚至低于胸部、大腿等处。

全身振动的直接表现是呼吸数增加、氧消耗量增加、血压上升、脉搏增加、体温上升、内脏运动受到抑制，这些影响一般都受到 100dB 以上的强烈振动。而在此标准以下则是间接影响，由于振动而产生不安情绪，时间长了也会造成身体的功能障碍。因此，为了减少振动对人体的影响或伤害，需实施有效的劳动保护。

主控室中的振动觉除了汽轮机、发电机以外，还有室内其他生产设备和空调设备所产生的振动。这些振动往往会带来振动噪声的辐射和固体声沿结构的传播，所以，在设计时应该考虑主控室离汽轮机、发电机距离及室内设备产生噪音的叠加情况。

3. 温度觉与室内热环境

人的皮肤上存在许多温点和冷点，当热刺激或冷刺激作用于它们，就会产生温觉或冷觉。获得外界信息是皮肤的重要功能之一，它对维持体内温度的稳定和

---

① 参见德国标准化协会 DIN EN ISO11064-6-2005 控制中心的人类工效学设计第六部分：控制中心的环境要求。

维持正常的生理机能是非常重要的。

人对温度觉有很大的适应性，如果刺激温度保持恒定，则温度觉会逐渐减弱，甚至完全消失。皮肤对不同温度的适应速度是不一样的，一般来说，环境温度离正常的皮肤温度越远，适应所需要的时间就越长。皮肤温度觉的特性表现了人对环境温度有很强的适应性，但人体对环境的冷热调整与适应是有限度的，所以自古以来，人们就利用房屋、衣着、采暖等方法来减轻体温调节的负担。

4. 最佳温度条件

体温的稳定是保护脏器、大脑等肌体的需要，而这种体温的稳定是必须在利用皮肤、呼吸等功能与环境进行能量交换的前提下实现的。人体和环境的能量交换是一个动态的平衡。如果一个人较长时间停留或生活在一个恒定的环境温度里，则容易发生生理功能衰退、心理障碍等问题。因此，需要寻找一个最佳的温度条件，既要防止环境温度的过热或过冷对人体造成伤害或对情绪造成不安，又要避免环境温度过于稳定而影响人体健康。

5. 人体与室内热环境

在人与环境的交互过程中，皮肤是保护人体不受或减轻自然气候侵害或伤害的第一道防线，衣着是第二道防线，房屋则是第三道防线。与主控室设计相关的是第三道防线，即主控室的供暖、送冷、通风的标准和质量，也就是创造适合人体需要的、健康的室内热环境。

（1）供暖。冬季供暖首先要考虑室外的热环境，根据个人差、衣着差、职业差的特点确定室内合适的供暖温度。主控室由于房间的部位不同，室内温度变化较大，这就会造成值班员的生理负担，因此，需要进行局部采暖。由于冬季空气干燥，再加上温暖的室内空间利于流感病毒繁衍，故供暖时要考虑一定的湿度，以利健康。

（2）送冷。夏季送冷需注意将室内外温差控制在5℃以内，最多也不应超过7度；其次要注意气流问题，从空调的出风口或室内冷气设备的出风口直接送出来的风，在2米处的风速约1米/秒，若冷气只有16~17℃，人体体感会过冷，容易生病，故设计方案中要避免风口直接对着人体。

（3）通风。通风换气一般分为自然通风和机械通风两种，一般情况下多采用自然通风。自然通风不仅在设计成本上可以控制投资和减少设备，且更有利于健康；只有当自然通风不能保证卫生标准或有特殊要求时，才采用机械通风或空气调节来解决。

"文化创意+"电力工业融合发展

六、发电厂主控室与人的生物节律协调性设计

人的生物节律会影响人的心理和操作能力,因此,重大工业事故常常发生在黎明前工作人员最困倦之时。三哩岛与切尔诺贝利核电厂事故,都是发生在这个时段。

所谓生物节律,是各种生物体内的诸多生理活动,因外部环境的节律变化(如地球自转形成的昼夜),呈现出周期变化,比如,昼夜更替、花开花落、月圆月缺、四季轮换等。人的生物节律更是多种多样,一昼夜中,人的体温、脉搏、血压、记忆力等都在变化,它们就像一双看不见的手,调节着人体生理状态。

1979年,德国的霍林尼克教授发表了一篇关于光线对人体影响的经典论文,并在论文中证实了光对人体生理及心理产生的刺激及调节作用是由眼睛引起的,当光线对人体的刺激不够或减少时,都会使人体生理或心理产生不稳定感受。人的情绪及工作节奏都潜在地受到光的指引,如清晨的暖光给人出发的动力;中午明亮刺眼的白光让人有短暂休息的欲望;傍晚暖暖的彩霞又使人充满思家心切的情意。

在自然界里,各种生物机体内部都存在调节和控制自身行为的生物钟。这个生物钟是按照生物自身特定的时间表和运动规律周而复始地盛衰波动变化的,是普遍存在的生物自然规律。科学研究发现,人体内的生物节律周期根据个体和所处环境的不同都会稍有变化。人体的体温、脉搏、血压等各项指标在下午4时左右达到最高值;体力、动作协调性、计算速度等各项指标在下午2时至3时左右达到最高值;作为活动能源的糖分、脂肪质或血液蛋白浓度在下午5时左右达到最高值。与此相反,副交感神经系统占优势的细胞分裂及生长激素的分泌等,则从夜间11时至凌晨2时左右为高峰。总体来说,人的身体适于白天活动,在夜间时,由于各种机能下降,因而适于睡眠和休息。

由于工作的特殊性,发电厂主控室夜间必须有人监盘值班,长期的"逆时而动",会影响值班员身心健康。以往的主控室设计,对于空间组成、空间形态、功能分区、人流组织等方面强调较为充分,从以人为本的角度考虑,所涉及的绝不仅仅限于上述范围,其他诸如智能照明、智能控制室内空气质量、室内热舒适状况等与生物节律有关的都是重要影响因素。这些作用于人的因素往往被忽视,从而造成主控室内徒有堂皇的外表。

"控制室环境设计应减轻轮班工作的不利影响。操作人员应该能够在凌晨将控

制室温度增加 1 ~ 2℃，以弥补昼夜节律。"[①]

主控室环境已经成为值班员最密切接触的外环境，环境品质的优劣对人体的健康的影响就显得特别重要。因此，室内环境必须有利于值班员的身心健康，使其逗留在室内感到舒适，精神焕发，提高机体的生理功能，增强免疫力，甚至还能降低发病率，增强体质。人体的机能在一天内的变化趋势是：上午 7 ~ 10 时机能上升，午后下降；午后 18 ~ 21 时，机能再度上升，其后则机能急剧下降；凌晨 3 ~ 4 时下降最为明显，此时的体力、精力极度衰弱，是最易出事故的危险期，所以被称为"魔鬼三时"。而智能室内环境控制系统，是弥补人体生物节律的有效办法，该系统是以建筑环境工程学为基础，通过智能照明、智能温湿度空气系统控制，根据人体生物节律变化，对人体生物钟重新设定，以抵抗自然的"时间分配器"影响，找到适合人体生物节律的工作节奏。

主控室使用人工光源时，需要考虑工作界面的色温对运行人员舒适度和清晰度的影响，并能够根据上班、作息时间的变化，自动调节色温。通过人因智能系统控制改善室内设备运行的视觉条件，保护使用者视力，减轻疲劳感，提高工作效率，从软人因设计的角度避免或减少事故的发生。

七、国能集团伊犁发电厂主控室设计案例分析

国家能源集团新疆伊犁发电厂位于伊犁哈萨克自治州，地处被誉为"塞外江南"的天山北部伊犁河谷，装机容量为 2×350 兆瓦热电联产机组。

（一）创建企业性格色彩

国家能源集团企业性格色彩是根据企业形象标志创建，标志的色彩是以企业使命、愿景、核心价值观为依据，所以，从企业标志提炼出红、橙、黑色三色为企业性格色彩，并赋予每种色彩以特定的文化内涵。企业性格色彩的中国红——取自标志主色调红色，寓意国能集团奉献清洁能源、建设美丽中国的企业核心价值观；收获黄——取自标志中象征地球又似旭日东升渐变色的金黄，寓意着国能

[①] 参见德国标准化协会 DIN EN ISO11064-6-2005 控制中心的人类工效学设计第六部分：控制中心的环境要求。

集团建设具有全球竞争力的世界一流能源集团的企业愿景；煤炭黑——取自标志的字体黑色，寓意以煤为基础，聚焦煤炭、发电主业，相关产业协同发展的企业使命，如图3-33所示。

图3-33　国能集团企业性格色彩

（二）主控室美学设计

主控室的视觉中心就是中心位置的监控大屏幕，是设计的重点，围绕这个中心点，设计出主次分明的层次美感，在设计形态上有高低、曲直、方圆、大小、宽窄等对比；色彩上有浓淡、明暗、冷暖等对比。显示屏设计也摒弃以往常用的平面形态，取而代之的是曲面屏展示。在主控室设计中，使抽象的意识与具象相结合，选用茂盛的绿色盆栽，局部设置枯山水，将室外自然环境引进室内，如图3-34所示。

图3-34　主控室效果图

根据国际标准（ISO11064-6）控制室内设计与美学要求，墙壁饰面选择浅灰色，以避免心理影响。深色的椅子面料，选用"斑点"图案而不是素色装饰。

（三）主控室情感化设计

主控室的情感化设计，根据国际标准（ISO11064-6）控制室内设计与美学要求，在规划主控室时，通过适当的比例尺度来表达空间环境的情感。本项目中控制层区域面积为600平方米，首先考虑主控室的功能需求，将该层面积1/2（约300平方米）的正方形空间用于操作人员的工作区域，正方形严谨规整的几何形式空间，给人庄重、平稳的气氛，将余下的空间在南侧布置了交接班区、等待区等空间，通过各种空间组合变化使空间形式变得丰富且有情感。

在该项目中搭配垂直绿化的分割，在空间上拉开休闲与办公之间的空间，使人感知到视觉上的梯度变化，从而创造出优良的环境品质，提高工作效率。

文化意境的创构使人们得到情感共鸣和归属。在本项目中，将企业性格色彩、旧设备雕塑、天山石等设计语言，通过物化抽象地融入环境中，从而增加员工的归属感，如图3-35、图3-36和图37所示。

图3-35　主控室景观区

图3-36　电梯厅

图3-37　休闲区

（四）主控室感官环境设计

根据软人因感官环境设计要求，将本项目室内空间的颜色、纹理和材料进行合理搭配，主色调为浅灰色，明度配比关系为天花＞墙面＞地面，两侧的局部墙面通过木纹色的金属材料装饰，色彩和肌理为值班人员提供一个愉快、平静的工作环境。

主控室设计以冷色调为主，以提供一个工作效率高和注意力集中的环境。为弥补冷色调的单调性，在两侧局部的墙面、座椅靠背点缀暖色的辅助色彩，辅助色彩部分从企业性格色彩中提取，一方面利用补色效应，让人视觉上得到短暂的休息，提高注意力和工作效率，另一方面能增加主控室色彩的层次和变化，丰富空间效果。

主控室空间照明色彩以偏冷色为主，墙面局部采用天然硬木的效果，增加了环境的亲和感。

（五）主控室与人的生物节律协调性设计

为保证值班人员的身心健康，提高机体的生理机能，弥补"逆时而动"带来的对人体生物节律的影响，增加了智能室内环境控制系统，该系统根据人体生物节律变化，对人体生物钟重新设定，以抵抗自然的"时间分配器"影响，找到适合人体生物节律的工作节奏。根据国际标准（ISO11064-6）要求，控制室环境设计应减轻轮班工作的不利影响，在凌晨将控制室温度增加 1～2℃，以弥补昼夜节律带给值班员的不适影响。

人的情绪及工作节奏都潜在地受到光的指引，智能照明系统在清晨变为暖光，给人以出发的动力。在需要使用人工光源时，考虑到工作界面的色温对运行人员舒适度和清晰度的影响，并能够根据上下班、作息时间的变化，自动调节色温。通过软人因智能环境控制系统，改善室内视觉条件，保护值班员视力，减轻疲劳感，提高工作效率，从软人因设计的角度避免或减少事故的发生。

第四章 "文化创意+"电力工业旅游

　　工业旅游包括工厂参观旅游与工业遗产旅游。水力发电站是人类对水的依恋，对水的创作。水电站工业旅游向人们展示了一幅把江河横断，构成气势震撼的水坝与自然环境同框的和谐画面，发电厂遗址选择性保留和更新利用，保护有价值的工业遗产，以传承工业文化，彰显技术美学。这些电力工业"作品"通过有组织的参观、体验、拓展而形成一种旅游新概念和产品新形式。

　　本章通过"文化创意+"水电站景区开发、发电厂遗址利用融合发展研究，探讨水电站工业旅游设计、发电厂遗址后工业景观设计方法。

第一节　景区开发——水电站开展工业旅游

水是眼波横，山是眉峰聚。欲问行人去哪也？眉眼盈盈处。

——王观

水电站工业旅游不仅能让游客了解水力发电知识，感知企业文化，也为游客提供了全新的教育体验游览形式。我国社会正在步入后工业化时代，工业旅游呈现出加速发展的趋势，工业旅游独特的魅力无法复制其他旅游的形式，具有巨大发展潜力。水电站及抽水蓄能电站开展工业旅游，作为一种新兴的旅游形式，对于水电产业的发展具有重要的时代意义。

一、工业旅游概述

（一）工业旅游的概念

社会经济技术的发展和经济结构的调整使整个产业之间的联系越来越紧密，彼此之间相互渗透、相互融合的趋势日益明显。工业旅游作为工业与旅游业相融合的产物，是第二产业和第三产业间相互交叉融合形成的新型业态。

工业旅游是以现有的工厂、企业、公司及在建工程等工业场所作为旅游客体的一种专项旅游，是以工业资源为基础，以市场需求为导向，通过工业与旅游业的整合开发，让游客了解工业生产与工程操作等全过程，满足旅游者科普教育、观光、休闲、娱乐等旅游需求，并为政府和企业获得经济效益、社会效益和环境效益。

工业旅游和工业旅游产品开发是以"工业资源"为基础的产品业态，这是工业旅游区别于其他旅游的根本性特征。"工业资源"既包括现实的、正在生产的，也包括已经不再具备生产能力甚至已经成为工业遗产的旧厂矿遗址和遗迹；同时，"工业资源"不但包含厂房、设备、产品、生产过程等物质资源的场景，也包括企业管理模式、经验、企业文化等非物质资源。[1]

工业旅游与其他旅游产品相比具有其资源的特殊性。开展工业旅游的工业企业往往是该领域科学技术的领先者，拥有先进的、核心的产业技术。因此，在旅游产品的功能上，工业旅游更强调其科普教育意义。

工业旅游的效益是多方面的，不仅通过开发为工业企业获得经济效益，工业旅游开展的同时也使工业产品的价值构成发生了变化。通过工业旅游让游客获得科学知识，这是社会效益；通过开发旅游对景观环境进行再设计，改善了企业及周边的环境，这是环境效益。工业旅游的开展不仅使企业获得经济收益，还宣传了自己的产品，展示了自己的历史及文化底蕴。所以，工业旅游开发实际上是工业产品价值的一次增值革命，是企业获得多重效益的发展之路。

（二）工业旅游的意义

工业旅游是伴随着人们对旅游资源理解的拓展而产生的一种旅游新概念和产品新形式。工业旅游的开展一方面可以借助旅游形式为企业开拓更广阔的发展空间，促进企业综合能力升级；另一方面旅游产品延伸到工业产业中能够开发出新的旅游产品，带给旅游者新的体验，满足旅游市场的新需求。以下从社会、游客和企业三个角度分析发展工业旅游的意义。

1. 社会意义

（1）提高国民素质。开展工业旅游不仅可以促进科学技术知识的普及和国民素质的提高，更为推动中国的工业化进程奠定了良好的社会基础。特别是对学生群体来说，工业旅游的开展有助于培养学生深入了解工业建设以及新型工业化概念，这对于我国未来工业化建设无疑具有十分积极的应社会意义。

（2）提升环境建设。工业旅游的开展对企业自身以及周边景观环境有一定要求，作为地区旅游项目进行开发，需要严格按照旅游标准加大自身及周边环境的治理力度。开展工业旅游有助于树立企业对外开放的新形象，促进地区基础设施

---

[1] 马文斌，田穗文，唐晓云，杨莉华.工业旅游现状及前景分析：以宝钢工业旅游项目为例［J］.桂林工学院学报，2014，24（1）：118-122.

和环境的建设；有助于增强企业的环境保护意识，从而促进社会经济和城市环境的可持续发展。

（3）保护工业遗产。随着社会的发展，许多工业企业逐步退出历史舞台，遗留下来的厂区、厂房、设备等绝大多数见证时代发展的记忆载体被拆除重建。城市扩张带来的用地紧张正在加速这一发展进程，保护工业遗产已经成为一项不可推卸的历史责任。人们在努力寻找工业遗产保护与城市发展共赢的道路中意识到，工业旅游是最有效的保护开发模式。从这个意义上说，工业旅游开发实际上是工业遗产保护最有效的途径。①

2. 游客意义

（1）满足游客的求知需求。工业旅游的开发资源具有较强的知识性。在工业旅游过程中，游客可以认识工业产品的性能、了解产品生产过程、工艺中的科技知识、工业产品生产的场景及相关的工业建筑、工业史等，同时满足游客求知欲、促进游客知识面的拓展和社会实践能力。

（2）满足旅游者追新求异的心理需求。越来越多的人追求新奇、刺激的心理感受，工业旅游项目从某些方面恰恰能满足这部分游客的心理需求。例如澳大利亚推出的造币厂工业旅游项目和我国推出的海南文昌卫星发射中心工业旅游项目便能吸引众多追新求异的旅游者。

3. 企业意义

（1）资源有效利用。企业开展工业旅游可以利用自身的资源优势，实现低成本项目开发，无须像一般旅游项目那样要大量投资基础设施建设。工业旅游的主要开发资源是企业本身，只需对企业文化展览馆和主要参观道路按旅游要求进行设计、投资。

（2）企业效益增收。企业开展工业旅游可以获得三方面的收入：一是开展产品直销，扩大主营产品销量以获得收入；二是可以销售门票、纪念品以获得收入；三是可以拓展开发特色的饮食、住宿、娱乐、交通等服务环节以获得收入。国外案例如法国雪铁龙公司、美国造币厂、德国奔驰公司；国内案例如宝钢、一汽、海尔等工业企业都利用工业旅游的开展给企业带来了丰厚的利润。

---

① 张梦，李志红，黄宝荣，李颖明. 绿色城市发展理念的产生、演变及其内涵特征辨析［J］. 生态经济，2016，32（5）：205-210.

（3）展示企业形象。工业旅游可以提升企业形象、推广企业文化、增加企业效益。由于工业企业生产的特点是封闭式的，顾客无法参与其生产过程，所以对企业的了解不多，因此，对工业企业产生神秘的距离感。企业通过开展工业旅游，向游客展示企业的现代化科学技术和先进的生产工艺、优美的自然景观与人文景观、内涵丰富的企业历史和企业文化，从而为广大消费者提供了一个与企业亲密接触的平台，使游客近距离地深入了解企业，对企业有了正面的认知。通过游客的口碑传播，提高企业的社会知名度和美誉度，增强企业亲和力。

（4）提高管理水平。企业通过开展工业旅游向游客展示企业先进的管理、独特的企业文化以及开放的车间、透明的现代化生产流水线，因此，企业往往会不断吸收最先进的管理方法和管理经验，美化厂区和生产车间，改善生产条件，创造和谐的生产环境。

（5）强化企业文化。企业在创办和发展的过程中形成了自己的文化，企业文化是企业最宝贵的无形资产。企业开展工业旅游宣扬最多、涉及最多、最为重视的就是企业文化以及企业文化给人带来的感染和冲击。企业文化的挖掘、传承、总结、建立、传播和推广是核心内容，体现在企业历史、生产线、产品和品牌中。工业旅游的开展效果是由企业文化建设所决定的，工业旅游的实践过程实际上是企业文化建设、文化传播与企业发展的相互促进的过程，是企业文化建设的有效形式。[1]

（6）提高工作效率。心理学研究表明，当人们在别人的注视下往往有自我表现的欲望和动机。在开始举办工业旅游项目时，许多企业担心这样会影响生产，实践表明，只要参观流程组织合理，举办工业旅游项目使企业处于社会近距离的"审视"状态下，不仅能激起企业员工的工作热情，还能促进安全生产，提高工作效率。[2]

---

[1] 陈春华. 钢铁企业文化建设存在的问题及对策研究［J］. 中国职工教育，2013，18：108.

[2] 杨雁. 旅游动机和行为研究［J］. 渝州大学学报，2002，19（4）：91-93.

二、水电站工业旅游的优势及发展方向

（一）我国水电站工业旅游发展的优势

中国水资源总量在世界上仅次于巴西、苏联、加拿大、美国和印度，位居第6位，水电资源可开发量位居世界第一。目前，我国水电开发程度为37%（按发电量计算），与发达国家相比仍有较大差距，具有较广阔的发展前景。

我国水电建设将迎来高峰建设期，预计2025年全国水电装机容量达到4.7亿千瓦，其中常规水电3.8亿千瓦，抽水蓄能约9000万千瓦，而水电站工业旅游也迎来了良好的发展契机，水电站工业旅游也正因有着其独特的魅力与、而又具其他旅游形式无法复制的特点，其优势体现在以下两个方面。

1. 水电站旅游的知识性

先进的设备是科学技术的结晶，独特的工艺蕴藏着丰富的科学知识。水电站工业旅游的游览项目包括参观水电站的厂区、了解发电原理等。通过对旅游参观路线进行科学有序的组织，为参观者展示水电发电原理和相关专业知识，以提高科学技术的普及性和趣味性。

2. 水电站旅游的观赏性

水电站工业旅游的观赏性不同于其他观光旅游，其游览对象决定了它带给游客的观赏性体验是独一无二的。水电站工业旅游能够更好地满足旅游者求知欲和探索欲，带给旅游者不同于其他旅游项目的感官享受。

（二）水电站工业旅游发展方向

中国的水电站工业旅游刚刚起步，要吸收国际上发达国家的工业旅游经验，科学地分析和研判工业旅游发展的历史机遇。总结国内水电站资源特色可以得出，未来中国水电站的工业旅游开发重点及发展方向主要包含以下几个方面。

（1）依托周围的著名景点及现有资源，打造大旅游生态圈。水电站工业旅游适宜与周边景观结合，对景区进行整体塑造，发挥集群优势，增强大景区的游览吸引力。

（2）依靠水电站壮阔的大坝景观，打造丰富的旅游产品和路线。充分发挥大坝坝体、水库及环境空间优势，将丰富的旅游参与形式积极融入整体旅游体验过程中，增强旅游过程的趣味性和新奇感，提高产品自身的吸引力。

（3）践行生态保护理念，保护当地文化、历史遗址和生态环境，建立野生保护区、生态博物馆等，保证当地环境、经济可持续发展。在水电站建设过程中注重对地域文化的融入和保护，结合地域历史文化对水电站进行整体形象塑造，将地域文化元素应用到水电站景观小品设计中去，增强旅游者的文化体验。

（4）增强生态修复力度，将生态建设作为水电站建设过程中的重要任务，将绿色环保的理念融入其中，增加生态材料及技术的运用。在游客体验过程中增加生态环境的体验，本身就是对整体生态环境的友好处理，又增强了"花园式"电站的魅力。

总之，水电站工业旅游的开发要立足自身优势，依托资源及环境的独特性，结合当下时代发展对旅游提出的新需求，发挥水电站清洁能源造福环境、造福人类的作用，为游客提供增长知识、促进身心健康、感受全新旅游体验的乐园。

三、水电站工业旅游开发模式

基于各地水电站工业旅游资源存在类型、开发条件等方面的差异，只有选择正确的开发模式才能发挥工业旅游的效益。通过总结水电站工业旅游的特殊性对工业旅游的开发模式进行研究，有助于水电站工业旅游的开发，更加全面地发挥水电站工业旅游的优势。

在国内水电站工业旅游中比较典型的开发模式分为水电博物馆模式、水电主题公园模式和水电站现场观摩模式三种。

（一）水电博物馆模式

水电博物馆集中展示水电特定工业领域的企业自身科技知识。该模式主要通过博物馆的形式进行展示，将企业或水电行业的历史、发展历程、阶段性成果与特征、发展现状、水电科技知识的内容、发电工艺与流程、产品的种类与功能等，以实物、复制品、图片、文字、模型等展示形式，使游客获得水电领域的综合知识。[①]

[①] 单霁翔．博物馆的社会责任与社会发展［J］．四川文物，2011（1）：3-18.

（二）水电主题公园模式

水电主题公园模式进行旅游开发多以企业在水电领域领先的科学技术为主题，以水电领域的标志性设施、设备为主体，建设集参观、参与、娱乐、科普于一体的水电文化主题公园（博览园、展览园、科普教育基地等）。

水电主题公园模式利用工业的高科技特点和企业的设施、设备优势，集知识性、娱乐性、参与性于一体，寓教于乐，是一种非常有吸引力的工业旅游产品，也是一种非常有效的科普教育手段。

（三）水电站现场观摩模式

现场观摩模式是以水电站现场作为资源主题开发科普旅游的一种模式，是以具有先进意义的科学技术和质量可靠的发电工艺流程为主导性资源，以先进的企业文化、管理理念和管理技术为主题而进行的工业旅游产品开发。

水电站现场观摩式科普旅游在水电站现场开辟专门的旅游区域，主要特点是以水电站发电的过程及场景作为产品的核心内容，有专门的旅游通道，将具有科普、教育意义的场景展现给旅游者。该模式对水电站发电设施的功能进行扩展开发，一般不需要建设专门的旅游设施，只需要建设配套的游客中心、旅游专用通道等，配备专业解说人员。

以上对水电站工业旅游开发模式的分析，为水电站工业旅游的开发具有现实的指导意义。但是，水电站在工业旅游的开发实践中，并不一定拘泥于以上几种现有的模式，还可以根据项目本身的特点以及工业旅游的开发进程和市场的发展变化，进行模式的叠加和创新，以适用新时代发展的需要。

四、水电站工业旅游设计

水力发电站工业旅游是让游客了解水电站如何通过水能转换成机械能，机械能如何转换成电能的发电过程，是以先进设备、电站风貌、企业文化、电站历史、产业成就等内容为游客提供观赏、体验、教育、休闲旅游活动，是一个旅游设施完备的工业风景游览区。

水电站工业旅游设计是在水电站建设过程或已建成水电站中，通过创意、整合，连接与旅游相关的地域历史文化因素、发电企业文化元素、水轮发电科技元素等资源，结合电站周边大区域旅游规划，对各细分目标市场需求进行调查研究，提出市场所需要的产品组合，进行分析、策划、设计的全过程。

（一）水电站工业旅游设计步骤

1. 项目调研

确定调研内容，具体包含水电站周边旅游资源调查、水电站周边旅游市场调查、水电站前期厂房规划方案等内容。

收集资料，通过现场实地考察，收集了解项目现场第一手资料，通过与业主方进行沟通，明确水电站工业旅游设计范围及深度。同时查询网上资料与图书资料，了解当地的地域历史文化和旅游资源。

整理资料，调研所得资料众多且繁杂，需要在整理资料过程中去伪存真，去粗取精，以确保资料的时效性、直观性和准确性。

2. 前期策划

设计前期需根据界定的问题、确定的目标和掌握的各种资料，探索、设定解决问题的具体步骤和方法。策划方案的科学性直接关系到水电站工业旅游设计的成效，因此，策划方案需保持创意的科学性及先进性。前期策划部分具体包括：确定策划立意、设计策划主题、构思策划创意和确立策划方案四个方面。

3. 总体设计阶段

总体设计阶段可细分为五个环节，分别为：立意，明确设计理念与主题；概念构思，对景区功能、分区与游憩系统等进行画图分析；布局组合，确定游憩项目、景观单元如何分布；草案设计，根据构思完成初步方案图设计；总体设计，在初步方案图设计基础上完成总体设计。

4. 详细设计阶段

详细统计阶段是在总体设计的基础上，根据各项控制指标和其他设计要求，对景区的每个局部进行设计。除投资分析外，还包括建筑、道路、绿地、景观、交通出入口、界限、道路景观、植被种植、基地剖面、导视系统等详细设计。

5. 施工图设计阶段

施工图设计阶段要求根据最终方案对各个具体部分进行详细的尺寸、单位、材质、施工要求等图纸说明。

（二）水电站工业旅游设计原则

世界上很多大型的水利水电工程皆因为工程本身就成为标志性建筑，特殊的环境为水电站及其所在地区的旅游发展带来了便利的条件，如巴西伊泰普水电站、埃及阿斯旺大坝、美国胡佛大坝、中国的三峡大坝等。但是，如何才能成为一流的旅游胜地，除了充分利用项目周边的客观自然条件和历史因素外，同时必须提前进行文化创意与精心规划，为后期水电工业旅游建设提供条件，使自然与科技完美结合。

为促进水电站工业旅游更好地发展，在设计原则上应注意以下几点。

1. 整体性原则

由于受多方因素的制约影响，水电工程建设和水电工业旅游不能同步进行，通常是水电工程先实施，而后陆续进行水电工业旅游的开发建设。为了避免工程建设和旅游开发建设脱节带来的种种问题，应倡导规划者在设计之初对水电项目进行整体性规划，综合考虑工程规划设计与工业旅游规划设计，二者有机结合，为后期的水电旅游开发建设提供必要条件。整体规划，分期建设，分步实施是结合水电工程发展工业旅游的一条行之有效的途径。

2. 地方性原则

水电工程因其区位条件不同而具备不同的自然景观和人文景观资源。这些与众不同的地方特色景观体现了水电工程旅游资源的地方特色。具体表现在充分运用当地的地方性材料、能源和建造技术，特别是独特的地方性植物；顺应并尊重地方的自然景观特征，如地形、地貌、气候等；根据地方特有的民俗、民情设计人文景观；根据地方的审美习惯与使用习惯设计景观构筑物、小品；保护和利用景区内现有的古代人文景观和现代人文景观；既尊重和利用地方特色，又补充和添加新的、体现现代科技文化的景观。

3. 生态可持续原则

水电工程区域的风景资源在被利用其进行开发旅游时是旅游资源，不被开发时则是自然景观资源。不管哪种资源，它们的共性是可破坏性和可消耗性。工程建设和旅游开发过程中，会影响与消耗当地土地、水流、森林等资源以及破坏该地区动物、植物、微生物的栖息地，严重者可导致某些物种灭绝，因此，水利水电工程在策划、设计时期就要考虑当地的自然资源保护和利用，尽量减少由于建设引起的土壤、植被和其他自然资源破坏。

4. 独特性原则

世界旅游组织把独特性作为景区开发的第一要素，对水电旅游景点个性的认识和把握要准确，景区景点要有唯一性，要具有特色。景区旅游定位应建立在深入调研、考察提炼基础之上，独特性来自对景点内涵的深刻挖掘、比较和揭示。要注重开发新的旅游项目，并且不断地注入新的文化内涵和科技含量，这样才能吸引游客。

水电旅游景观的设计，应该寓教于乐，使游人在享受现代水电所提供的优美环境景观、情操得到陶冶的同时，能够进一步了解水电文化、认识水电，使水电旅游景点、景区对提高人们的水资源保护和节约用电意识起示范作用，成为展示现代水电风貌的窗口。要正确分析、评价与发掘水电资源的美学观赏价值，特别是要分析某些物体形象或意境的象征性，以达到借景抒怀、陶冶情操、修身养性的更高目的。

（三）水电站视觉环境控制性设计

水电站视觉环境控制性设计是针对水电站可行性研究之后在施工图设计阶段之前的视觉环境专项设计，是针对水电站不同专业的设计指导和控制，是为了对外塑造整体形象，将电站打造成为当地具有工业旅游特色的文化展示窗口；是为了对内提高员工凝聚力，增强企业向心力，将电站打造成为企业文化的宣传窗口。科学的视觉环境设计可以在一定程度上减少操作失误，预防事故的发生，使员工工作更加有效、安全、舒适，提高工作效率，增加生产效益。

水电站视觉环境控制性设计应以安全文化、企业文化、人因工程学、设计美学、色彩心理学等为基础，以国家相关行业规范为依据，指导和控制水电站视觉环境规划设计。

1. 遵循区域色彩规划

以水电站所在地城市色彩规划或区域自然色彩规划为基础，将电站视觉环境中色彩设计与周边整体环境色彩规划相协调，充分考虑水电站整体色彩与自然气候、历史文脉及城市的关系。

2. 提炼企业性格色彩

提炼出企业性格色彩，以企业性格色彩为主线，将企业文化与色彩结合，以企业性格色彩贯穿电厂的整体视觉环境。

3. 尊重地域历史文化

以历史文化脉络为引导，结合水电站地域历史文化元素、民族习俗文化色彩知识，对电站视觉环境规划设计进行定位。

4. 推进企业文化落地

以企业文化目视化设计模型为设计主线，参考水电站企业视觉识别手册和企业文化手册，通过视觉感知、审美感应、文化感受达到企业文化的物化呈现。

5. 坚持以人为本

以软人因设计、设计美学、色彩心理学等学科为基础，以国家及行业规范为依据，从人本设计的角度优化企业生产与管理工作环境，提升企业品格，提高员工工作效率，增强企业员工的归属感和认同感。

6. 打造"一站一品"名片

把企业文化的引导、约束作用运用到设计规划中去，通过视觉环境控制性设计实现水电站"一站一品"的品牌塑造，成为一张亮丽的名片。

五、水电站工业旅游案例分析

（一）云南昆明石龙坝水电站

石龙坝水电站坐落于中国云南省昆明市郊区的螳螂川上，是中国第一座水电站。电站一期厂址于 1910 年 7 月正式开工并于 1912 年 5 月 28 日发电投产。抗日战争时期，石龙坝水电站于 1939—1941 年先后 4 次遭日军轰炸仍未能破坏供电，电站为抗战胜利做出了贡献。中华人民共和国成立后，对石龙坝水电站进行了彻底改造。另建新厂房，将原来的两级开发改为一级开发；将原来的 7 台小机组拆除，改为两台单机容量为 3000 千瓦的机组，全厂总装机容量达到 6000 千瓦。

石龙坝水电站至今仍肩负着调节滇池水位、防洪抗旱、灌溉沿途数十万亩农田的使命。与此同时，水电站本身具有的大量工业遗迹资源、其作为"水电鼻祖"的重大历史意义和红色文化底蕴、独特的区位优势也形成了一种宝贵的旅游资源。电厂虽然经历多次炮火的洗礼，但所有的建筑物依然完整保存下来，特别是几年来的抢救性维修、发电车间、办公楼古建筑群、护厂炮楼、弹坑遗址、石刻碑记、水轮发电机组等设施设备的功能得以恢复。同时，水电站收集整理了各个历史时期的图片文字资料，是我国保留完整设备并在运行的典型工业遗址。

2010年，石龙坝水电博物馆挂牌成立，目前，已完成重新布展并对外开放。作为典型的水电博物馆旅游开发模式，水电站以最初建设的水电站办公楼为博物馆主体文物陈列馆，相关遗迹为衬托，保留并展出百岁发电机组、防空洞、炸弹坑等相关历史文物和历史遗迹，以此来反映我国百年水电站的发展历程、水电技术发展水平及石龙坝水电站的重要历史意义。与此同时，作为重要的红色教育基地，水电站一直吸引着社会各界人士，大量的企业、学校组织人员在水电站参观学习，进行爱国主义教育，从历史中感悟爱国主义情怀。此外，由政府相关部门投入资金完成的旅游基础设施建设更进一步地完善了石龙坝水电站旅游体系。

2018年1月，这座百年电站又入选了首批中国工业遗产保护名录，如图4-1所示。

图4-1 昆明石龙坝电站

（二）浙江杭州新安江水电站

新安江水电站始建于1957年4月，位于杭州市新安江镇以西的桐官峡谷之中。新安江水电站是全国工业旅游示范点，作为我国第一座自己设计、自制设备、自行建造的"三自"电站，它见证了新中国水电发展50年的风雨历程，它是我国现今所有高水位截流式宽缝重力坝的先导建筑，被称为"长江三峡水利枢纽的试验田"。

新安江水电站作为华东电网的主力，尤其是调峰的主力电厂，对下游的防洪灌溉、航运交通、水产养殖、水土保持、气候调节、风景旅游等多种经济、生态和社会效益，也起了良好的作用。1963年，新安江水电站由周恩来总理亲自批准成为对外宣传展览项目，先后被命名为浙江省爱国主义教育基地和杭州市红色旅游教育基地，是浙江省最早开展工业旅游的企业之一。更为人所熟知的是，水电站的开发使新安江截流成湖，使许多原来的小山成了如今的小岛，从空中俯瞰，只见众多小岛如翠珠般洒落在万顷碧波中，造就了蜚声中外的旅游胜地——千岛湖，如图4-2所示。

图4-2 杭州新安江水电站

千岛湖作为国务院首批公布的国家级重点风景名胜区之一，也是目前国内最大的国家级森林公园，更是"杭州——千岛湖——黄山"这条江南山水黄金旅游线上的一颗璀璨的明珠，被评为首批国家AAAAA级旅游区。风景区景观以水见长，山水并茂，优越的生态景观给当地带来了巨大的效益。

新安江水库建成蓄水后，集水面积超过100万公顷，库区水面5.73万公顷，蓄水量达178亿立方米，正常时平均水深37.5米，有大小岛屿1078个。千岛湖湖区还包括山林4.09万公顷，湖区山林面积广，林木积蓄量多；丰富的生物资源，动植物种类繁多，生态系统稳定。千岛湖湖区生态景观极大地促进当地旅游业的发展，旅游业已成为当地的支柱产业。当地旅游直接从业人员比例较高。2017年全年共接待国内外游客1266.53万人次，单日游客接待量超过10万人次，旅游经济收入达119.83亿元。

因新安江水电站建设形成的独具魅力的生态景观作为旅游资源，既推动当地经济发展，创造经济效益，又进一步促进区域生态环境保护。在开发水能资源的同时与环境相协调，促进经济建设与生态环境的共同健康发展的同时，也为水电工程项目乃至整个地区创造了经济效益。

（三）湖北宜昌三峡水电站

三峡水电站，又称三峡工程、三峡大坝。位于中国重庆市市区到湖北省宜昌市之间的长江干流上。大坝位于宜昌市上游不远处的三斗坪,并和下游的葛洲坝水电站构成梯级电站。它是世界上规模最大的水电站,也是中国有史以来建设最大型的工程项目。三峡水电站具有十多种功能,包括航运、发电、种植等。三峡水电站1992年获得全国人民代表大会批准建设,1994年正式动工兴建,2003年开始蓄水发电,2009年全部完工,2012年7月4日所有机组投产。

水电站大坝高程185米,蓄水高程175米,水库长600余千米,安装32台单机容量为70万千瓦的水电机组,现为全世界最大的水力发电站。三峡水电站的机组布置在大坝的后侧,共安装32台70万千瓦水轮发电机组,其中左岸14台,右岸12台,地下6台,另外还有2台5万千瓦的电源机组,总装机容量2250万千瓦,远远超过位居世界第二的巴西伊泰普水电站。

三峡大坝旅游区位于湖北省宜昌市境内,是国内最具代表性的水电产业公园开发模式。旅游区于1997年正式对外开放,2007年被国家旅游局评为首批国家AAAAA级旅游景区,该旅游区以世界上最大的水利枢纽工程——三峡工程为依托,分别建设坛子岭园区、185园区及截流纪念园等园区,总占地面积共15.28平方千米。坛子岭景区是三峡坝区最早开发的景区,该景区所在地为大坝建设勘测点,海拔262.48米,是观赏三峡工程全景的最佳位置,不仅仅能欣赏到三峡大坝的雄浑壮伟,还能观看"长江第四峡"双向五级船闸。整个园区以高度的递增从上至下分为三层,主要由模型展示厅、万年江底石、大江截流石、三峡坝址基石、银版天书及坛子岭观景台等景观。185园区位于三峡大坝坝顶公路的左岸端口处,因与三峡坝顶齐高,同为海拔185米而得名。在整个工程的不同时期,185园区可看到不同的水位景观。坛子岭园区的高峡平湖与185园区的气势磅礴形成鲜明对比,是整个三峡大坝旅游区最负盛名的旅游景观。此外,截流纪念园内设有展室,游客可通过展室内的图文资料详细了解三峡工程。园内还可以看见用立体三角形的截流石组成的假山风景以及大型的施工机械等实物展览。因为地处大坝的下游,使这里成为与三峡大坝全景留念的绝佳场所。随着综合配套设施的完善,三峡大坝旅游区的游客数量保持逐年上升趋势。2018年,三峡大坝旅游区接待游客总量超过290万人,再创历史新高。

2017年11月下旬,三峡大坝旅游区获国家教育部批准成为"全国首批中小学生研学实践教育基地"。三峡大坝旅游区多角度、全方位地展示工程文化和水利文化,为游客提供游览、科教、休闲、娱乐为一体的多功能服务,将现代工程、自然风光和人文景观有机结合,已经逐步成为国内外友人向往的旅游胜地,如图4-3所示。

图4-3　宜昌三峡大坝

(四)美国胡佛水电站

胡佛水电站,又称胡佛水坝、胡佛大坝,是美国综合开发科罗拉多河水资源的一项关键性工程。胡佛大坝位于内华达州和亚利桑那州交界之处的黑峡,具有防洪、灌溉、发电、航运、供水等综合效益。

胡佛大坝坝高221.4米,大坝形成的水库叫米德湖,总库容348.5亿立方米,水电站装机容量原为134万千瓦,现已扩容到208万千瓦,计划达到245.2万千瓦。在1931年4月开始动工兴建,1936年3月建成,1936年10月第一台机组正式发电。胡佛大坝本身作为世界知名建筑,被定位为美国国家历史名胜和国家土木工程历史名胜,美国现代七大土木工程奇迹之一,在世界水利工程中占有重要的地位。

胡佛大坝距离美国著名旅游城市拉斯维加斯约60千米,所处区位本身具有丰富的旅游资源,大坝建成后形成的独特景观更是吸引了成千上万慕名而来的游客。1935年大坝正式开放外界车辆通行及游客观光,目前已经有超过3500万人的游客前来游览。游客们通常先在坝顶参观大坝全貌,随后通过乘坐专为游客设计的观光电梯直接到达大坝的底部。此外,大坝内部可观赏到20世纪30年代典型的建筑风格,各种艺术装饰以及精简现代的设计;大坝内部还有极具人文色彩的美洲土著居民所设计的图案地板。游客也可以参观位于坝底的一个拥有17台水力发电机组的发电厂房,这17台发电机组每年输送大约35亿千瓦时的电能。观览通道设置由发电厂房继续向下可深入水坝内部,游览水坝施工期间用于分流大坝周围的水源所用的导流洞。由坝底回到水坝的顶部，可参观位于内华达州境内的胡佛大坝游客中心，游客中心展示着整个科罗拉多河的水流系统以及水坝的历史。陈列馆于 1997 年 4 月份正式开放，展出各种照片、文物、艺术品以及视频，向游客讲述着大坝的历史、建造者、沙漠雷暴天气的状况以及美国西南部的环境、地质、植物以及动物。胡佛大坝的独特景观也被许多电影选入电影场景，如美国大片《变形金刚》以及《末日崩塌》都在这里进行过取景拍摄。

胡佛大坝作为世界上最为成功的水电产业公园旅游开发案例之一，本身以胡佛大坝为主体，结合当地独特浓厚的历史文化氛围和瑰丽奇特的沙漠自然风光，打造了一个完善的水电项目旅游风景区。游客不但可以游览作为重要水利枢纽的建筑奇观胡佛大坝，而且可以接触了解当地相关的人文历史。时至今日，这颗"沙漠里的钻石"仍然闪耀着璀璨的光芒，如图 4-4 所示。

图 4-4　美国胡佛水电站大坝

（五）美国大古力水电站

大古力水利枢纽是美国哥伦比亚河上一座具有发电、防洪、灌溉等效益的大型综合利用水利枢纽。大古力大坝坝址位于华盛顿州斯波坎市以西 145 千米处。大坝形成的水库称为罗斯福湖，总库容 118 亿立方米，有效库容 64.5 亿立方米。大古力水利枢纽为美国最大的水电站，同时也是美国国家级旅游区之一。

工程于 1933 年开工，1941 年第 1 台机组发电，1951 年完工。1967 年，美国和加拿大两国开始对大古力工程进行改造,由加拿大在哥伦比亚河上游修建3座大型水库,提高大古力工程的调节性能;由美国对大古力工程进行扩建,在右岸修建前池坝和第三厂房。

50年的老坝电厂不断改造扩建,仍生机勃勃。这座当年最大的水电站,为美国工业的发展提供了强大的电力,并为支撑第二次世界大战取得胜利立下了战功。

大古力坝下游左岸紧靠哥伦比亚河的山顶设有一个称之为"皇冠"的观景点,置身此处,哥伦比亚河由于水深呈墨绿色从脚下缓缓流过,大古力全景尽收眼底。罗斯福湖水平如镜;钢筋混凝土大坝横跨哥伦比亚河上;第一、第二和第三电厂像三块积木置于大坝脚下;而那舒展着巨臂的高压铁塔沿山脊将强大的电力送往西雅图、旧金山等大城市,大古力水电站坝址让人震撼的视觉享受与现代科学技术的成就使参观者赞叹不已,如图4-5所示。

建坝移民博物馆出售多种印第安人的饰物、纪念章、纪念币和多种印有大古力、印第安人标志的织物以及描述印第安人历史的书籍和画册等,在展示企业及当地历史文化的同时,也为企业创造了经济效益。作为世界水电站文化旅游的典型代表之一,充分利用环境资源优势和科技的发展成果,不仅推出狩猎和钓鱼项目,还有以激光水幕进行表演的激光艺术。

这座位于美国西部的大古力水电站,古老而又年轻,在经济萧条的1933年开工,在哥伦比亚河上建设,历经60年的沧桑,而今仍以其永葆青春的风貌,每年吸引200万人次的游客。

图4-5 美国大古力水电站

（六）巴西伊泰普水电站

伊泰普水电站位于巴拉那河流经巴西与巴拉圭两国边境的河段，河长 200 千米，是当今世界仅次于三峡水电站的第二大的水电站。该电站于 1973 年由巴西、巴拉圭两国共同开发，历时 16 年，耗资 170 多亿美元，1991 年 5 月建成举世瞩目的伊泰普水电站。

由于坝址控制流域面积达 82 万平方千米，全长 7744 米的大坝拦腰截断巴拉那河，形成面积 1350 平方千米、库容 290 亿立方米的人工湖，壮阔的景观为伊泰普水电站工业旅游的开展创造了条件，每年都有来自世界各地近乎百万的游客到伊泰普水电站旅游。同时，伊泰普大坝的旅游路规划也丰富多彩，各种各样的旅游项目帮助游客从各个维度了解水电站的历史文化和自然风貌。

伊泰普水电站的视觉环境及生态设计堪称水电工业旅游的典型方案。以大坝为中心开展的水坝周边全景游；可进入水电工程全面探秘水坝内部发电机运作的水坝深度游；通过建设生物保护区，能够近距离接触保护动植物并了解水坝周边生态环境的生态教育旅游；通过建设生态博物馆，了解有关大坝的历史、人文的企业文化旅游；水坝灯光秀；电动车试驾游；设置天文中心以及主打游轮、落日美景、美食的伊泰普湖中游览，是集水电科普、产业公园和文化展示为一体的水电站工业旅游项目，如图 4-6 所示。伊泰普水电站于 1995 年被"美国土木工程协会"评选为世界七大现代奇迹之一。

图 4-6　伊泰普水电站

（七）新疆阜康抽水蓄能电站

项目位于新疆昌吉回族自治州境内，距阜康市区约 70 千米，距乌鲁木齐市约 130 千米。地处天山东段博格达峰北麓，天龙南山北坡，准噶尔盆地东南缘，地理位置优越。上水库大坝高度 133 米，库容 705 立方米，正常蓄水位 2271 米。下水库大坝高度 69 米，正常蓄水位 1775 米，库容 777 万立方米。拦沙坝采用土工膜斜墙堆石坝。

阜康抽水蓄能电站枢纽建筑物主要由上水库混凝土面板堆石坝、库尾拦沙坝、下水库泄洪排沙洞及放空洞、上下水库电站进出水口、输水隧洞、地下厂房和地面开关站等建筑物组成。电站建成后，可为新疆维吾尔自治区乌昌电网供电，在电网中承担调峰、填谷、调频、调相和紧急事故备用等任务。

抽水蓄能电站是离天山主峰博格达峰最近的一处人工建设工程，上下坝区碧绿的湖面与不远处圣湖天池遥相呼应。通过旅游规划设计将场地、建筑、景观、室内进行有机串联，建设与自然、工业文化和谐共存并且可持续发展的项目，如图 4-7 和图 4-8 所示。

图 4-7 新疆阜康抽水蓄能电站库区与游客中心

图 4-8 新疆阜康抽水蓄能电站远方的博格达峰与观看博格达峰的雕塑"神堆"

第二节 遗产保护——发电厂后工业景观设计

现代企业已经到了拼文化的时代。在这个时代中,保护和利用工业文化遗产正逢其时。

——陈履生

"后工业景观设计是用景观设计的途径来进行工业废弃地的改造,在秉承工业景观的基础上,将衰败的工业废弃场地改造为具有多重含意的景观。"[1]

我国城市发展的整体状态目前还处于工业化的中期阶段,但在一些经济发展较快的城市在城市更新进程的冲击下,社会结构已逐步进入后工业时代,为后工业景观设计提供了物质载体。工业文明作为城市文明发展的重要组成部分,在为城市发展创造丰富物质财富的同时也为城市创造了具有时代印记的精神财富。

本节以文化创意的视角,讨论如何用景观设计的途径改造发电厂工业遗产,揭示人与自然、社会和谐共生之美,并为工业遗产的保护利用提供一种新的途径。

一、发电厂工业遗产概述

(一)工业遗产定义

2003年由国际工业遗产保护联合会在莫斯科通过的《工业遗产的塔吉尔宪章》认为工业遗产是具有历史价值、技术价值、社会意义、建筑或科研价值的工业文

---

[1] 王向荣,任京燕.从工业废弃地到绿色公园——景观设计与工业废弃地的更新[J].中国园林学,2003(3).

化遗存，包括建筑物和机械、车间、工厂、矿山以及相关的加工提炼场地、仓库和店铺、生产、传输和使用能源的场所、交通基础设施，除此之外，还有与工业生产相关的其他社会活动场所，如住房供给、宗教崇拜或者教育。①

工业遗产无论在时间范围还是内容方面都具有丰富的内涵和外延。目前，国际社会研究的对象主要集中在18世纪后半期工业革命开始至现代的时间范围，同时从科学技术史的角度探索早期工业及原始工业的根源。在我国，工业遗产关注的主要历史时期是自19世纪后半叶近代工业诞生以来至现代这一时间跨度。

工业遗产的概念有狭义和广义之分。狭义的工业遗产主要包括车间、仓库、码头、管理办公用房等不可移动文物；工具、器具、机械、设备、办公用具等可移动文物；契约合同、商号商标、产品样品、手稿手札、图书照片、音像资料等涉及企业历史的记录档案。广义的工业遗产还包括工艺流程、生产技能和相关的文化表现形式以及存在于人们记忆、口传和习惯中的非物质文化遗产。因此，工业遗产是在工业化的发展过程中留存的物质文化遗产和非物质文化遗产的总和。②

（二）发电厂工业遗产保护的意义

中国电力工业发展正处于大转型的关键时期，随着城市化进程不断加快、传统产业转型升级、新型产业不断涌现，传统发电厂在发展过程中受到环境和消纳的双重制约，老旧发电机组逐步被淘汰，大量有价值的发电厂工业遗产也被纷纷拆除。

发电厂工业遗产只有近百年或几十年的历史，但作为工业文明社会发展进程中重要的组成部分，其自身有着多重价值内涵，所拥有的社会价值、科学价值、审美价值，体现在电厂建筑、发电设备和空间环境中，记录在档案以及存在于人们的记忆和风俗习惯中。发电厂工业遗产所承载的关于中国社会发展的信息，比其他同时期的工业文化遗产要大得多。所以，发电厂工业遗产的保护和利用具有非常重要的意义。

在经济全球化浪潮中，中国的社会及经济发展正面临急剧变化。产业结构转型、高新技术迅猛发展、城市规模不断扩大使能源结构也发生了重大变化，深植

---

① 朱强.京杭大运河南段工业遗产廊道构建［D］.北京.北京大学，2007.
② 参见《关于工业遗产的下塔吉尔宪章》（国际工业遗产保护联合会于2003年7月10日至17日在俄罗斯下塔吉尔通过）。

于人类物质和精神生活中的电力工业场地、工业景观也发生了角色更替，由生产载体演变为废弃遗址、遗迹，许多有价值的发电厂工业遗产正面临拆毁，大量珍贵档案流失。将见证工业文明演化和变迁的发电厂工业设施和遗址，作为人类文化遗产的重要组成部分加以认定与保护，并进行适应性再利用，是城市在发展和重新规划过程中的新方向、新思路。

合理地改造发电厂工业遗产，不仅能够提升城市的整体形象，同时还能成为工业城市发展文化创意产业的交汇点。一个城市向良性循环发展，应该在物质形态的基础上重新组合，利用工业废弃地，这种低碳的可持续发展模式符合现代城市的发展需求。发电厂工业遗产的保护和利用具有多重意义，是文化遗产的重要组成部分，与文化遗产一脉相承，并发挥着生态、经济和文化的重要作用。

（三）发电厂工业遗产的价值

工业遗产作为文化遗产的一部分，逐渐得到人们的认可，并被列入《世界遗产名录》。发电厂工业遗产作为工业社会、工业文明内涵的外延形式，同时也是工业文化的载体。从工业遗产保护再利用的角度而言，发电厂遗产的基础价值主要是历史文化价值，保护与利用均是一个文化遗产场所的物质价值与文化价值相交织的一种综合价值的体现。工业文化遗产在最初阶段所体现的综合价值因素相对单一，主要以发电生产为主，但是随着时间的推移，其他附加因素对其未来的存在形式和新功能的植入选择上发挥着越来越大的导向性作用。

发电厂工业遗产如何进行保护与再利用，其具备的综合价值是主要依据，除了包括遗产本身客观存在的价值以及对空间使用主体人的情感价值外，还包括不同时代背景下会受到时间、空间和评价主体等因素影响的引申价值等。

1. 历史价值

发电厂工业遗产作为电力工业生产活动后所留下的产物，是各个时期电力工业发展的见证，它在某种程度上记录和改变了人们的生活方式，相对久远的历史是稀缺价值的体现，因此，发电厂工业遗产具有其特定的历史价值。

发电厂工业遗产的历史价值包括以下内容：见证某个历史时间点或时间段内人类生活和社会发展中的物质与非物质层面的状况；对重要历史事件或历史活动具有时间坐标和空间坐标的见证；对历史文献记载的证实、补充和完善；使工业遗产的历史价值更加突出稀缺性或唯一性特征；是否完整决定着工业遗产在历史层面上的价值意义。发电厂工业遗产见证了工业活动对人类发展的历史和当今的现状所产生的影响，同时这些物质证据所承载的完整的、真实的工业时代的历史对当今人们研究近代工业发展、工业文化发展脉络具有普遍价值。

2. 科技价值

发电厂工业文明的发展是科学技术不断创新的过程。被遗留下来的发电设备、运输工具、厂房和工业生产所使用的构筑物记录了当时科学技术的发展水平和施工工艺；工业构筑物则从建筑学角度反映了当时建筑材料的使用和建筑结构的形式。这些都是工业遗产所反映出的科技价值。

发电厂工业遗产的科技价值主要反映其相应时间段内该行业的科学技术发展水平和知识状况，主要包括其本身记录的与科学和技术相关方面的内容，如建筑和机械设备等实体物质遗产；能够体现所处时代功能意义的工艺流程等非物质遗产；所承载具有代表性的工业技术。

3. 文化价值

文化价值作为由人创造出来的社会产物，它本身体现了具有文化需求的主体和能满足文化需求的客体，主体和客体之间产生供需关系时就产生了文化价值。

文化价值具有较强的非物质性，是文化遗产所体现的广义文化的属性。发电厂工业遗产在记录历史发展的同时，也记录下场地的文脉。文化价值的非物质性决定了工业遗产的文化价值体现在企业的文化、经营理念和特殊时期下的拼搏精神中。这种精神和理念不仅可以在同一历史时期的文化遗产（文学作品、影像资料和口号标语）中找到，也体现在具有地域文化和时代特征的工业遗产（如构筑物、建筑物风格、场地规划的结构布局和工人的生活方式）中。

4. 艺术价值

工业遗产艺术价值的评判标准是其自身所体现的个性特点和艺术风格。发电厂工业遗产作为多要素组成的综合体，工业遗产的艺术价值既体现在场地的各类人工要素和自然要素中，也体现在整体的综合场地中。场地中的构筑物和建筑物体现了不同历史背景下的建筑风格。建筑通过空间布局、规划设计出符合人类审美的结构造型、和谐的比例尺度、材料的色彩和质感，共同体现出该建筑在所处时代的艺术价值，即该历史时期人们的审美情趣、艺术观念和时代精神特质。工业机械设备体现出的是工业美学价值。

电力工业发展产生了新的技术、新材料和新工艺，新材料和新技术的运用也孕育了现代主义建筑美学思想的变革。发电厂工业遗产的艺术价值包括以下内容：工业遗产本身所具有的艺术特质、美感或形式感的组成部分；依附于工业遗产的艺术品；工业遗产所表达的艺术风格和达到的艺术水准。

5. 社会价值

对社会价值的判断，应该看它是否为他人或社会在物质上或精神上做出贡献、承担责任。发电厂工业遗产曾经是某一历史时期中工业活动的承载者，反映了发电产业在中国工业史的发展历程。工业建筑作为工业生产活动的容纳空间，是旧时期工业生产特色的体现，为人们提供了回顾工业发展历史和城市发展历程、了解时代背景下人们的生产和生活方式、探究当时人们的人生观和价值观的场所；资源整合后的工业遗产在新时代又被赋予符合时代发展需求的功能和作用。

发电厂工业遗产的社会价值主要包括以下内容：工业遗产场所经过改造再利用后被赋予了科普教育基地的功能，有助于人们了解城市发展和该时期电力工业文明的发展；工业遗产在改造成为城市公共空间后为市民提供了休闲娱乐场所；得到良好保护和合理再利用的工业遗产是城市的一张名片，是城市历史人文内涵的载体，对提升城市形象和带动区域发展起到重要作用。

6. 情感价值

情感是人受到外界刺激后所产生的心理反应，是人的一种内在感受。而作为伴随发电厂工业遗产所产生的情感，是随着国内整体发展战略的调整，产业结构的不断升级，大型工业企业逐渐退居城外，旧有工业用地也被转换为第三产业而产生特有情感。发电厂工业建筑遗产作为主体与它的使用者经过长时间的情感积累与沉淀后，已形成了真切的情感归属。发电厂工业遗产本身能够激发人们的感情，使人们产生满足感、愉悦感和幸福感，甚至能够唤起人们的悲伤感和愤怒感。因此，发电厂工业遗产对人们而言具有情感上的价值。许多发电厂工业遗产凝聚着当年电力工人、管理者多年的心血和投入，遗产的存在对这部分人而言有不可替代的价值和意义。

二、发电厂后工业景观设计的定义及目标

（一）发电厂后工业景观设计的定义

"后工业景观"源自英文直译"post-industrial landscape"，也有的译作"工业

之后的景观"。① 即在废弃的具有工业生产用途的场地上进行重建的景观。后工业景观设计所处的社会历史阶段是后工业社会，美国社会学家与未来学家丹尼尔·贝尔在其著述的《后工业社会的来临——对社会预测的一项探索》一书中，对"后工业社会"思想做了全面的阐述分析。贝尔在其理论研究中将社会划分为前工业社会、工业社会和后工业社会三种形态，从历时性角度，他认为这是人类社会发展和进步的必然规律。

后工业景观是工业生产活动停止后，对遗留在工业废弃地上的工业设施、地表痕迹、废弃物等加以保留、更新利用或艺术加工，并作为主要的景观构成元素来设计和营造的新景观。后工业景观包括：工业遗产保护与再利用、工业建筑改造、后工业景观园林、后工业旅游等，凡是在工业遗址上完成的改造均可以成为后工业景观。

发电厂后工业景观设计，是指为顺应国家政策以及能源结构调整，在发电厂场地上原有的生产活动停止后选择性地对遗留在电厂废弃地的设施和场地环境以艺术加工与再创造的形式加以保留和更新利用。在改造设计中，将场地上的各种自然和人工环境要素统一进行规划设计，构成能够为公众提供工业文化学习与体验、休闲、娱乐、体育运动、科教等多种功能的城市公共活动空间，保护有价值的工业遗产，发掘和彰显其技术美学特征，传承工业历史文化等多义内涵，并作为环境优化和美化中具有主导意义的景观构成元素来设计和营造的新景观类型。

（二）发电厂后工业景观设计目标

发电厂后工业景观不仅是以废弃的发电厂址为基础的景观，在景观再设计的过程中还应延续电厂景观的历史文脉，以某种方式保留和延续场地的工业元素和工业特质，对厂区内元素重新进行设计表达。发电厂后工业景观设计不是彻底推翻原厂建筑进行全盘重建，而是在适当保留电厂工业设施的基础上对场地记忆和空间环境的景观更新，是在秉承工业景观基础上对发电厂工业景观元素新的阐释。作为后工业时代的新景观设计特点，主要体现在两方面：一是和工业遗址（场地）的关系，二是与自然的关系。其设计目标如下。

---

① 王向荣，林菁. 西方现代景观设计的理论与实践 [M]. 北京：中国建筑工业出版社，2002：13.

1. 保护工业遗产

发电厂后工业景观设计强调对工业废弃地上各历史阶段工业建设遗留下来的具有历史价值、技术价值、社会价值、建筑学价值、科学价值、艺术审美价值的工业遗产进行保护和更新利用。对于工业遗产中应加以保护、维护和修缮的要素以及进行更新利用的部分，应基于工业遗产价值评估指标体系的构建后确定具体的设计和营造对策。

2. 彰显美学特征

技术美学是随着现代科学技术进步产生的新的、独立的美学分支学科，是研究物质生产和器物文化中有关美学问题的应用美学学科，涉及艺术学、文化学、符号学、哲学、社会学、心理学以及各种技术科学。技术美学创立于 20 世纪 30 年代，最初应用于工业生产，也称工业美学。

电厂废弃地上遗留的各种设施和场地环境所具备的技术美学特征是后工业景观中的突出特征，在对其进行设计和营造的过程中应对该特征进行分析、发掘，并通过艺术和技术的手段加以强化和凸显，从而形成区别于其他景观风格类型的后工业景观风貌。

3. 优化周边环境

电厂废弃地是伴随电力工业发展进程而产生的，多表现为因占用和破坏土地资源而造成土壤、水质、大气等环境污染，引致生态退化，破坏自然生态景观和城市人文景观等，对城市环境、经济和社会产生了诸多负面效应。而从文化创意的视角来看，电厂废弃地所具有的丰富的土地资源和在城市发展历史中所形成的独特的工业文化背景，为优化城市环境及健康稳定发展提供了机遇和载体。

发电厂后工业景观设计的过程中，除了要充分利用遗留在电厂废弃地上的工业场地和设施，改变其破残衰败、污染严重的环境现状，构建生态健康、视觉环境优美、富有生机和魅力的外部周边环境外，对于周边环境也应纳入设计范畴，为公众提供适宜于休闲娱乐、文化体验、居住、购物、工作、健身的人居环境，成为设计与营造后工业景观的主要目标之一。

4. 传承工业文化

工业化社会是人类社会发展进程中的重要历史阶段，对该阶段所形成的、见证了工业文明演化和变迁过程的具有代表性的电力工业设施和遗址加以保护、适

"文化创意 +" 电力工业融合发展

应性再利用和创新性再生，有助于传承电力工业历史文化，实现人类文化遗产的连续性、完整性和多元性。而对于熟悉这些电力工业场所并伴随其成长的公众而言，场所认同、历史记忆和空间精神归属等多义内涵也是在景观规划中不容被忽视的重要因素，工业文化的传承也是发电厂后工业景观设计的重要目标之一。

三、发电厂后工业景观的构成要素及设计原则

（一）发电厂后工业景观构成要素

发电厂后工业景观的构成要素包括：废弃地上的相关设施、废弃场地环境和工业废弃物。

发电厂建筑群整体外观主要由锅炉机组厂房、汽轮发电机组厂房、冷却塔、烟囱等构成。火力发电厂的工业设施主要包括燃烧系统、汽水系统和电气系统及其他一些辅助设施和服务设施。燃烧系统由输煤、磨煤、粗细分离、排粉、给粉、燃烧、除尘、脱硫等设施组成。汽水系统由锅炉机组、汽轮机、凝汽器、除氧器、高低压加热器、凝结水泵和给水泵等设备及管道组成，以锅炉为核心，包括凝给水系统、再热系统、回热系统、冷却水（循环水）系统和补水系统。电气系统包括汽轮发电机、励磁装置、变压器、高压断路器、升压站、配电装置等设备组成。

（二）发电厂后工业景观设计原则

深入理解发电厂工业遗址的场地内在脉络、生态系统和历史文脉，在设计中保护、尊重、恢复和更新原有的体系，推陈出新，是发电厂后工业景观设计的原则。

1. 保护文化价值

发电厂工业遗产是人类工业文明的历史见证和重要标志，具有特殊的文化内涵；表征了人类开发自然、获取资源所进行生产活动的现代技术背景，体现了技术美学价值；可以起到警示人类避免过度开发造成生态环境破坏的作用。

2. 保障生态环境

恢复生态学在生态学中的定义是研究生态系统退化的原因、退化生态系统恢

复与重建的技术和方法及其生态学过程和机理的学科。[①] 由定义可以看到，这是一门关于生态恢复的学科，致力于研究恢复与重建那些在自然灾变和人为活动下生态受到破坏的自然系统，具体包括工业遗址、采矿废弃地、湿地、草地、森林等的生态恢复。

发电厂废弃地多数存在生产的过程中产生环境污染的问题。例如：土壤污染、植被破坏，间接破坏了生物栖息环境。这些破坏直接影响了自然生态及人类的生存环境。因此，面对工业废弃地，首先要进行生态系统的修复。工业废弃地改造中生态恢复的主要作用对象包括土壤的生态处理、植被的生态设计及废弃材料的处理利用等。通过生态恢复手段和技术可以变废为宝，实现资源的可持续利用。[②]

发电厂后工业景观设计借鉴恢复生态学的理论和技术方法，重视对自然生态系统的保护和退化生态系统的恢复，关注资源和能源的再利用和循环使用，注重在景观设计中对节能、环保的理念、技术措施、材料、设备及实施过程的体现。

3. 引入现代艺术

工业废弃地的改造与美国20世纪60年代发展起来的大地艺术不谋而合，美国大批艺术家参与了很多旨在更新美化工业废弃地，改善环境质量的实践。在废弃厂区更新的实践中，艺术家们的实践发挥了重要作用。

"艺术可以成为自然法则的策略。它使生态学家与工业家和解。生态与工业不再是两条单行道，而是可以交叉的，艺术为他们提供必要的辩证。在广阔的乡间散布着许多矿区、废弃的采石场和被污染的湖泊与河流。针对废弃地区的再利用，一个切实可行的途径将是用艺术的方式循环利用土地和水资源。"[③]

将艺术从画室带到发电厂遗址场地，艺术也因为与工业环境发生关系，从而具有了强烈的场所性，使艺术与废弃地更加紧密联系起来。如"波普艺术"追求市俗化的、新奇的艺术形式和创作手段；"极简主义"强调单纯简练的形式语言；"大地艺术"以"大地雕塑"的形式表达回归自然理念的过程。这些现代艺术的创

---

① 董世魁，刘世梁，邵新庆，黄晓霞.恢复生态学[M].北京：高等教育出版社，2009：4-10.

② 洪泉，唐慧超.恢复生态学在工业废弃地改造中的应用[J].沈阳农业大学学报，2009（5）：611-614.

③ 王向荣，林菁.西方现代景观设计的理论与实践[M].北京：中国建筑工业出版社，2002：73-84.

"文化创意+"电力工业融合发展

作形式成为发电厂废弃地更新、恢复、再利用的有效手段之一,也为"后工业景观"设计提供了理论依据。

四、发电厂后工业景观设计方法

发电厂后工业景观设计是综合生态学、现代艺术、技术美学、工业文化遗产保护等专业的理论和实践成果,是跨领域地进行知识资源整合从而形成独特的设计方法,下面从文化传承、文化创意等方面进行论述。

(一)文化传承设计
1. 整体结构保护设计[①]

整体结构保护是指在发电厂后工业景观设计中,对厂区的整体布局结构、具有代表性的空间节点和构成要素以及场地环境等进行全面保护,仅采用有限的新景观元素以穿插、叠加、镶嵌的方式在旧的景观体系框架中进行设计的后工业景观设计模式。

(1)功能分区结构。功能分区结构指的是体现发电生产工艺流程和场地环境特征的发电生产系统分区的结构。例如,发电厂主体功能区包括锅炉、汽轮机和发电机,主变压器和配电装置,其他辅助设备如给水系统、供水设备、水处理设备、除尘设备、燃料储运设备等功能区。

(2)空间结构。空间结构主要是指发电厂区实体与空间的组织结构,与功能分区结构和交通运输结构密切关联。例如,厂区内的厂前区广场、煤场、室外配电场地等构成厂区的面状开放空间;道路交通、铁路交通、自然河流等构成厂区周边区位结构的线性空间。

(3)代表性空间节点和构成要素。发电厂典型建筑物、构筑物、发电设备开放空间等组成厂区具有标志性意义的空间节点和构成要素。

以保护发电厂区整体结构的模式进行后工业景观设计,可以使旧厂区的空间尺度和景观特征在新的景观构成框架中得以保留和延续。而布局结构和各节点要素得到全面保护的整体厂区可以向公众全面展示该发电厂区生产的组织、流程、

---

① 刘抚英.后工业景观设计[M].上海:同济大学出版社,2013:3.

技术特征、相关设施、景观尺度和综合形象，也映射了电厂在工业发展进程中的位置，同时还可将其改造成为有关工业技术与文化的具有科普教育意义的群体博物馆。

2. 局部保护设计

发电厂遗址局部区块保护是指对厂区中有代表性、有价值的部分进行保护和再生的后工业景观设计模式。在设计中，对于拟保护部分的结构以及具有代表性的构成要素等都应加以保护。而对于保护部分以外其他功能区的设施和环境，可以选择有价值的部分保留，融入新的景观元素进行改造更新，或将该部分以整体开发的形式建设成其他类型的功能区。设计中对原厂区部分区块进行了保留，仅对建筑功能进行更新，可以形成连续的工业景观界面。在保护局部结构的基础上，穿插休闲区、园林景观和工业景观雕塑，其余部分则采取完全更新的策略开发建设新的功能性建筑等。

3. 关键节点保护设计

发电厂遗址关键节点保护是指选取厂区中具有代表性和具有遗产价值的发电厂建筑物、构筑物、设备等关键节点，作为景观整体系统的标志性元素予以保留，其他设施可以更新改造或拆除。在关键节点保护模式的景观体系中，可以进行大规模的新景观设计，在保证污染治理、生态保护、生态恢复的基础上，加入新的景观元素，塑造新旧对比、融合共生的整体景观。

在形式上具有视觉冲击力的烟囱、冷却塔等发电厂设备可作为后工业雕塑的形式进行保留，建成为市民提供工业文化体验的载体。

4. 工业化隐性设计

工业化隐性设计是指在发电厂后工业景观设计中，对发电厂废弃地中遗留的发电设施全部迁移或拆除，采用新景观元素对场地环境进行重新整理和塑造来营造出全新的景观环境。但在该项设计模式中，需对原厂区的结构内涵进行充分研究，提炼出诸如道路交通体系、空间尺度、设施高度、建筑风格、材料质感、色彩等与原发电厂景观相关联的形式要素，作为景观设计的借鉴和参照，以隐化的方式表达对发电厂工业文化的尊重、传承和延续。

5. 再利用模式设计

发电厂遗址再利用模式设计是对有价值的工业文化信息加以保留并作为后工业景观设计中的主要元素，对单体工业设施的保护在对其价值进行评价的基础上，

"文化创意+"电力工业融合发展

采用多样化的设计手段。多数情况下，其保护形式不仅仅是单纯的静态凝固，更应基于对原工业设施的特征、价值、内涵、逻辑的充分尊重，进行适应性再利用，以使其获得新的使用价值，并通过定期检测、维护和修缮延长其寿命。

发电厂遗址再利用模式设计可以概括为以下几种：博物馆模式、展览馆模式、体育与休闲活动中心模式、多功能厅模式、办公模式、商业服务模式、综合体模式。其模式对工业遗产的再利用是在保护的框架下进行的，适度利用而不局限于静态保存更具有现实意义，是工业遗产保护的更高层次。

（二）文化创意设计

发电厂后工业景观的艺术加工与再创造形式具体体现在从文化创意的角度对废弃地上的遗留工业元素和地貌景观进行艺术化创意设计。

1. 设备设施艺术化

（1）设备设施艺术化设计。分析研究电厂设备设施中的形式构成要素，按特征分类，从中提取或分解重要元素，借鉴现代艺术创作手法进行艺术化加工处理。由于在设计中不掩盖景观元素自身的工业化特质，通过艺术设计手段重新创作的元素在形态、内涵、逻辑上与原厂区的场地环境和工业设施相呼应、相匹配，并具有一定的文化创新意义。例如，上海世博园中原南市发电厂的烟囱用艺术手段对其进行创作加工成为能解读实时环境气温的巨型温度计，强烈的设计感使该工业元素与改造后的公共空间充满人文气息与艺术魅力。

（2）雕塑艺术设计。雕塑设计在环境艺术空间中占有重要地位，凭借着自身独特的表现形式，在空间环境中起到了"画龙点睛"的作用。雕塑以其主题的内涵、三维空间的表现、独特的造型语言和旧材质的艺术处理，创作出独具特色的纪念性雕塑和装饰性雕塑共同构成后工业景观空间。

利用废弃电厂材料制作雕塑是后工业景观的重要设计手法，在后工业景观雕塑的设计过程中，要着重表现作品的历史持续性、艺术整体性等，在视觉上、心理上满足人们日益提高的精神需求和审美要求，展现具有中国文化内涵、民族文化特征、现代感、艺术性集于一身的艺术作品，如图4-9所示。

（3）色彩艺术化设计。在个性化成为流行趋势的今天，色彩设计无疑是最重要的核心因素之一。根据色彩的文化属性、物理属性，通过色彩组合对电厂建筑物、设备管道等进行艺术化色彩表达，丰富了景观层次、强化了视觉冲击力，还能体现企业性格色彩。

（4）景观照明设计。艺术化的创意灯光很大程度上可以丰富城市的夜晚景观。

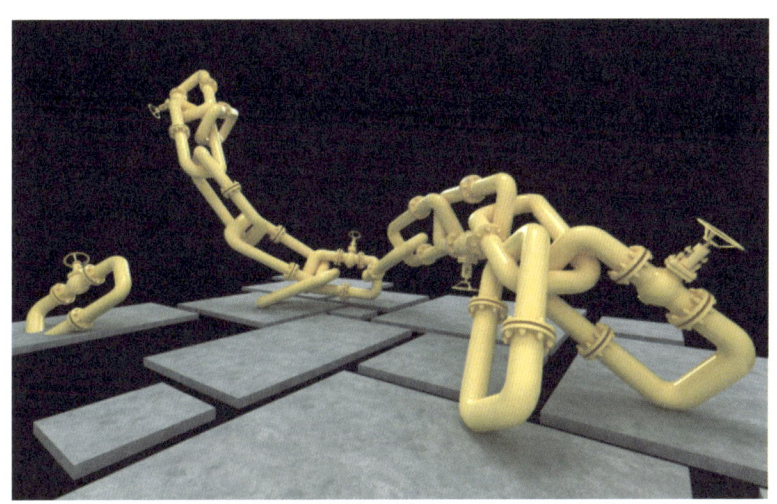

图 4-9　缙云抽水蓄能电站《龙》雕塑

通过发电厂遗址灯光艺术设计，创造出动静、奇幻、充满魅力的灯光景观，实现建筑亮化效果。景观艺术亮化照明不仅具有人文价值，同时将城市文化信息释放出来，赋予其新的内涵，如图 4-10 所示由伦敦热电厂遗址改造的伦敦泰特美术馆夜景。

图 4-10　伦敦泰特美术馆夜景

"文化创意+"电力工业融合发展

2. 地形地貌艺术化

发电厂后工业景观对工业地貌的艺术处理主要应用"极简主义"与"大地艺术"的创作方法。"极简主义"艺术主张艺术创作回归原始基本的结构秩序和形式，采用简洁的或连续重复的几何形体作为主要的艺术表达语言，通过大尺度雕塑艺术作品的创作应用于广场、公园等景观。

"大地艺术"强调人的"场所"体验，主张将艺术的表达语言引入发电厂废弃地的景观改造和再生设计中来。大地艺术在后工业景观设计中的应用主要是对工业废弃地场地地形的艺术化处理以及内涵的提炼，用艺术的手段回应工业文明对生态环境带来的问题，强调人与自然相处的和谐关系，运用当前环境内可调度元素以简明清晰的思路在发电厂废弃地上创作出一件件震撼人心又发人深思的艺术作品。以大地艺术的设计理念对地形地貌进行艺术化处理，极大地改善了发电厂废弃地的景观环境，这为景观改造和再生设计提供了新的设计思路。

在目前的发电厂后工业景观设计中，应用大地艺术的手段对场地景观进行设计的手法已较为普遍，大地艺术所表现出的几何特征、尺度特征、空间特征、时间特征为景观设计项目带来了视觉艺术和精神上的双重效果，并得到了景观专业领域的广泛接纳和认同。

五、发电厂后工业景观设计案例分析

（一）新疆伊犁电厂旧厂房改造项目

1. 项目概况

新疆伊犁电厂旧厂房改造项目地点坐落于伊宁市。伊宁市古称宁远，是伊犁哈萨克自治州的首府城市，国家历史文化名城。伊宁市位于新疆维吾尔自治区西北部天山支脉科古尔琴山南麓，伊犁河谷地区的中部。厂区 225 兆瓦机组于 2015 年关停，老厂房见证了企业"艰苦奋斗、开拓务实、追求卓越"的精神，记录了企业发展史，也记录了场地文脉，赋予了老厂房独特的建筑魅力，成为影响企业几代人记忆的时代符号建筑。

2. 设计定位

该项目将发电厂旧厂房更新改造为行政办公楼，室内设计面积 7780 平方米。通过对原有建筑、机组设备等构筑物进行分类分析，根据使用功能确认设计方案。

旧建筑保留原有的框架结构及部分建筑肌理，充分发掘场地记忆的潜在价值。对具有价值的工业遗存，如大型的锅炉构架、部分管道设备予以保留，对原有输煤栈桥及老旧设备进行拆除。

将旧发电厂房经过部分拆除、改造、装修，打造与时代相符的新型办公空间，从而使旧建筑获得新生。以此传承工业文化，活化建筑生命，提升企业形象，减少企业投资，让空间结构工业元素成为一种时代精神，为员工提供全新的办公体验。

3. 设计方法

设计理念强调的是秉承电厂工业元素的历史文脉，有目的、有意识地挑选建筑中具有代表性的、有意义的工业符号，对建筑风格采取混合、拼接、简化、解构，综合等方法，运用新材料、新施工方式来改造，从而形成一种新的形式语言与设计理念。整体色调以低饱和度色彩为主，墙面多保留原有建筑的容貌。

主体建筑改造部分重点在入口处的设计，建筑的入口正如书籍中的"引言"部分，人们了解建筑、"阅读"建筑都需要从入口处开始。建筑入口作为室内外空间的连接点与分界点，控制着这两种不同空间的转换，是形成空间序列性与节奏性的关键。该项目建筑入口以红色的钢质材料表现建筑的"引言"，如图4-11所示。

图4-11　伊犁电厂旧厂房改造入口设计

建筑本身具有时间延续的特点，在设计中既要表现历史的发展进程又要使其重新焕发活力。在建筑表皮设计中采用钢质格栅结构连接原输煤系统水泥架构，看似随机的开窗位置赋予外立面一种不规则美感，同时不规则的格栅构成设计表现出凹凸的肌理、咬合的节奏和韵律，富有表现力的外立面呈现出生机勃勃的工业现场感，如图4-12所示。

"文化创意+"电力工业融合发展

图 4-12　伊犁电厂旧厂房建筑表皮设计

建筑内部办公空间的规划，依据锅炉拆除后的原框架结构平面上按办公需求比例进行划分，根据人体工程学以及办公活动所需空间确定楼面层高及楼梯位置，并对空间序列的流线关系和功能联系的合理性进行分析并设计，如图 4-13 所示。

图 4-13　伊犁电厂旧厂房内部空间分析图

在室内空间的设计中，保留原建筑中的部分废弃设备设施，以工业元素为主题进行创造性的空间设计，充分发挥工业厂房的结构特点，空间维度的变换成为设计创新点。空间内保留的部分基础设施强调了工业空间的性格特征，在塑造的空间中体现时代特征，部分设备经艺术化处理成室内装置艺术，诉说着历史的故事，如图 4-14、图 4-15、图 4-16、图 4-17 和图 4-18 所示。

图 4-14　伊犁电厂旧厂房室内一层设计

图 4-15　伊犁电厂旧厂房室内二层敞开式办公设计

图 4-16　伊犁电厂旧厂房室内三层独立办公室设计

图 4-17　伊犁电厂旧厂房室内五层视频会议室设计

图 4-18　伊犁电厂旧厂房室内六层独立办公室设计

伊犁发电厂旧厂房进行后工业景观设计对拟保护的结构以及具有代表性的空间节点和构成要素等都加以保护，以作为控制景观整体系统的标志性主导元素，其他设施进行更新改造或拆除。在保护局部结构的基础上，采用现代设计手法将空间改造为现代化的办公场所，并穿插设计了会议区、接待区、休闲区、展示区等功能，形成了新旧对比、融合共生的连续工业景观界面，为旧建筑注入新的活力。

（二）上海南市电厂改造项目

1. 项目概况

上海南市电厂改造项目是 2010 年上海世博会后续利用与开发的重点项目。165 米高的原南市发电厂烟囱矗立于黄浦江边，于世博会期间变身为超尺度温度计而为大众熟知。上海当代艺术博物馆由世博会城市未来馆改扩建而成，其中，城市未来馆的前身则是建于 1985 年的上海南市发电厂主厂房。

经过全方位改造后的原南市电厂已经蜕变为功能完善、空间宽敞、动线清晰的充满人文气息与艺术魅力的城市公共文化平台，如图 4-19 所示。

图 4-19 上海南市电厂

2. 设计定位

项目定位是将南市电厂改造为一个触手可及的艺术馆，一个公平分享艺术感受的精神家园，更是一个充满人文关怀的城市公共生活平台。根据上海世博会提出的相关概念要求，有限干预对原南市电厂改造设计，最大限度地体现工业遗迹特征。调整厂房的外部形态与内部空间的原有秩序，同时又刻意保留时空跨度痕迹，体现新旧共存的工业建筑特征。

3. 设计方法

南市电厂设计方法以开放性与日常性的积极姿态将艺术空间融入城市公共文化生活，其空间的延展模糊了公共空间与展陈空间的界定，不仅为颠覆传统意义上的展陈空间创造诸多机会，更为日常的文化引入提供了更多可能性。以多样性与复合性的文化表达诠释人与艺术的深层关系，以漫游的方式打开了以往展览建筑封闭路径的壁垒，开拓出充满变数的弥漫性的探索氛围，如图 4-20 所示。

图 4-20　上海南市电厂艺术空间

在上海南市电厂艺术空间改造项目中，具有明显工业形体特征的烟囱成为改造项目中的代表性建筑物，对烟囱周边的空间环境利用是设计重点之一。南市发电厂主厂房几经风雨，蜕变为上海当代艺术博物馆，在材料的选择上，使用现浇清水砼与烟囱粗犷的混凝土壁展开对话，用完全暴露的结构向老厂房致敬，如图4-21 所示。

图 4-21　上海南市电厂烟囱

在当代艺术馆内透过巨大的落地玻璃窗可远眺苗江路一线的黄浦江，如图 4-22 所示。

展馆的五楼，1000 平方米的屋顶滨江平台为一切有趣的活动提供足够的场地，9 米的高度越过树冠，将浦江两岸一览无余。四台原南市发电厂粉煤灰分离器被保留下来，漆成橙红色，与现代风动雕塑形成强烈的反差，似乎也成了当代艺术展品，如图 4-23 所示。

图 4-22　上海南市电厂艺术空间　　图 4-23　上海南市电厂屋顶滨江平台

"文化创意+"电力工业融合发展

上海南市电厂改造项目以一种历史叙事的方式结束了其辉煌的工业使命,见证了一个昔日的庞大发电系统如何转变为推动文化与艺术发展的"精神动力"引擎而"重新发电"。

(三)英国伦敦热电厂改造项目[①]

1.项目概况

英国泰特现代艺术馆的前身是伦敦热电厂,这里曾经是伦敦地标建筑。伦敦热电厂由小斯科特爵士1947年设计,1963年完工。发电厂主体建筑像个扁盒子,充满工业时期的审美趣味,中线上高高的烟囱,与对岸的圣保罗大教堂的圆顶相映成趣,如图4-24所示。

伦敦市政府在泰特现代艺术馆选址时经过仔细调查,发现伦敦热电厂在地理位置、空间结构、建筑风格等方面都极具优势。

图4-24 伦敦热电厂

2.设计定位

该电厂更新改造成为具有展览功能的泰特艺术馆。电厂所处位置为伦敦市中心,北临泰晤士河,河对岸是中世纪著名的圣保罗大教堂,中间通过新建的千禧桥连接,位于一块4.68万平方米的梯形地段上。河对岸与它遥遥相对的圣保罗大教堂是世界第三大圆顶教堂,其建筑形式模仿罗马的圣彼得大教堂,是英国古典主义建筑的代表。两栋建筑物相距608米,如何向这伟大的宗教建筑致敬成为设计师们的重要课题。

---

① 孙晓强,张文婷.天津第一热电厂产业建筑遗存改造再利用初探[J].建筑与结构设计.2012,2(12):1-8.

根据英国政府规定，该项目周边建筑高度不能超过教堂穹顶的高度，也就是说高度要控制在 111.25 米之内。许多世界知名的建筑师参加了竞标，其中 6 位进入了终选方案：皮阿诺、莫内、库哈斯、安藤忠雄、赫尔佐格与德·梅隆。但值得注意的是，进入终选方案的建筑师无一不保留着电厂高耸的烟囱，如同一座工业时代的纪念碑与圣保罗大教堂的圆顶相呼应。作为从热电厂到艺术馆的改造项目，泰特艺术馆是工业遗产研究者们所津津乐道的改造性再利用案例之一。

3. 设计方法

项目的具体改造实施首先从项目功能分析开始对厂区及建筑进行分区，功能分区的最大任务是，组织工作区域，公共区域和交通区域，并使其上分布的流线互不干扰。由于泰特艺术馆前身发电站大空间的独特结构，使参观路线简化，极大地方便了参观使用者。

泰特艺术馆的主入口并没有设置在建筑标志性的大烟囱下，而是设置在建筑的西侧。

出口处设置大广场，以供游客们在欣赏完现代艺术之后，可以迅速融入外界的环境之中，同时与泰晤士河南岸的步行道的人流汇聚。游客们可以在广场中嬉戏、放松，同时可以欣赏到泰晤士河对岸的圣保罗大教堂的优美风光。

艺术馆北侧为改造后的展区，南侧五层高的展览大厅则维持工厂以前的火力发电厂发电机厂房的原状。将游客的参展顺序设置为先在原发电机厂房的大型展览区参观，之后参观北侧的小展览厅。

泰特现代艺术馆的展厅空间亮点主要为原建筑内部所包含的巨无霸"母系统"展示空间——由发电机车间改造的通高展厅。而把泰特现代艺术馆推向精致的则是它所包含的林林总总的小尺度"子系统"展示空间。主楼顶部加盖两层高的玻璃盒子不仅可以为艺术馆内部提供充足的自然光源，也为咖啡厅和餐厅创造了浪漫优雅环境，使人们可以在这里边喝咖啡边俯瞰伦敦城，欣赏泰晤士河美景。

在巨大烟囱的顶部加盖了一个由半透明的薄板制成的顶并命名为"瑞士之光"。夜色中的烟囱顶部折射出柔和美丽的光芒，整个艺术馆似乎是一座指引人类精神之光的灯塔。横跨泰晤士河的千禧桥将代表古典文明的圣保罗大教堂和充满现代主义风格的艺术馆连接在一起，别有一番意味，如图 4-25 所示。

图 4-25　泰特现代艺术馆与千禧桥夜景

2006年,越来越多的展品及参观者让艺术馆亟待新一轮的扩建,在原本保留的一块梯形的区域上,赫尔佐格和德·梅隆以金字塔为灵感,新建了一座11层高76米的建筑。

此次泰特艺术馆扩建在建筑外部空间改造方面,除了对原有建筑的最大化修复再利用之外,改建部分主要通过形体的加、减法和材料的新旧对比的设计手法来完成建筑外部空间的改造。

在空间拓展方面,建筑北侧顶部增加了双层玻璃的"光梁"以及在艺术馆西侧主入口处下沉的坡道。前者作为酒吧的使用功能,同时提供观展人群一个俯瞰泰晤士河景观的视点,也为北侧顶部展厅提供自然采光;后者通过地面的下沉,将建筑外部的人群自然地引入建筑内部,使建筑内部的空间具备城市空间的公共性,激发了建筑的活力。

在材料新旧的对比方面,主要由建筑顶部"光梁"的半透明玻璃材质与原建筑砖墙的实体之间构成虚实、新旧的对比,通过材料的对比明确建筑改造前后产生的关系,立面开窗的玻璃材质与砖墙的对比凸显出工业建筑独有的美感。

泰特艺术馆内部改造方法是在建筑内部空间中加建交通空间和公共休息空间,解决建筑内部人流组织问题的同时加强原建筑空间的工业视觉感受。

(四)北京第二热电厂改造项目

1. 项目概况

由中国华电集团投资,北京天宁华韵文化科技有限公司建设运营的"天宁1

号"文化科技创新园,原址是有着30多年历史的北京第二热电厂。承担中南海及前门地区居民的供暖,"二热"不仅成为首都新的电源,而且大大提升了首都供暖能力。2009年8月5日,"二热"燃油发电机组关停,部分厂房闲置,设备未拆除。2014年,中国华电集团启动了老厂改造工作。

"天宁1号"旨在将公共文化服务与文化产业有机融合,与周边社区、学校等社会组织、事业单位形成良好互动合作关系,开展面向社会的公益免费活动,在为周边社区提供休憩休闲以及交流互动场所的同时,公共文化活动也为园区聚集人气,对于园区文化品牌打造具有积极意义。

2. 设计定位

"天宁1号"文化科技创新园位于西便门外天宁寺前街1号,紧邻国家级文物保护单位天宁寺,与道教圣地白云观一路之隔。园区总占地7.9万平方米,建成后地上地下总计建筑面积约10万平方米。"天宁1号"所处区位使其注重与周边社区形成良好互动关系,利用自身空间资源,开放公共空间,打破园区的"围墙",打造24小时开放的文创生活功能区。

在北京市促进文化科技产业发展的大环境下,"天宁1号"结合西城区文化与科技融合发展的功能定位与发展要求,依托于该区雄厚的金融资本,将原北京第二热电厂工业遗迹与文化、科技、金融等元素进行融合重生。园区利用形式多样、功能多元的公共活动空间,策划承接一系列商业活动和公益活动,不仅为入驻企业创造多维的展示空间和多元的交流平台,并且通过主题活动的承办塑造园区品牌,实现园区经营模式多元化创新。

3. 设计方法

"天宁1号"园区围绕产业发展的需要创造了形式丰富、功能多样的空间场所,配置了全方位、一体化服务模式,满足各类高端文创科技类企业的发展创新需求,如图4-26所示。工程分两期施工,一期先改造已闲置、不影响供热备用的北部和东部厂房设施。在改造规划上利用旧有建筑实现空间更新,保持城市肌理与文脉的思路,在保留建筑原有风貌的基础上,通过整体改造布局,赋予老厂房新的功能,逐步将园区打造成为高端的文化科技创意功能区。园区一期的建设由原厂房改造成的展示空间共25栋,单栋面积从30平方米至3000平方米不等。

"文化创意+"电力工业融合发展

图 4-26 北京"天宁 1 号"入口

在空间布局上,园区有机地融入热电厂遗存元素,原热电厂内具有艺术价值、历史价值、科普价值的机械零部件等"老物件"以装置景观的形式延续原热电厂的历史记忆,与大型开放式绿地广场、小花园绿植等自然景观相映成趣。其中,被保留下来的最具丰富的文化内涵和鲜明的象征意义的大烟囱,不仅成为园区的标志性建筑,更成为西二环的企业文化地标,承载了北京城市的工业记忆,如图4-27 所示。

图 4-27 北京"天宁 1 号"保留的烟囱

园区二期建设主要以主厂房及余热锅炉作为工业遗产保护改造的重点，同步对其四周建筑、设施进行全面规划建设，构筑以文化与金融、文化与科技融合为主导的开放型产业园区，打造首都核心区中具有国际水准、产业高端、行业领先、业态丰富的综合示范性园区。"天宁 1 号"已经成为首都核心区中具有国际水准、产业高端、行业领先、业态丰富的综合示范性园区。改建成具有"工业风"的小剧场，经常举办音乐会等主题文化活动，给周边居民带来了丰富多彩的文化生活，如图 4-28 所示。

图 4-28　北京"天宁 1 号"剧场

第五章 "文化创意+"电网工程

　　由输电、变电、配电设备及相应的辅助系统组成的联系发电与用电的整体称作电网。它就像能源体系中的"大动脉",把各类能源转化而成的电能汇聚、整合起来,跨过高山峡谷、迈过湖泊河流、越过沙漠戈壁,源源不断地把电力输送给工厂、矿山、城市、乡村。

　　从"互联网+"时代下的智能电网,到"智能+"时代下的泛在电力物联网,都为电网运行更安全、管理更精准、服务更优秀开辟了一条新路。文化创意产业作为产业分工和价值链的高端环节,"文化创意+"电网融合发展,将是企业发展的战略选择。

　　本章仅通过"文化创意+"电网工程、城市汽车充电站融合发展研究,探讨电网如何与社会、自然和谐共生。

第一节　构筑景观——环境艺术融入输变电工程

> 环境艺术具有艺术和技术的双重属性，同时它也在两个不同的领域进行着实践。
>
> ——苏丹

现代意义上的环境艺术设计是涵盖建筑、景观、室内环境、标志标示等多个领域的大概念。将环境艺术设计与输变电工程建设相结合，使文化创意成为一种融合剂，形成电网工程与人、人与环境、环境与企业之间的良性互动。

环境艺术设计的最大特点是物象与意象的结合，这种结合是通过对物体的高度抽象，提取相关元素表达对象特性，这种特性与工业设计中的统一有序、功能突出的设计思想相契合。本节对输变电工程中的景观塔、景观变电站如何设计通过案例进行阐释，致力于使输变电工程成为环境中一道亮丽的"风景线"。

一、环境艺术设计融入输变电工程概述

环境艺术是艺术与科学的融合，其范围包括城市设计、建筑设计、室内设计、城市雕塑、壁画、建筑小品等。时代在进步、文明在发展，人类对自然界的思考与探索从未间断过，对环境艺术设计的理解也在不断地加深，环境艺术设计专业所研究的领域已经影响到人们的物质生活和精神生活的方方面面。

随着经济的快速发展和物质生活水平的提高，电力系统的输变电工程也在原有功能主义的基础上发生着变化，变成功能、技术、艺术三种因素的结合，将三者看作整体进行思考。其中，功能问题是第一性的，技术问题是实现功能的必要

基础，最后落实到具体的、实实在在的感知形态——外在形态。在功能主义至上的时代，我们对输变电工程外在形式的艺术性重视程度不够，而在科技进步与人文主义迅猛发展的今天，在进行输变电工程设计时，要求我们在考虑功能主义的同时，也要重视其艺术性所带来的重要作用，只有这样才能达到输变电工程具有环境艺术效应的目的。

从环境艺术设计的角度出发，从城市宏观发展模式需求、城市空间环境审美需求出发，通过对输变电工程环境艺术的整体设计，达到输变电工程从"单纯工程化"设计变成其与环境艺术设计相结合的过程，对于城市周边或者环境敏感地区的输变电工程来说至关重要。其不仅要强调功能实用性和科学性，还要关注环境的审美性。

二、环境艺术设计融入输变电工程的价值

工业建筑曾拓展了现代主义艺术设计的审美视角，其艺术表现具有时代性、先锋性和本体性的特点，但现在当我们讨论建筑艺术的时候，工业建筑却经常成为被遗忘的部分，因此，在新时代的背景下，当我们设计电力工业建筑的时候，应处理好建筑功能和艺术形象之间的关系，特别是当今输变电工程与城市环境密切相关，更应在设计过程中考虑其环境艺术设计的价值。

输变电工程设计本身有理性与规范性的特点，因此，在设计之初要充分了解输变电工程所要求的技术规范和能够进行艺术操作的灵活性（允许在设计中给予改变的可能性），掌握输变电工程安全生产的要求和它对环境的影响，然后在此基础上考虑其空间与形式的安排。在输变电工程的环境艺术设计中，首先应保证理性分析得到落实，然后再用感性分析去调整理性分析中空间构图的不足，继而优化它的空间构图。只有将这两种思维方式巧妙而有机地结合起来，才能建设出优美动人的输变电工程。

总之，输变电工程设计不仅是技术问题，也应该是艺术问题。但脱离了技术需要的艺术在输变电工程中是不可行的，只有既含技术功能又有美学效果的艺术在输变电工程中才有生命力。输变电工程中的环境艺术设计不同于绘画、雕塑，它的载体不是单纯的表面或实体，它的载体是工程结构或是工程空间。可以说，输变电工程的环境艺术设计是含有技术内容的工程艺术，它具有想象力和创新力，

"文化创意+"电力工业融合发展

但又不是脱离安全、技术的纯艺术形式。

三、环境艺术设计在输电线路的表现形式——景观塔

（一）输电线路的"风景线"——景观塔

架空输电线路由基础、杆塔和导线组成，塔型根据使用功能、回路数量、电压等级、杆塔形状等可以分为多个种类。按照使用功能分为直线塔、耐张转角塔、换位塔、直线转角塔、终端塔等；按回路数量分为同塔双回、单回路、多回路杆塔等；按其形状分为酒杯型、猫头型、上字型、干字型和桶型等；按照主材型式分为钢管塔、角钢塔等。

以往架空输电铁塔设计只注重安全与经济两个基本要求，很少考虑美学问题，近年来这种状况有所改变，随着新理念、新技术、新材料在设计中的应用，输电线路铁塔的美学问题越来越受到关注。

景观塔设计的核心是外形设计，包括塔头型式设计和整体外形设计。电气间隙设计是为了确定杆塔头部尺寸，结构设计是为了实现杆塔的安全。景观塔既要满足输电线路电气技术条件，又要兼顾在承受设计条件下的机械负荷，除了满足上述的基本功能外，还要考虑铁塔的形状设计，通过美观的艺术造型将铁塔与自然环境巧妙地融为一体，使其不仅能发挥基本的输电作用，也能形成一道亮丽的风景线。

随着国内电力工业的高速发展，对输电塔的景观设计也引起人们的重视。在整个输电系统安全运行、经济实用的基础前提下，应充分考虑对其进行艺术设计。在不改变其力学结构的条件下稍微改变塔形结构，达到视觉美化的效果，或者在杆塔结构上增添吸引人眼球的图案或色彩。在选择色彩时尽可能选取纯度适中的色彩，目的是与天空及自然环境色彩尽可能和谐一致，不会造成较大反差。除此之外，还可在输电塔上安装 LED 灯，在夜晚可以成为标志性景观展示塔。

（二）景观塔设计的基本要求

从目前国内已投运的输电线路实际情况来看，景观塔的设计和运行经验相对较少，暂时没有成熟的设计和运行经验可供借鉴，以下根据国外景观塔设计经验，提出如下景观塔的设计要求。

（1）输电线路景观塔作为审美的对象，表达了人与自然的关系、人对土地、

人对城市的态度，也反映了人的理想和欲望。这就要求设计者在设计初期具体分析所在地区的文化特征，了解当地传统文化和乡土知识，吸取当地特色，提出满足文化保护区、城镇都市区和新兴工业区的景观模式，使景观塔选形植根于所在的地方，如图 5-1 所示。

图 5-1　英国某输电景观塔

（2）输电线路景观塔作为系统的一部分，纳入与自然、城市的整体思考，使景观塔成为科学客观的解读对象。这就要求设计者在地形适应性上，着重分析山地、平原、滨水区等代表性地形的景观优化模式，同时遵循生态学的原理，使输电线路途经的地段不会干扰原有物种的多样性，如图 5-2 所示。

图 5-2　冰岛"传输者"输电景观塔

（3）输电线路景观塔作为一种符号，是人类文化与理想在大地上的烙印。设计者需要特别考虑输电线路对人的物理层次和心理层次的感知，达到生态美、科学美、文化美和艺术美的统一，如图5-3所示。

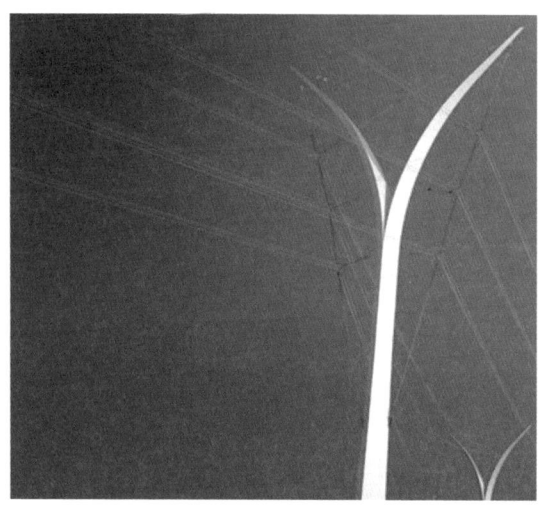

图5-3 意大利休·达顿输电景观塔

（三）景观塔设计案例分析

1. 柬埔寨"高棉之光"景观塔

景观塔作为真正意义上的城市地标性建筑，具有显著的景观优势，充分展现城市建设的成就和城市经济文化风貌，是城市中心区域个性的重要组成部分。

柬埔寨"高棉之光"景观塔项目由国核电力设计院设计，位于柬埔寨首都金边东北方向12千米处的湄公河江心岛上，因此，景观塔设计方案充分考虑了柬埔寨当地文化及法国殖民历史时期的城市建设风格。塔身部分线条修长且优美，用弧线和S形的装饰风格体现哥特式的神秘崇高与洛可可式宏大华丽的建筑风格，塔顶部分结合柬埔寨当地文化的尖塔、庙山，按照其对称向上的布局原则进行钢结构材料的现代化演绎。同时，在夜间景观灯光设计时，统筹企业品牌建设、企业文化于夜景照明之中，树立良好的企业形象，并以此提升城市的夜景品质、旅游价值，达到企业与社会的双赢效应，如图5-4所示。

第五章 "文化创意+"电网工程

图 5-4 柬埔寨"高棉之光"——景观塔夜景图

2. 俄罗斯世界杯吉祥物——扎比瓦卡景观塔

为了庆祝 4 年一次的国际足联世界杯赛事，人们用各种形式疯狂地庆祝，对于 2018 年的世界杯东道主俄罗斯人来说，他们的痴狂更胜一筹。2018 年 6 月 13 日，为了庆祝 2018 年俄罗斯世界杯，俄罗斯加里宁格勒州当地一座 38 米高的电力塔被设计成了世界杯吉祥物扎比瓦卡的造型。扎比瓦卡是 2018 年俄罗斯世界杯足球赛吉祥物，该吉祥物以西伯利亚平原狼为蓝本。扎比瓦卡，俄语意为"进球者"，如图 5-5 所示。

图 5-5 俄罗斯世界杯吉祥物——扎比瓦卡景观塔

193

3. 俄罗斯足球运动员景观塔

俄罗斯人对于国际足联世界杯赛事形象在电力设施上发挥的想象力还有彼尔姆边疆区中部的一个城市多布良卡，当地电塔被做成足球运动员拼抢造型，经过设计已然成为一座雕塑艺术品。经过俄罗斯改造设计的电力铁塔，富含神秘、空灵、博大、厚重的俄罗斯民族文化精神，如图 5-6 所示。

图 5-6　俄罗斯足球运动员景观塔

4. 俄罗斯鹿形景观塔

俄罗斯国土幅员辽阔，巍峨的输电塔总是显得有些格格不入，它们与环境的自然审美总是不能进行良好的结合。莫斯科的设计工作室对于景观塔做出了一个设计理念——鹿形输电塔，弥补了这种视觉上的困境，如图 5-7 所示，高耸的动物结构使我们想起了远古时期的恐龙时代。近几年，俄罗斯开始建设人形、动物形等多种类型的输电线铁塔，成为荒原上一道亮丽的风景。

图 5-7　俄罗斯鹿形景观塔

5. 美国迪士尼乐园景观塔

输电线路铁塔本身包含具象与抽象两种设计形式。具象的形式如上述案例所示具有视觉真实性或客观性,是以客观存在的铁塔为表现对象,对其进行提炼、取舍等艺术处理,通过具体的形态创造体现铁塔的功能性。抽象的形式不以描绘功能性为目标,通过线、块面、形体来传达各种情绪,激发人们的想象,启迪观者的思维。例如美国迪士尼乐园附近的高强度钢管杆,就是运用抽象的形态设计,留给观者无穷的想象空间,如图5-8所示。

图 5-8 美国迪士尼乐园景观塔

6. 瑞士"网球拍"景观塔

环境艺术设计,归根到底就是人与自然和谐的艺术,不仅要适应自然,还要满足人的需要,这本身就是一种艺术,是一种完美的处理方式,这不单单是外形上的美观,也是艺术,更是调和人与自然的一种完美方式。而架空输电线路设计是一项穿越地区多、沿线情况复杂的系统工程,在遵循"安全""经济"原则的同时,从视觉景观的角度入手,经过对输电线路铁塔结构语言、环境语言和技术语言等方面的研究,将它们"借景"融合,放入地形、文化和气候的系统之中,既不失功能,又不失美感。例如在瑞士,获准架设新输电线路异常困难而且费用昂贵,线路的建设者需要具有特殊的创新特质,一个实例是被称为"网球拍"的铁塔,位于瑞士西部洛桑市附近一条繁忙高速公路高架桥处,如图 5-9 所示。据报道，图中独一无二的铁塔是为了取悦当地爱好网球的居民，向瑞士网球天王费德勒致敬，而融入他们的文化、得到他们的认可是获得新的线路走廊许可的关键。

图 5-9　瑞士"网球拍"景观塔

7. 美国巨人型景观塔

在环境艺术设计美学中，追求环境空间的意境是一个非常重要的美学命题，意境是"情"和"景"意象的结合，表现出来的是情和景相互交融渗透。2010 年，在冰岛举行的国际高压电塔设计大赛上，美国公司马萨诸塞创造的一组巨大人型塔吸引众人眼球，并且赢得当年波士顿建筑师学会奖，如图 5-10 所示。46 米高的男子形象，其最大的亮点是把人纳入风景中的一部分，使输电线路铁塔不再是冰冷的工业品，除了实用，也赋予其情感的含意，富有浪漫色彩的同时又能体现文化特色，铁塔在形态上能够与景观空间充分融合，使整个景观空间形成情景交融的意境。

第五章 "文化创意+"电网工程

图 5-10　巨人型景观塔

8. 南非开普敦"隐身塔"

无论输电线路铁塔的风格和外形如何，它们常被看作是自然空间的多余，特别是在自然美景被保护得完好无损的地方。坐落在南非开普敦城外的一处山顶便是这样的地方，当地工程师采用的独特解决方法取名"隐身塔"，如图 5-14 所示，巧妙地将几个间隔棒排列起来替代铁塔，将导线悬挂于山顶两个凸出的岩石之间。最好的铁塔可以根本没有塔，输电线路与地形、景观的和谐统一展现到极致。

图 5-11　南非开普敦"隐身塔"

9. 阿根廷机器人景观塔

阿根廷机器人输电线路景观塔这一设计中采用的设计理念是 LED 机器人。该项目名为"巨人"，如图 5-12 所示，这是一个大胆的技术探索，将技术转化为街

197

头艺术，把电塔变成了一个巨大的机器人动画。这是规模巨大的街头艺术，该塔有 45 米高，由多马为代表四名阿根廷艺术家完成。

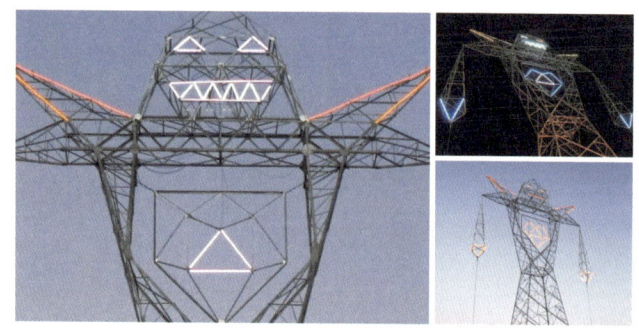

图 5-12　阿根廷机器人景观塔

10. 阿根廷彩色景观塔

位于阿根廷艺术学院的铁塔，是以装饰的形式介入，由艺术学院的学生将半透明色的亚克力板安装到输电塔上，让单调的输电塔焕发出了生机，使一个简单的能源塔，成为一件色彩斑斓的艺术品。通过新的设计，把设计师对输电线塔架的感觉通过新的形式传达给观者，运用独特的颜色造型，表达了设计者对场地环境的尊重。经过设计师的巧妙设计，使艺术与技术完美结合，如图 5-13 所示。

图 5-13　阿根廷彩色景观塔

11. 韩国未来电缆塔

大田市作为韩国最大的城市之一,是尖端科学领域的中心。为此,韩国电力公司的工程师试图通过一条位于繁忙的高速公路高架桥附近的一个电缆过渡塔来传递高科技这一形象,如图 5-14 所示,电缆塔通过对原子运动规律的模拟,给公众传达原子物理学的印象。

图 5-14　韩国未来电缆塔

12. 美国亚利桑那沙漠景观塔

穿越亚利桑那沙漠的 500 千伏"Y 形"管塔项目,于 1995 年年底通电运行,这条长 400 千米从内华达州南部到菲尼克斯亚利桑那州变电站的线路,是选择昂贵的"Y 形"管状塔,一条穿过两条河流,另一条穿过敏感的汽车试验场。设计师们希望避免河道下游的水流对杆塔的地基"冲刷",同时,这些"Y"形管状塔,完美地补充了充满巨大仙人掌沙漠地区的审美需求,如图 5-15 所示。

199

图 5-15 美国穿越亚利桑那沙漠景观塔

13. 西班牙巨型地标塔

西班牙南部沿海城市加的斯的历史开始于 1492 年哥伦布航海之旅。同样史诗级的两对 158 米高的输电塔，是为了一条双回路 132 千伏线路穿过超过 1 千米的海湾。由意大利设计师托斯卡诺设计，突破了当时西班牙钢铁制造业的局限性，而得到了意料之外的设计结果。在铁塔内部增加了一部电梯，螺旋楼梯上升到横梁，乘坐电梯时会产生使人眩晕的感觉，它的轮廓使人联想到埃菲尔铁塔，如图 5-16 所示。

图 5-16 西班牙巨型地标塔

四、环境艺术设计在变电站的表现形式——景观变电站

（一）城市中凝固的音符——景观变电站

1. 景观变电站是企业形象的代表

企业形象是决定企业在竞争中生存发展的关键性因素，而作为企业载体的景观变电站具有树立电力企业形象的作用。国外许多能源企业聘请著名建筑师为其进行变电站建筑设计，作品往往采用最先进的结构、技术和材料，这与以前我国以最低成本从功能为设计出发点的理念相比，在思想观念上有较大不同。随着我国电力企业实力的增强，经济性已经不再成为约束变电站建筑形式的影响因素。因此，景观变电站越来越可以呈现出性格各异的企业新面貌，同时也有了更高的艺术追求。简洁、高效不再是唯一的设计标准，突出个性化和标识性逐渐受到重视，企业文化的融合、新结构的美感、新材料应用和施工方法等都成为启迪景观变电站设计的源泉。

2. 景观变电站设计的公众参与性

传统的输变电工程，与人们日常生活的关系相比，总显示出相对独立的特性，因此，变电站建筑也常常表现得封闭而厚重，有较强的排他性。随着经济的快速发展和物质生活水平的提高，对城市空间环境审美及变电站立面造型形式提出了新的要求，景观变电站把功能、技术、艺术三种要素相结合，以达到环境艺术效应。因此，景观变电站设计也慢慢开始注重市民对景观变电站造型的认同及环境融入。

3. 景观变电站使用功能的综合化趋势

管理领域的互相渗透与影响，促使工业建筑不再以电力传输为单一用途，而日益呈现出使用功能的综合化趋势，各种建筑类型相互渗透、相互影响，界限逐渐消退，彼此不再是相互隔绝的堡垒。变电站建筑内除了电力升压与降压外，往往还包含着办公管理区，甚至是接待室、展览室等，从而使变电站建筑更多地呈现出了人文性的一面。

（二）变电站建筑目前存在的问题

近年来，随着城市建设的不断发展，城市变电站的数量不断增加，变电站建筑的环境影响问题逐渐显现出来，变电站与其周围居住居民的矛盾时有发生，也

成为城市设计中不和谐的"音符"。本节着重从变电站建筑形式与环境关系、建筑技术综合设计与环境控制等方面进行分析,进而促成以上问题的逐步解决,最终达到变电站建设与人居环境的和谐发展。

变电站建筑设计应与所在城市的建筑形式、城市色彩等保持一致,在建筑密度较高的老城区更应注意这一设计原则。变电站建筑风格应改变传统高墙大院,输变电设施电缆纵横、塔架林立的电力工业建筑形象,不仅有利于提升地段环境的视觉品质,而且也能提高所在城市居民对变电站的接受程度。社会的发展,使各种问题之间的关联越来越紧密,变电站建筑的影响已经不再局限于独立的领域,而成为所在区域社会经济整体因素中的独具意义的一个方面,因而变电站建筑也就肩负着对大众认同的使命。尊重变电站建筑和其周围环境间的社会、经济和审美的内部关联是非常重要的,在进行建筑的设计时应充分考虑到对人文环境的影响和作用。

(三)景观变电站设计案例分析

变电站建筑设计,不仅仅是将电力的功能要求体现在变电站建筑中,还需要将建筑的绿色设计理念以及造型设计相互结合,在严格按照电力规范标准设计时,也要兼顾建筑的经济效益以及社会影响。变电站设计应将"环境友好型"的理念完美体现出来,使变电站变成城市景观型构筑物,与周边环境交相辉映,完美契合。

1. 建筑形态设计

(1)国家电网郑州传媒变电站。郑州传媒变电站位于郑州市常西湖新区的中心位置,是郑州市公共文化服务区"四个中心"(奥体中心、文博艺术中心、市民活动中心、现代传媒中心)的配套项目。第十一届全国少数民族传统体育运动会将在郑州奥体中心举行。由于全国大型体育赛事及周边现代建筑环境,要求变电站内部设计电力指挥等功能,建筑外观设计形成与城市环境及国家电网企业文化的对话。

方案一:设计主题名为"卓越之星"。其设计理念基于国家电网"努力超越,追求卓越"的企业文化,结合新型材料对变电站的功能和意义进行延伸与阐释。建筑立面设计基于一种冲孔金属板组成的模块元素的重复,其四面体的几何造型是对构成输电线路铁塔中的单元形态进行总结提炼,使具有无限生长能力的造型体现出单体凝聚的力量,如图5-17所示。

图 5-17 国家电网郑州传媒变电站方案一

方案二：设计主题名为"水墨意向"。该方案利用冲孔金属板冲孔的排列组合方式，在立面上构建出富于自然生态韵味的图案。由于传媒变电站北面正对滨河公园，变电站建筑成为滨河公园一个显著的对景，因此采用建筑景观化处理，体现出中国传统水墨画般的意向，如图 5-18 所示。

图 5-18 国家电网郑州传媒变电站方案二

方案三：设计主题名为"甲骨记忆"。河南历史悠久、文化厚重，是中华文明的重要发祥地。甲骨文发现于河南省安阳市殷墟，入选《世界记忆名录》。本方案结合河南典型文化元素"甲骨文"，把金属冲孔板的冲孔排列为甲骨文的文字，既体现"四个中心"的文教区属性，又融入周边现代建筑环境，如图 5-19 所示。

方案四：设计主题名为"书香律韵"。经过几轮评审后确定该方案为最终方案。设计提取了古代竹简的律韵，以"竹简""屏风"为元素进行抽象提炼，营造出郑州市作为历史文化名城所孕育出的璀璨文化，如一本卷册记录着中华民族的辉煌与文明，彰显出国家电网的企业形象。变电站将功能形式与城市环境融为一体，使功能构筑物提升为城市公共艺术，提升了企业形象及城市区域环境品质，如图 5-20 所示。

图 5-19　国家电网郑州传媒变电站方案三

图 5-20　国家电网郑州传媒变电站方案四

（2）奥地利因斯布鲁克变电站。因斯布鲁克变电站四周的墙面材料，像一个柔软的皮肤包围着三层高的主体建筑，整座建筑就像一块无缝的黑色玄武岩石位于此处，也像一座山峰融入景观之中。横向的玻璃条开窗在夜间从内部照亮了建筑物。整座建筑物对材质使用和对设计的严格思考，使建筑物与环境和谐相处，如图5-21所示。

图5-21　奥地利因斯布鲁克变电站

（3）山东青州特高压换流站。扎鲁特—青州±800千伏特高压直流工程起于内蒙古自治区通辽市扎鲁特换流站，止于山东省潍坊市青州换流站，途经内蒙古、河北、天津、山东4省（市、区），线路长度1234千米，新建扎鲁特、青州2座换流站，青州换流站是我国额定输送容量1000万千瓦、受端分层接入的±800千伏特高压直流工程标准化示范和样板，达到了特高压直流设计和制造最高水平。

此项工程将内蒙古和东北地区的一次能源就地转化为清洁高效的电能，输送到华北负荷中心，变输煤为输电，实现在更大范围内优化能源资源配置，对于有效缓解煤电运紧张、保障华北地区电力安全可靠供应，发挥了重要作用。

青州是古九州之一。《尚书·禹贡》中有记载："海岱惟青州"，辖郡、国十一，县六十五。从两汉到清代，青州一直是山东地区重要的经济、军事、文化中心。

换流站主控楼设计思路是营造地域文化与企业文化和谐共融的氛围，为员工提供感官愉悦、身心舒适、情感认知、文化认同的办公环境，如图5-22所示。

图 5-22　山东青州特高压换流站主控楼

2. 建筑表皮设计

（1）北京冬奥会张家口赛区太子城变电站。2022北京冬奥会的主题为"纯洁的冰雪激情的约会"，以此主题为主线，"纯洁的冰雪"的"形"演化出三角形的设计元素，"色"演化出剔透晶白的设计元素，也因此产生建筑设计方案一、方案二。

建筑设计方案一以金属条拼接出三角形图案，配合北京城市色"灰色"的水泥挂板，两种元素碰撞组合，是地域文化与盛会主题的融合体现，同时，灰色的主题色调也与张家口老城区灰砖色调相一致，类似灰砖塞堡，如图5-23所示。

图 5-23　北京冬奥会张家口赛区太子城变电站方案一

建筑设计方案二以底衬白墙的玻璃幕打造出冰雪的晶莹剔透的神韵,与冬奥会冰雪主题相一致,从形色角度突出冰雪主题,打造灵动奇幻的设计意向,如图5-24所示。

图5-24 北京冬奥会张家口赛区太子城变电站方案二

方案三是基于方案一、二及周边建筑风貌组合成为如下建筑方案,最终在几轮评审修改之后,确定为最终方案。变电站二层另外还设计了北京冬奥会电力指挥中心、沉浸式体验室、会议室等功能,如图5-25所示。

图5-25 北京冬奥会张家口赛区太子城变电站方案三

(2)芬兰西敏寺变电站。该变电站位于芬兰3号环路和破瓦亚拉高速公路的交叉处,位置显眼。项目是对芬兰电网旗下的400千伏西敏寺变电站进行升级扩建。芬兰电网的主电网通过此变电站将电力传送到万塔和赫尔辛基80万户居民的家中。建造概念来源于电和它的视觉表现——光。

变电站与一旁高速公路的并列分布激发设计师选取创造一个具有视觉吸引力和让人印象深刻的建筑造型。在场地上的建筑体量以及平面布局都遵循功能需求，但没有设置任何抑制创造性和限制结构表达的界限。因此，变电站成了一个闪耀的灯笼，一个50米高的标准垂直构架结构成为该地区标志性的景观，如图5-26所示。

图5-26　芬兰西敏寺电力站

变电站的主要材料是清水混凝土和玻璃，其中最引人注目的是其玻璃板材组装而成的包覆立面。立面表皮与建筑主体量间隔60厘米，当夜晚间隙中的照明开启时，整栋楼犹如一个巨大的灯笼，电力被转化成可见的景象。设计中所选的玻璃类型让人们联想到广泛应用于输配电行业的玻璃绝缘体。

（3）英国伦敦奥林匹克公园变电站。英国伦敦奥林匹克变电站的整座建筑形态被设计成一座抽象的雕塑，使其从观感上符合奥林匹克公园公共基础设施的坚固感和稳定感。这座建筑强烈地表达着英国工业建筑的传统，墨黑色砖砌成的外壳，是对点燃工业革命的回忆。这座建筑包含着一个"棕色屋顶"，其放置在平顶上的碎料，允许自然物种自然定居。棕色屋顶将有助于提高奥林匹克公园遗址的生态价值和生物多样性，吸引当地野生动物在此繁衍生息，如图5-27所示。

图 5-27　2012 年英国伦敦奥运会公园变电站

在塔楼区，由于隐藏着位于后部的冷却设备，所以砖采用了带孔调的连接方式。特别引人入胜的是，夜间变成了精致的灯笼。在这座建筑中，实用主义和诗意实现了一种微妙平衡。

（4）加拿大多伦多水滨街区变电站。加拿大多伦多水滨街区受文物保护的变电站本身并不是一个独立存在的老建筑，而是一个记录多伦多近百年建筑风格变化的博物馆。这些 20 世纪初建设的维多利亚建筑风格的变电站，有的仍然在使用，使其在工业建筑设计中成为具有里程碑意义的建筑。

加拿大电力公司当时的政策是建设成百上千个变电站，这样可以促使他们的业务迅速"融入"周边的社区。而当时他们需要面对的问题一个是需要建设变电站网络来完成新兴的电网任务，另一个则是多伦多市民不愿让丑陋的金属、导线和陶瓷电瓷瓶团簇在他们社区的中间。

于是多伦多水电公司成立了一个由知名的建筑师组成的内部团队，他们的目的是使他们设计出来的变电站代表当时的时代精神，与城市环境融合。因为其使用的元素源自本民族文化的提取，所以建筑形式不论位于小区或市中心都可以被大众所认可，如图 5-28 所示。

图 5-28 加拿大多伦多水滨街区变电站

3. 建筑景观化设计

（1）青岛水城景观变电站。青岛水城 110 千伏景观变电站工程外观设计为现代几何构成风格。建筑外装饰构架均采用不燃烧材料，建筑内部根据变电站使用的高度要求合理划分；绿色的屋顶犹如覆盖青青草坪，地景式的建筑处理手法，折线屋顶绿化与地面相连，建筑与地块的绿化融为一体，减弱了建筑的体量感；垂直墙面的灰砖使用，从色彩上突出了折线屋顶，弱化了垂直墙面的存在感；周围设置景观式栅栏，市民可透过栅栏观赏、拍照，如图 5-29 所示。

图 5-29 青岛水城景观变电站

水城站建成后已成为该地的标志景观建筑物、区域新地标，消除了部分居民对电力设施建设和电磁辐射的误解，实现"与环境和谐，与居民友善"的规划目标。

（2）列支敦士登伊万·卡文恩变电站。伊万·卡文恩变电站是以其灰色混凝土建筑本体配以黑色的大面积玻璃开窗为设计特征。其黑色的玻璃开窗创造了一个可以再现风景的镜子，加强了变电站本身与四周环境的结合，白天通过窗户反射出附近乡村的景色，夜间透过大型的开窗让室内的灯光与四周静谧的夜色形成鲜明的对比，使变电站本身成为周边环境的视觉中心，如图5-30。

图5-30　伊万·卡文恩变电站

4. 建筑多功能设计

（1）国家电网北京菜市口变电站。国家电网北京菜市口220千伏变电站位于北京市西城区，北侧紧邻区历史文物中山会馆，东侧与胡同民居相连，周边居民不希望建设有围墙的地上变电站。作为北京市"煤改电"的重点工程，要求变电站的设计形式要和城市风貌相协调，如图5-31所示。

图 5-31 国家电网北京菜市口变电站

设计团队将 220 千伏变电站设计为主厂房及电力科技馆两部分内容。其中地下三至五层为变电站主厂房,是世界首座可参观的地下 220 千伏智能变电站。地下二层以上为具有商业价值的附属设施。建筑形体分为高度不同的若干小体块,12 层主体建筑布置在用地南侧,和现状沿菜市口大街周边 60 米高的建筑群基本保持一致;北侧布置多层裙房,形成空间梯度高度递减至建控区。此举消解对城市历史街区的视觉压迫,同时形成丰富的建筑表皮。建筑表皮设计着力于体现建筑与城市历史和文脉发展的关系,以超白玻璃反射天光云影和胡同院落,以传统纹样开洞的石材幕墙表皮暗合中国神韵。

(2)瑞士欧瑞康变电站。瑞士欧瑞康变电站位于苏黎世市中心,用于取代一座建于 1949 年的采用空气绝缘开关设备(AIS)的户外变电站。新变电站占地面积仅为原来的 30%,从而为其他城市需求腾出空间,提升城市景观美感,欧瑞康变电站地面仅有一层,三个大型的变压器,都隐藏在地下 15 米处。地上是一个服务站,有办公室、更衣室和室内停车场。欧瑞康变电站是世界首台完成安装的采用新型环保气体混合物的气体绝缘开关设备的变电站,变电站外立面是简洁方正的工业风格,透过玻璃墙可以隐约看见里面安装着错落有致并不停变换着颜色的球形吊灯,整栋建筑充满着浓浓的艺术氛围,看起来就像一座艺术馆等着人们去探索,如图 5-32 所示。

图 5-32 瑞士欧瑞康变电站

第二节　城市景观——汽车充电站成为公共艺术

公共艺术可以成为一个国家、一座城市的代言人，能体现这个城市的气质和性格，让城市赢得尊重、赞叹或惊讶。

——王中如

随着全球能源日趋紧张，生态环境日益恶化，各国都在大力提倡节能减排，对环境保护工作渐趋重视。目前，我国将发展新能源汽车提升到国家战略，电动汽车对减少尾气排放、保障能源安全、防治大气污染的重要作用已逐步显现。

现阶段我国电动汽车行业进入高速发展的时期，据《电动汽车充电基础设施发展指南》，预计到2020年我国将建成集中式充换电站1.2万座，分散式充电桩480万个，因此，在不久的将来汽车充电站将成为城市公共设施中不可或缺的一部分，也将成为展现城市形象的窗口。

一、文化创意视角下的汽车充电站

随着我国城市建设的快速发展以及人们物质生活水平的不断提高，城市公共设施已不能再仅仅局限于物质方面的需求，更应注重其所涵盖的情感、审美等精神方面的表达。在现代城市空间中，城市公共设施是一门技术，但同时也是一门艺术，体现了一种独特的公共性，在文化创意视角下，作为城市中汽车充电站这种新型公共空间形式，未来在城市的结构形态必将趋于艺术化，更多地展现出公共艺术的特质。公共艺术的产生与发展一直伴随着城市、建筑和环境的互动与融合。

我国汽车充电站设计大部分缺乏艺术设计，呈现出千城一面的单调乏味、缺少内涵的景象。可见，现行的城市汽车充电站设计方式已难以满足人们对艺术化生活环境的需求，我们迫切需要建构一个具有情感体验、艺术化整体设计的汽车充电站，将城市设计、文化体现、汽车充电站设计纳入一个大的视觉系统，把这些要素有机地组织在一起，以整体的视觉造型为出发点，从审美感受和情感体验对汽车充电站开展设计。

提高我国目前的汽车充电站设计水平，不仅仅是将汽车充电站作为城市空间形态的物质载体，还要作为一种公共艺术表达的媒介，采用各种艺术表现和手法，以体现城市的精神文化内涵。汽车充电站这种技术和艺术交互式空间结构作为城市景观的有机组成部分，构建了人与城市环境的和谐共生，对于塑造和提升城市形象有着直接的作用。优秀的汽车充电站能够营造出城市实用功能、文化意蕴和地域个性的城市景观，并且对于城市文化品位的提升具有重要的促进作用。

将城市汽车充电站设计为城市公共艺术，使其可以成为与政府、企业、公众、艺术家之间进行合作与对话的重要途径。因为汽车充电站集环境设计与工业设计于一身，是一种新型的城市设计产品，好比一座展现城市文化的窗口，恰到好处的设计将会很好地把整个电动汽车产业上的各个相关方有机地联系在一起，营造出多方共赢的文化氛围。随着电动汽车的推广使用，汽车充电站将成为城市中一道风景线，然而，现阶段由于汽车充电站的建设主要由企业主导，政府主管部门未推出有关艺术性设计指导的文件，导致目前汽车充电站建设的公共艺术性较差，没有形成跟城市周边环境的对话关系。

二、公共艺术化汽车充电站设计的意义及要求

（一）公共艺术化汽车充电站

1. 公共艺术的概念

广义的公共艺术，指设置在公共空间中一切艺术品和艺术美化活动，其载体除壁画、雕塑、装置、建筑构造物、城市公共设施等不同媒介构成的艺术形态以外，也可包括影视、网络、音乐、表演等。狭义的公共艺术，指对城市环境的物质创作。也就是说，公共艺术包括涉及城市视觉形象塑造的行为，例如：室外雕

塑、壁画等视觉艺术。[①] 公共艺术往往是可以构成特定景观环境的主体和视觉的兴奋点，因此，需在空间形态、尺度、比例、色彩质感、大众情感等方面进行把握，同时要与所处环境相协调，成为整体环境中的有机组成部分。公共艺术设计不但要认识艺术本身的特殊性，而且还要从大环境的角度全面认识公共艺术的造景规律和方法。

公共艺术作为城市景观的构成部分，不能简单以尺寸大小的缩放为设计准则，而是应当将公共艺术变成公共空间中不可缺少的一部分。成功的公共艺术作品往往能够以其独特的魅力在城市空间中占有恰当的位置，使空间自身焕发出使人愉悦的氛围。因此，公共艺术与环境之间最核心的问题是构成和分隔的问题，不管在任何环境中，公共艺术都要充分融合空间环境，提升环境文化氛围，而不是独立分割的缀余，所以公共艺术与环境营造要符合共生、共存的基本原则。

公共艺术设计作为城市设计的重要元素，首先要在城市总体规划中找到正确的地位和表达方式，尽量使每个设计的细节能与城市整体自然环境相协调。如果说城市规划是在客观上满足人们的生活需要，那么城市中的公共艺术设计就是通过艺术的方式来满足公众生活的文化需求。

2. 公共艺术化汽车充电站

汽车充电站与其他景观要素一起，共同向人们传达一条街道、一片土地乃至一座城市的记忆。只有出于情感因素在城市空间中创造出公共艺术化的充电站，才能在空间的游览过程中收获情感的皈依。于是，随着艺术被"植入"城市，城市文化得以延续和新生，人与城市之间的"对话"变得更为感性。

"公共性"作为公共艺术的最根本属性之一，电动汽车充电站不仅使公共艺术承载了特定集体的文化及思想，甚至能够影响公众的活动与思维，从而将公众、艺术、文化、社会四者紧密相连。不可否认，广场、街道、公园、社区甚至城市，这些形态各异的公共空间都蕴含了历史文化、当今的风貌和未来的发展。而电动汽车充电站成为公共艺术作品，恰恰是艺术与空间的良性互动结果。一方面，公共艺术作为载体，使场地的历史及文脉得以直观、鲜明的聚现；另一方面，人们以公共艺术为媒介，感受场地所蕴含的信息并融入自身情感，将历史与文化在心灵中重新演绎，最终通过思想与行为使场所精神得以延续。因此，电动汽车充电

---

① 周严. 公共艺术设计 [M]. 北京：中国建筑工业，2017：14.

站成为公共艺术是连接过去、现在与未来的桥梁，是公众与空间环境进行互动交流的纽带。

（二）公共艺术化汽车充电站设计的意义

随着城市化进程不断加速，人们对城市公共设施的组成要求也越来越高。城市中的各种公共设施在给人们提供便利服务的同时，也有着提高城市整体形象满足人类审美需求的作用。成功的城市公共设施设计可以创造出一个城市的知名度和影响力，还可以塑造和提升城市的品牌形象，所以，作为城市公共设施的汽车充电站公共艺术设计有着重要意义。

汽车充电站艺术性设计首先要从造型设计层面与整体城市规划、城市建筑融为一体，在空间和节点中运用艺术化的语言进行规划和设计，最终使艺术性渗透到汽车充电站空间中，形成可体验可阅读的符号化语境。独具城市特色的汽车充电站也以更加开放与融合的姿态参与到公共艺术空间中，与城市环境、与人形成更强的互动体验，孕育着空间的文化与精神。这样的设计不但有效地增加了人与空间的联系，更增强了人们对城市空间环境的认知和依赖。也就是说，具备艺术性的汽车充电站外观设计能够极大地提升公共艺术的心理功能，使其不仅仅以物理形式存在，更能够成为人们心理、情感的依托，让城市公共空间的意义与功能得到进一步拓展，其价值也得到提升。

（三）公共艺术化汽车充电站设计要求[①]

1. 遵从设计美学

设计美学是建立在工业技术和艺术美学的基础领域里对美的认知和对审美问题思考的一门学科。其基本任务就是注重艺术审美的创造与现实设施的关系。我们按照美的规律从事汽车充电站设计，以期充分展现相关的时代审美观念、流派以及工业技术的审美价值和功能等。将设计美学融入汽车充电站设计范畴之内，也是重视公共艺术美学与城乡环境关系、发挥公共艺术审美效应的表现。

设计美学需要思想愉悦。思想愉悦是一种抽象的乐趣，是黏结各种愉悦类型的胶水，确保产品设计想法与用户之间是进行深度价值观交流，一旦使用者认同

---

① 阎轶.城市公园公共艺术研究［D］.重庆：重庆大学，2011.

产品设计的这一点，会产生深刻的美学乐趣与产品忠诚，超越最初互动的纽带，因此，设计美学是一种友好、可用和有价值的设计原则。

2. 体现人性化设计

人性化设计是人类在改造世界过程中一直追求的目标，是设计发展的更高阶段，是人们对设计师提出的更高要求，是人类社会进步的必然结果。人性化设计是以人为轴心，注重提升人的价值，尊重人的自然需要和社会需要的动态设计哲学。人性化设计应该是站在人性的高度上把握设计方向，以综合协调电动汽车充电站所涉及的深层次问题。人性化设计可以体现在对人的物理层次的关怀和心理层次的关怀两个方面。

物理层次的关怀，这是人们最基本的需要。人性化设计的电动汽车充电站能够最大限度地顾及人们的行为方式，体谅人的感情，使人在使用过程中感到舒适愉快。要通过利用人体工程学和行为学，设计符合人们使用的尺度和造型。

心理层次的关怀，是让人们体会到汽车充电站存在的深层次价值，因而联想到由眼前事物所触发的其他感受。在电动汽车充电站公共艺术设计中，一方面要让人触景生情，另一方面还要有意让"情"上升为"意"，这时，"景"升华为"境"，让人们得到更高层次的精神享受。

3. 弘扬地域文化

一个城市的自然环境、建筑风格、审美情趣、民俗传统、宗教信仰等要素构成了这个城市独特风貌。充电站公共艺术设计应该是这些内涵的综合体，它的设计过程就是这些内涵的不断提纯、演绎的过程。汽车充电站公共艺术的设计应充分理解当地地域特色与文化、历史渊源以及文脉联系，充分理解当地的生活方式与特征，使其在设计中得以体现。地域性特征对于公共艺术的影响，在多元化的当今社会越来越多地被提到，"地域"作为一个区域性概念，不但要具备相对明确和稳定的空间形态，还要具备政治、经济和文化的深层意义，这是对地域特征和地域文化理解中最为重要的一环。

因此，弘扬地域文化应更多地关注地理和文化的双重因素构筑的心理空间，或是人们情感认可的文化空间。在这个特定的空间里集聚的地理与文化的积淀体现在汽车充电站设计中，可以表现为各种具有特色的地域公共艺术形式，主要体现在三个方面：其一，以一定地域的社会生活或自然环境作为创作题材，形成相应的特性化艺术风格特点；其二，对当地传统材料的使用和表达，使汽车充电站具有明显的地域特征；其三，以一定地域文化的内在精神渗透在汽车充电站之中。

设计师需要在探索新的材料结构方法的同时，还应不断地回顾和改造已有的材料结构和技术，使其跳出传统的审美格局，充分利用传统材料的特性，能够使设计出来的充电站更加紧密地植根于特有的地域环境之中，形成对当地地域环境文化的延续。同时还应注重地域间的文化交流和设计师个人风格的探索，创作出适应时代审美观念、反映地域特色的公共艺术化充电站。

（四）电动汽车充电站设计技术要求

根据 2014 年发布的《电动汽车充电站通用要求》规定：电动汽车充电站的基本功能包括充电、监控、计量等；其内部应包括行车道、停车位、充电设备、监控室、供电设施及休息室、卫生间等必要的辅助服务设施。电动汽车充电站的布置和设计应便于充电车辆的进入、驶出以及停放。

电动汽车充电站的总体规划应与当地区域总体规划和城乡规划相协调，并应符合环境保护和防火安全的要求。电动汽车充电站的规划宜充分利用就近的供电、交通、消防、给排水及防排洪等公用设施，并对站区、电源进出线走廊、给排水设施、防排洪设施、进出站道路等进行合理布局、统筹安排。

城区内的汽车充电站，宜靠近城市道路，不宜选在城市干道的交叉路口和交通繁忙路段附近；充电站与党政机关办公楼、中小学校、幼儿园、医院门诊楼和住院楼、大型图书馆、文物古迹、博物馆、大型体育馆、影剧院等重要或人员密集的公共建筑应具有合理的安全距离。充电站不应靠近有潜在危险的地方，当与有爆炸或火灾危险的建筑物毗连时，应符合电动汽车充电站设计规范（GB50966-2014）的有关规定。

电动汽车充电站不宜设在多尘或有腐蚀性气体的场所，当无法远离时，不应设在污染源盛行风向的下风侧，也不应设在有剧烈振动或高温的场所。电动汽车充电站不应设在地势低洼和可能积水的场所。充电区域应具备一定的通风条件。在有可能发生严重潮湿天气的区域，应具有对空气湿度的监测和处理的设备和手段。

三、公共艺术化汽车充电站的设计方法

电动汽车充电站的设施配置与城市公共艺术相关的内容主要为充电工作区的

站内建筑（雨棚、建筑）部分，其中雨棚的设计为整个电动汽车充电站设计的核心内容，因此，基于城市公共艺术的研究，公共艺术化汽车充电站的设计方法有以下四种。

（一）容易识别

易识别是指在设计城市电动汽车充电站的时候要充分考虑到其良好的识别性，使人可以在较远的地方就能认出或从周围的景观中识别出，具有很好的对比性，但也要与周边环境相协调。

1. 瑞典哥本哈根汽车充电站

瑞典哥本哈根电动汽车充电站位于城市市中心区域，汽车充电站采用圆形设计元素，并通过倾斜一定角度的屋顶达到更好吸收太阳能的作用，此充电站在满足电动汽车充电的同时，还设置了自行车停放区、汽车修理区、咖啡吧、信息亭等多种功能，这个可以提供清洁能源，并且最大限度地减少碳排放量，对城市环境和景观起到积极作用的充电站，材料采用当地木材，创造了具有伸展型的可持续化的城市愿景，如图5-33所示。

图5-33 瑞典哥本哈根汽车充电站

2. 德国宝马汽车充电站

此太阳能充电站为宝马公司与金属机械设备制造商KG合作开发的太阳能充电站，独特的造型利用了最新且最有效的制造技术，结合可再生能源实现其作为城市公共艺术的创作愿景。"技术"和"自然"这两种元素在此产品设计中体现得淋漓尽致，树叶型的绿色仿生造型是建筑师、IT工程师、科学家跨学科团队合作的结果，实现设计成果的效率和成本效益的最大化。此产品的使用区位于德国博物馆前和宝马公司办公楼前，使对新鲜事务具有更高接收力的人群能够及时地了解现有先进技术和艺术审美意向，如图 5-34 所示。

图 5-34　德国宝马汽车充电站

3. 杭州英飞特汽车充电站

英飞特电动汽车充电站位于英飞特杭州总部基地大楼北侧，是企业光电转换充电技术的示范工程，也是为该区域服务的一处公共配套服务设施。此充电站设计与电动汽车的时代背景相呼应且满足传统"加油站"的快速标准化建造要求（如图 5-35 所示）。

图 5-35　杭州英飞特汽车充电站

通常情况下"电"是不可见、更不可触摸的。然而此充电站企业的业务领域产品恰好是 LED 光电驱动领域，于是由电驱动的各式人工光成为这一建筑设计的主要可视化语言载体，以此传达正在悄然发生的传统化石能源驱动向新能源驱动转换的时代趋势，并通过标准建造、技术复合、开放姿态结构形式进行回应。

杭州英飞特电动汽车充电站建筑屋面主体表面采用红色与灰色的铝塑复合板表皮、LED 屏及人工光源，使其既具有明显的视觉识别性，同时也延续了传统汽车加油站以红色为主色调的传统形象设计。然而充电站屋面近 20 米的大悬挑，则与传统的加油站全部立柱落地形成强烈视觉反差。这一举重若轻、对抗重力的漂浮姿态呈现出一种在互联网时代更为开放、透明的时代气质，也表达出对于使用者开放的迎接态度。

（二）形象提升

电动汽车充电站的自身具有一定的体量感，所以会对周围的环境产生一定影响，因此，在设计充电站的时候要充分考虑到它与周边环境的协调性，要做到良好的统一也要形成良好的对比来提升与环境的关系。

1. 德国宝马公司的居住区汽车充电站

这款充电站融合了先进的太阳能充电技术以及宝马公司的可持续设计理念，此太阳能充电站使用了碳纤维和竹子作为主要结构材料，其全生命周期均为可再生材料，且电动汽车充电站体量并不大，适用于低层住宅区、低层商业区等人流密集的区域，尺度设计宜人，如图 5-36 所示。

图 5-36　德国宝马公司的居住区汽车充电站

2. 美国海滨公园汽车充电站

此设计位于美国沙滩海滨公园旁，紧邻海水浴场，设计造型简洁，符合海滨沙滩的空旷场景，为配合海滨沙滩的狂欢主题，设计有灯管色彩变化，呼应周围的聚会氛围，并且雨棚的主体设计采用线条扭转的动感设计曲线，突出现代动感的设计理念，如图5-37所示。

图5-37　美国海滨公园汽车充电站

3. 特斯拉汽车充电站

特斯拉的英文名称是"TESLA"，"TESLA"这个名称来源于其CEO埃隆·马斯克最崇拜的科学怪才尼古拉·特斯拉，他出身于塞尔维亚，是发明交流电等技术的伟大发明家。因此，在特斯拉的文化中体现了对历史的尊重及对创新理念的信仰，这样的定位与特斯拉在电动汽车市场这个新兴领域的定位是相吻合的。

企业标志：特斯拉的LOGO设计也颇具意义，在这个LOGO设计中，主体造型为盾牌形状，内部是字母和图案组合标志。不难理解，特斯拉选择盾牌作为企业品牌形状，源于西方人的骑士文化，如图5-38所示。

图5-38　特斯拉标识

企业色彩：特斯拉对于企业色彩的红色与白色的选择来源于其"Space X"火星计划（特斯拉三大主营业务：火星计划、太阳城、电动汽车）。火星的天空与地球也是截然相反的，火星的白天是红色的，因此，白色与红色成为特斯拉的企业色彩。

特斯拉的充电站供电设备区——配电柜、配电变压器用白色统一其外形，如图5-39所示。

图5-39　特斯拉汽车充电站

充电工作区：充换电设备、站内建筑（雨棚、建筑）、标识系统、消防设施、监控设备。

特斯拉的充电设备以其LOGO的盾牌元素为设计原则，用"阴阳印刻"的设计手法分别应用于超级充电站（直流充电）和家用充电桩（交流充电）两个充电设备中；站内建筑雨棚的设计沿用红白两色，设计风格符合特斯拉现代科技感的企业形象，线条简洁明朗，充电站附属建筑物的设计也主要采用红白两色，配合特斯拉企业标识，延续极简主义风格。

（三）功能多样

电动汽车充电站设计需要十分注意空间的划分，尤其对人流中动静空间的划分，同时，还应该注意电动汽车充电站的功能划分，包括对座椅、垃圾箱、指示牌的设计和关系处理。

1. 丹麦模块化汽车充电站

丹麦建筑公司COBE与丹麦汽车技术公司CLEVER合作，设计出电动汽车的新型模块化超快充电站。充电站不仅可以减少45分钟的充电时间，同时也作为司机的休息空间，如图5-40所示。

图 5-40　丹麦模块化汽车充电站

充电站的设计概念是在汽车充电时为司机创造一个有意义的休息时间。我们在新的充电站内打造一个除了可以为汽车充电，还可以为自己的"精神"和体力充电的空间。在这里过往行人通常需要花费 20 分钟的时间，你可以放松一下身心，呼吸一些新鲜空气，享受一杯咖啡，打电话或者使用一些可用的数码设备。

这些模块充电站的概念源自一系列的"树"，中空的设计可以让光线穿过并创造出一种平静的氛围。这些树的概念的具体实现形式则是由木头、混凝土和顶部的太阳能板组成，并且在充电站周围种植低矮的灌木和草。根据每个车站的容量，充电站可以排成一列，形成一个"森林"。创作者希望建筑、材料和概念都是绿色的，因此，设计了一个雕塑般的充电站，它既可以独立，也可以与其他设施结合。

2. 法国标致汽车充电站

法国标致汽车充电站的外观采用了漂亮的阳伞形设计。电动汽车充电站主体为木质框架，顶端设计了巨大金属面板，可以把收集的太阳能转化为电力，也为充电车辆提供遮风挡雨之处，如图 5-41 所示。

图 5-41　法国标致汽车充电站

每一个充电站结构内都嵌入了锂离子电池，因为光伏面板搜集的能量会暂时存储在锂离子电池中，充电站智能管理系统会把电量均匀分配到附近其他充电站分享所需能源。这个太阳伞形顶部巨大的晶格结构的太阳能电池板装有88块光伏面板，覆盖面积达到150平方米，而整个电池部分又很巧妙地嵌在了主体结构中，这个设计的理念将结构空间与功能完美结合。

3. 郑州园博园汽车充电站

郑州园博园电动汽车充电站，设计能为四辆电动汽车充电。充电站主体结构选择代表工业感的灰色金属与仿自然的木纹转印金属相结合，顶部安装太阳能光伏板，发电后接入电网，借以体现电力工业的特点。

设计方案要成为国家电网企业文化的代言，体现出工业技术美学。通过流畅、抒情的弧线结构外观设计，与自然、城市环境融为一体，以公共艺术的造型展现在城市空间，如图 5-42 所示。

图 5-42　郑州园博园汽车充电站

（四）隐显得当

在电动汽车充电站设计中将结构设计隐形化，达到结构形态与充电站造型的有机整合，最终实现建筑形式真、善、美的统一。所谓显性，即是视觉层面结构的裸露，直观地参与到建筑造型的构成中，观者经由明晰可辨的结构来感知力的传递，建筑与结构之间则呈现出更为密切的关系。而结构形态与建筑造型的相互交织，既可以说是彼此互为显现，亦是相互消隐，这一情形普遍存在于建筑与结构具有高契合度特性的景观构筑物之中。

四、电动汽车充电桩的创意设计

（一）充电桩创意设计的概念及意义

1. 创意设计的概念

创意设计是以工程技术与美学艺术为基础，对工业产品自身的形态、色彩、材料、结构、工艺以及产品与环境、产品与使用者之间的关系进行全面创新设计的工作。它涉及多种学科的知识，受到多方面因素的影响，是现代工业产品开发设计的重要环节。

设计是人类生存和发展的基础，设计的本质特征是创新，设计是技术与艺术以及其他学科融合的重要手段，现代设计是实现科学与美学、技术与艺术、文化与经济、生理与心理、商业与环境等因素相互融合、相互促进的重要手段，具有多学科融合的特征。

2. 充电桩创意设计的意义

自工业革命开始之初，现代艺术就从古典主义逐步迈向现代主义，许多至今保留的百年工业品牌在当时都是聘请现代艺术家为其做工业产品设计内容，以提高产品的外观质量，增加市场竞争力。具有美学价值的工业新产品开发的意义在于，一方面巨大的关注度可以引领行业发展动向，另一方面投资于企业创新的发展模式可以使企业具有生存竞争的能力。

针对电动汽车充电桩的创意设计则是属于工业设计的范畴，工业设计与单纯为满足物质需求的工程设计有所不同，其是以使用者的需求为中心，站在消费者和市场的更高层次做的总体设计，统筹综合包括人因工程设计在内的设计，更多表现为人的生活方式的创新，解决产品的外在品质和人的感受，解决"人与物、物与环境"关系的问题。

对电动汽车充电桩进行设计的必要性在于当今正处于全球气候变暖趋势之下，环境友好型新生产品迭代出现，电动汽车的使用率必将大幅增加，充电桩的市场竞争将十分激烈，面对激烈的市场竞争，差异化的创意设计才能使品牌具有竞争力，因此，汽车充电桩的创意设计对属性、内涵、形式等方面，采用与现有设计有区别的差异性设计方案，力求符合当今大众需求心理和社会行为，体现设计本身的文化行为，将文化特征具象化、实体化。

电动汽车充电桩的创意设计是构筑企业与市场沟通的桥梁，在这过程中工业设计师变成了企业与市场需求的传递者，一方面将生产和技术转换为市场需要的产品推向市场，另一方面将市场的需求又进一步的反馈给企业，为企业的发展指明方向，促进企业发展。同时具有设计意义的汽车充电桩能够增加产品的附加值，使在具有相同技术质量的产品中，具有美学价值的产品能够更稳固地满足用户的需求，培养用户的忠诚度，这才是全面理解现代产品的意义所在。

（二）充电桩创意设计原则

1. 系统化设计的原则

系统通常是指由若干要素以一定的结构形式连接而成的具有一定功能的有机整体。将系统的概念运用到设计中，可以发现系统设计是一种观念，一种看待问题的立场和认识事物、解决复杂问题的有效手段，因此，系统化设计是具有方法论意义的，是一种设计的哲学观。

对充电桩的设计而言，其不仅是单纯服务于电动汽车充电业务的功能，也是企业理念输出的窗口，在对其色彩、标志、设备、布局等各项内容的设计中，都应处处体现其企业文化、企业价值观。

2. 人性化设计的原则

每一件为人而设计的工业产品中，都是为了满足人的需要而设计的产品，因此，从本质上来说，在电动汽车充电桩的设计过程中也要以符合人使用充电桩的需求为基本出发点展开设计过程，在注重产品的安全、质量的同时，也更应注重其使用过程中的舒适、方便、可靠、效率，即"以人为本"的设计理念。

3. 绿色设计的原则

绿色设计原则即将绿色环保、可持续发展战略原则贯穿设计过程始终，设计要依据环境效益和生态环境指标与产品功能、性能、质量及成本要求来设计。在进行充电桩的设计过程中，设计师必须在产品设计构思阶段就要考虑所采用的建造材料要降低耗能、保护生态和避免资源重复利用的问题。在充电桩真正建设施工期间，也应保证所采用设备的拆卸使用方便，材料可回收无毒性，减少废弃物的产生，从而才能将充电汽车设计初衷的"环境友好"型产品的设计理念贯穿始终，减少废弃物的产生、减少垃圾处理量、符合绿色设计的产品生命周期的闭环设计原则。

4. 交互式设计的原则

电动汽车充电桩作为一种新产品的出现，要考虑到许多用户为初次使用，因此，在对充电设备的设计中一定要遵循人机交互设计的原则，产品一定要易学易用，让用户喜欢新生的产品。让设计的产品具有可用性，而可用性目标不仅局限于人与机器正在发生交互作用的系统，还包括系统对使用它的人所产生的作用，即易学性、易记性、高效率、少出错、主观满意度五个方面。

5. 标准化设计的原则

所谓的"标准化设计"是指现代工业化生产必须遵循的一个设计理念，标准化的出现在于现代产品完全摆脱了手工业产品的时代，在大机器生产时代，标准化与市场所需要的多元化之间有对立关系，但对充电桩而言，只有对充电接口、充电模式等进行标准化设计之后，才能提高电动汽车使用率以及电动汽车的推广，同时，标准化设计也有助于企业形象的推广。

（三）充电桩创意设计方法

1. 创意造型设计

充电桩的工业设计是将功能、结构等物质因素和艺术因素有机结合，所以造型设计一定要尊重科学基础原理、美学原理。造型是各种信息的载体，又能给予使用者美的视觉感受，反映出不同时代人们不同的审美需求。

2. 创意色彩设计

色彩是依附于充电桩形态的一种视觉因素，是充电桩艺术形象的重要表现，充电桩色彩反映产品的功能、原理、结构的特点，完善产品创意设计的视觉美感，同时，作为工业设计产品，充电桩的色彩也能够带给使用者企业文化的信息。

充电桩色彩确定要与企业色彩具有相互关联性，并且在色彩使用上要具有丰富性、审美性、协调性、系统性、对比性、简洁性、以人为本等原则，最大限度地发挥色彩的作用，设计出具有环保、科技属性的色彩结果。

3. 创意设计流程[①]

完成充电桩设计，除了有正确的设计理念和方法指导外，还需要有一个科学、合理、严谨的设计流程将各种设计因素串联起来。设计过程受到生活观念、社会

---

① 康文科. 产品创意设计 [M]. 西安：西北工业大学出版社，2010.

文化、科学技术、市场等环境因素的影响，具有一定规律性，针对电动汽车充电桩设计，可以将设计过程分为以下四个阶段。

（1）资料准备阶段，分析充电桩市场、消费者需求，对充电桩进行战略规划分析，发现未来产品设计趋势，分析现有产品的缺点和不足，从而确定新产品的创意构思。

（2）创意构思阶段，以充电桩的基本功能为基础，根据充电桩存在的现有充电桩网络布局性差、查找充电桩困难、建设规划不明晰、充电桩资源分布不均衡、充电桩使用率低、整体布局缺乏标准化设计模板、充电桩的服务产业链单一等问题，针对这些问题提出解决问题的设想和方案，利用优化评价、抽象归纳的方法选择出最优解决方案。

（3）深入设计和修改完善阶段，主要是将构思模型转化为实现产品功能的零部件构造的设计问题，包括实现产品功能的结构方案的选择和确定，例如充电桩中充电桩的造型、色彩、操作流程、材料选择等问题。

（4）方案评估与实施阶段，经过比选得出最优方案，构建充电桩功能模型以及数字分析模型，对存在的不足进行完善和修改，在所有方面的因素得到验证和优化之后，对充电桩零部件、组装方案进行规范化、标准化设计，以利于充电桩的使用与推广。

（四）充电桩创意设计案例分析

1. 可折叠太阳能伞充电桩

沃尔沃可折叠太阳能伞充电桩的独特之处在于，可以将其折叠成帐篷袋大小，然后装进汽车后备厢。也就是说，用户能够随车携带充电桩，如图5-43所示。

有别于传统太阳能电池板单一的方形设计，充电桩采用了柔性光伏薄膜及可折叠设计，并配备了轻量级的碳纤维管架，通过纤维状嵌入式光伏板可大量收集室外太阳能为车辆充电。充电桩外观也极具美感和张力。

充电桩搭建起来需要耗时45分钟，占地36平方米、高3米。在为汽车充电的同时，也能给车辆降温，避免暴晒。

第五章 "文化创意+"电网工程

图 5-43 沃尔沃可折叠太阳能伞充电桩

2. 特斯拉无人机充电桩

特斯拉电动车一直以来以对技术的无畏无惧的态度,收获了无数粉丝,达尔科·马科维奇就是其中之一。达尔科·马科维奇设计了一个特斯拉汽车的充电配套设施,用一种令人印象深刻的方式,展示特斯拉的先进和与众不同。

达尔科·马科维奇的设计中,第一次提出充电无人机的概念,能够使汽车在低电量时触发请求,充电无人机就会飞到移动的汽车上,将自身插入汽车充电口,为车辆充电。而在平时闲置时,充电无人机则会停留在特斯拉充电桩"休养生息"。

一直以来充电桩难找的问题都困扰着各国电动汽车车主,达尔科·马科维奇的概念一旦变成现实,就会完美解决铺设充电桩的难题(如图 5-44 和图 5-45 所示)。

图 5-44 特斯拉无人机充电桩

图 45-46 特斯拉充电无人机

3. 智能无线充电桩

无线充电因其适应性强、安全性高、可无人管理等特点，被电动汽车界认为是极具前景的产业。随着电动汽车普及率的逐步提升，无线充电产业的发展也正在加速。

伽行科技（北京）有限公司推出了电动汽车智能无线充电系统，当电动汽车靠近无线充电平台时，平台会自动检测并启动无线充电。通过对水平的自由度改进，使无线充电这个技术比加油更方便，当用户把电动汽车开到停车位，不需要反复调整定位状态就可充电，如图5-46所示。

图5-46　智能无线充电桩

第六章 "文化创意+"新能源工程

新能源通常是指在新技术基础上加以开发利用的可再生能源，包括太阳能、生物质能、风能、地热能和潮汐能等。太阳能发电及风力发电是人类取之不尽、用之不竭的可再生能源，随着近几年太阳能发电及风力发电的高速发展，对局部生态环境及自然景观等影响也日益受到关注。艺术需要美，环境需要美，科技更需要美。要告别只注重功能的年代，因为对美的追求正成为电力设计工作者一种需要。因此，如何在保证生态平衡的基础上，将电站人造景观与自然、社会语境相融合，成为目前亟待解决的问题。

本章通过"文化创意+"太阳能发电及风力发电融合发展研究，根据其物质特征，讨论如何以大地艺术的形式介入太阳能发电站设计；如何借助"风"的动势，将风力发电建设成装置艺术"风"景。

第一节　雕刻时光——大地艺术介入太阳能发电站

艺术可以成为自然法则的策略之一，它使生态学家和工业家达成和解。

——［美］罗伯特·史密森

大地艺术超越了传统雕塑的艺术范畴，视环境为一个整体，强调"空间"与"场所"。通过大地艺术介入太阳能发电站的研究，站在艺术、生态的角度重新审视自然环境，并对发电、生态、场地、视觉和文化进行综合考虑，探索大地艺术形式与太阳能发电站结合，将现代艺术的思想和实践渗入太阳能发电站设计之中，使之成为整体的美学视觉作品。

"文化创意＋"太阳能发电站融合研究，突破了传统美学的认识，诠释了新的工业设计美学，为重新审视太阳能发电与环境的关系提供了一种新的思路。

一、大地艺术介入太阳能发电站概述

（一）大地艺术的概念

大地艺术是指艺术家以大自然作为创造媒体，把艺术与大自然有机的结合创造出的一种富有艺术整体性情景的视觉化艺术形式。

大地艺术家们以大地作为艺术创作的对象，主张返回自然，如在沙漠上挖坑造型，或移山填海、垒筑堤岸，或泼溅颜料遍染荒山，故又有土方工程、地景艺术之称。

大地艺术可以说是中国庄子的"天人合一"哲学思想的具体实践物。大地艺术家认为，艺术与生活、艺术与自然应该没有森严的界线。在人类的生活时空中，应处处存在艺术。

早期，大地艺术的创作者是从其他艺术领域转行而来，其中一部分人倾向于将自然界本身的素材作为创作元素，以这种创作形式喻义人与自然的关系，这对后期的环境艺术和生态艺术的发展具有一定的意义。另一部分大地艺术家，则青睐选取人工材料进行创作，制造出以大尺度的人工造型重塑地表的震撼。无论是人工形式还是对自然元素的创造，大地艺术作品并非独立存在，周围整体的环境都被纳入了成品之中，不可分割来看。因此，大地艺术构成了巨大的场所气势和体量感，这也是大地艺术的特点和意义所在。作为现代艺术的继承，大地艺术同样重视艺术家思想的表达，并拓展了传统艺术的表现形式和边界，向自然界和旷野进行探索，构成了人工形式改变自然的审美效果。

现代艺术关注生活本身和社会问题，西方的环境保护运动的兴起在一定程度上促进了大地艺术的发展。20世纪六七十年代，在美国发生了一次以生态保护为主旨的规模空前的群众性环境保护运动，这次环保运动是美国历史上自然和资源保护运动的发展和继续，它的直接起因是工业环境下人们对日趋严重的环境污染的不满和恐惧。在此背景下，大地艺术的产生带有浓重的环保观念和人文色彩。无论是其表现形式、选材，还是场地与构成，都以结合自然、社会环境为主。从这一点上看，大地艺术也被视为艺术界对环保运动积极的响应。而由于它巨大的体量，离开普通展示场所的大地艺术需要借助于其他多媒体对其进行记录与传播。因此，它出现的历史拐点不但是现代主义艺术向后现代主义艺术的转折时期，同时也是环境史学的建立以及西方环境思潮从保存主义向保护主义迈进的时期。

（二）大地艺术发电计划设计竞赛

1. 竞赛起源

美国艺术家及建筑学家罗伯特·费里和伊丽莎白·莫尼安是"大地艺术发生器"的创始联席董事。他（她）们两年一次的大地艺术发电计划设计竞赛（The Land Art Generator Initiative，LAGI）成为世界上最受关注的以可持续为主题的设计活动，获得了多项国家艺术基金及 J.M.K. 创新奖。

设计竞赛要求艺术品从自然中获取能量并转换成电能与电网连接，必须尊重设计地点的自然生态系统，通过对可再生能源基础设施进行美学设计赋能于公共活动空间、人的精神享受和教育，加速社会向低碳经济转型，并使可再生能源服务于更多的人。

大地艺术发电计划是一个大地艺术作品的展示平台，从它的艺术作品中我们能够发现跨学科的合作、科学技术在艺术中的张力以及通过艺术设计将可再生能源设施更和谐地融入建筑和自然环境。通过将太阳能和风能融入公共空间，以引导和回应场所的历史、文化，以此成为旅游目的地，吸引来自世界各地的人们体验合作艺术创作之美。

2. 理论背景

艺术可以创造文化运动，激发创造性对话。艺术家常以批判性的眼光与手法去看待和处理能源在使用和生产过程中存在的一些问题，"基于解决方案的艺术实践"，艺术家以作品去回应解决能源的负面问题，这有助于公众更清楚地认识这些问题的严肃性。

随着可再生能源的蓬勃发展及其更为普遍的应用，我们认识到了新能源和传统能源生产方式的固有差异以及由此转变带来的表现形式的变化。发电厂应适应所在城市的环境，这就需要在设计它的时候进行美学考虑。以可再生能源代替传统的火力发电是能源转型的趋势，因此，在今后将会有更多的可再生能源和新能源整合到电力系统当中。

我们生活在一个文化多元且重视设计的世界之中，能源生产设施的整体外观设计审美成为一个热点课题。大型设施的设计应与周边环境在视觉审美方面协调一致，城市及社区的小型设施设计应符合所在城市的性格，就像一般建筑、公共艺术是环境的构件一样，发电站作为在环境下长期存在的构件，其构造形象应精心设计。对可再生能源基础设施全盘统筹的设计思维，为大型或是小型发电站设计提供了一种新模式。

3. 竞赛回顾

2010年LAGI设计大赛在阿联酋三个地点举行，收到了来自40多个国家的数百份参赛作品。

2012年LAGI设计竞赛与纽约市公园和娱乐部合作，在美国弗莱士河公园内进行，收到来自世界各地的250份参赛作品。弗莱士河公园是世界上较为关注的公共工程之一，是世界上最大的垃圾填埋场，计划将其转变为集休闲娱乐、文化教育等为一体的社会性公共生态景观公园，并作为纽约市最大的城市公园。

2014年LAGI设计竞赛在丹麦哥本哈根举行，哥本哈根没有在"环保之城"的美誉前止步，提出了雄心勃勃的气候变化应对计划，目标是到2025年使哥本哈根成为世界上第一个零碳排放城市。

2016年LAGI设计竞赛在美国加利福尼亚州南部靠近圣塔莫妮卡码头举行，

举办了主题为能源与水的展览活动。

2018 年 LAGI 设计竞赛在澳大利亚墨尔本举行，墨尔本是世界上可持续化程度最高的城市之一，希望为世界树立榜样，目标是在 2020 年实现零碳排放。墨尔本具有雄心勃勃的建造创造性公共项目的传统，旨在促进可持续发展。LAGI 竞赛将多个学科结合在一起，以解决复杂的环境问题，是这个充满活力的文化城市的完美选择。这一次参赛主题是可再生能源发电厂的设计以及如何将它们以艺术作品的方式呈现在公共空间之中。

通过对大地艺术概念的理解与认识，解读大地艺术发电计划设计竞赛的目的及意义，对太阳能发电、生态、场地、视觉和文化进行综合考虑，探索大地艺术这一艺术形式与太阳能发电结合，使之成为整体的美学视觉作品，为重新审视太阳能发电与环境的关系提供了一种新的思路。

太阳能大地艺术以天地为载体阐释了人与自然的关系、艺术与环境的关系、传统与现代的关系，它创造出一种人的精神话语与自然及人工物质环境碰撞且交融的空间秩序。

二、大地艺术与太阳能发电站景观的异同点

20 世纪 60 年代，西方工业技术与资本主义的持续发展引发了"人"向"物"的异化，在欧洲情境主义及五月风暴等激进左派运动的影响下，美国社会中兴起了诸如女权、民权、环保等名目繁多的亚文化民主运动，以呼吁人之主体性的回归；另一方面，以抽象表现主义、波普艺术及观念艺术为代表的艺术类型在美国异军突起，使艺术氛围浓郁的纽约取代法国成为战后世界当代艺术的中心。大地艺术就是以此为背景发展而来的，以沙、土、植物、岩块、水、风、雪等自然资源为创作媒介，通过对上述材料的组合、调动来反思并传达人与自然、物质与精神、时间与空间等关系。

大地艺术与太阳能发电站景观在表现形式、构造原则、表现效果等方面具有以下异同点。

（一）开放空间与场所感

1967 年，美国艺术家克拉斯·奥登伯格在纽约中心公园挖了一个土坑，短暂静置后，又将挖出的泥土重新回填。这件名为《洞》的作品，将艺术创作、展示

的领域从室内及博物馆延伸到了户外空间,使观众从创作结果的接受者转变为完成作品构建过程的参与者,赋予作品以公共性;另一方面,传统雕塑对空间感的强调被平面化的土坑与泥土弱化,由向上、向高的空间维度转变为一种平面化的横向空间。这种由作品属性的公共性与作品存在空间的平面化、扩张化所构成的开放的空间感,对大地艺术的发展起到了启示性作用。换句话说,大地艺术可以被视作一种持续进行的过程性形态,各材料间相生相克的自然变化,观众的参与对作品呈现形式的影响以及随这些改变产生的对作品意义的不同诠释,构成了大地艺术特有的场所感。这种感受来自上述关系网的组合变化,其赋予艺术家、自然材料及观众以在场性,使各构成要素相依相生。

与此相应,在太阳能发电站景观中,人的感受会随欣赏角度的不同而变化。电站匍匐于地面,沿平面扩张的场地特征使俯视成为系统了解电站风貌的最佳方式,其对电站景观的构成语言及构成形式(如色彩、文化、尺度、造型、平面规划等)在空间上的连续性提出了较高要求;另一方面,观者行走其中,身临其境地感受电站景观,是促进人与自然和谐发展的必要手段,它要求人造工程与自然生态融合互动、电站景观对观者的感官体验产生积极影响。这种布局形式的平面化、创作语言的凝练性、空间属性的开放性以及各构成要素在互动融通中形成的场所感,打破了时间与空间、自然与人工的界限,将历史与当下、生态与科技相连接,是大地艺术与太阳能电站景观的相似之处。

(二)自然与科学的强调

大地艺术最初被译为"土方工程",对其理解偏向于将土地、泥土等自然物质以工程搬运的方式进行重组展示;在 1969 年伊萨卡举行的"大地艺术"展上,策展人将该名词命名为"大地艺术(Earth Art)",强调该艺术类型以地球及附着于地球之上,与土地有关的自然物质为创作对象。在上面提到的作品《洞》中,泥土作为核心构成元素,以其未经加工的自然形态,极简凝练的表现形态,简化、提炼了传统雕塑沉迷雕琢的复杂创作过程,同时也打破了艺术家使用石膏、铜、玻璃钢等人造物质作为雕塑材料的传统。作品的构成元素在大地艺术家看来,首先是一种具有自身发展规律的纯粹自然物,其次才是被用于艺术表现的造型语言,关注的是自然物质与空间环境的连续性,将艺术创作简化为物体自然生长的过程,在造型要素的变化、移动与重构间体现艺术的自律性,将大地艺术视为一种非功能性的艺术创作。

太阳能电站景观对其构成元素的功能性利用与大地艺术形成了鲜明对比。由于电站的设计、建设均以一套行之有效的行业规范为指导，其所有构造物的构造与摆放方式均建立在精确的计算数据之上。图纸的生成是对材料的物理属性做出分析、计算的结果，与大地艺术相反，这一过程明确杜绝偶然性与变化的发生。因此，上文所谓由关系网集合而成的场所感，实际上是一种以科学逻辑为前提，在理性规范范围内的被压缩的感性空间，而这种对理性与非理性，功能价值与美学价值的恰当处理，也成为将大地艺术成功引入太阳能电站设计的关键所在。

（三）天人合一的自然观

尽管大地艺术以自然资源为创作媒介，并以生物间相互作用的自然结果作为艺术表现形式，但这种结果的生成，本质上仍源于人对自然的介入与调配。这种人为性在太阳能发电站的设计建设中得到了进一步强调：一方面，人作为活动的主创者与实施者，在整个设计、施工过程中对自然环境做出改变；另一方面，工业产物——太阳能光伏发电板作为整个"作品"的主要元素，融入了景观生成的全过程。因此，人在景观制造的过程中发挥其思维、行动的能动性，作为创造活动的主体，不断改变甚至革新自然的形态，但不论是对大地艺术，抑或是太阳能电站建设而言，这种介入性的成立都需建立在人与生态高度和谐的原则之上。

东方禅宗推崇的"天人合一"强调人与自然的同源性与同理性，认为万物皆需按照自身的运行规律发展，展现事物的纯粹性；这种人与自然的融通共生不仅深刻影响着大地艺术，也作为建设太阳能电站的基本原则，贯穿其整个设计、施工过程。电站景观以生态学的角度重新审视人对自然的改造，通过将大地艺术引入太阳能发电站建设，对技术、生态、景观、美学、文化等因素进行综合考虑，将当代艺术思想渗入电站设计之中，建设具有感官美、形式美的高科技工业旅游区，实现技术与生态的和谐共生，为解决生态环境危机找到新方向。

三、大地艺术如何介入太阳能发电站设计

（一）大地艺术对太阳能发电站设计思维的改变

太阳能电站景观通过对地域自然、文化环境的分析，对植物群落、地形地貌等自然环境的艺术化处理，以艺术形式回应和谐发展观的理念。

1. 大地艺术改变了电力设计师的思维方式

以大地艺术的造景方式进行太阳能发电站设计，体现了电力设计师思维方式的改变。通过将艺术思维引入电站设计，设计师将光伏发电站赋予其功能性与艺术性。同时，尽管某些大型太阳能发电站设计效果令人赞叹，但由于忽略了对自然环境的保护，往往会引发多种生态危机。因此，除审美要求外，电站设计也应关注艺术创作、工业技术、自然环境的融合，塑造和谐、美观的景观环境。

太阳能电站作为一种人文探索，一方面通过对地域人文思想的挖掘，寻找艺术与环境最佳的结合方式，体现着设计师与环境最直接的互动；另一方面，以环境美学的角度对大地艺术介入太阳能发电站进行设计，对其他电力景观的设计也有着借鉴意义。

2. 大地艺术增加了电力设计师对环境的重视

太阳能光伏发电设施和大地环境密不可分，因此，对场地地理形态及其地域文化的诠释要通过设计体现出来。场所和环境是艺术从平面向立体艺术语言过渡的主要手段，在由大地艺术思维构成的电站景观中，人对环境的感受会随着欣赏角度的变化而改变。太阳能光伏板不只是用于发电，还应向观者提供与场地特征有关的开放性空间审美体验（如色彩、文化、尺度、造型、平面规划等），由于电站规模体量巨大，人需要从空中俯视才能得到对电站的完整认知，在此过程中人建立起对于环境全面、系统的认知，延伸了人与环境的关系。

3. 大地艺术开辟了电力设计师的设计新途径

大地艺术以抽象的设计形式、多层次的空间结构传达其设计理念，隐喻了设计师对于某些社会问题的观察及思考，带有浓郁的人文特质。对这种艺术形式的借鉴，不仅是传统光伏发电设计的新尝试，对电力工业的发电、输电及配电设计以及自然环境、城市规划、工业旅游、公共艺术等领域也会产生一定影响。

（二）大地艺术介入太阳能发电站设计的审美要求

1. 设计融入自然

设计将自然视为传达文化的载体。尊重自然、尊重人性、尊重文化成为后现代主义思潮影响下的现代设计宗旨，其主张设计源于生活，科技回归人性，文化融入自然。

大地艺术将太阳能发电这种人造物与自然有机结合，赋予电站以美的存在形式，拓宽了太阳能发电的边界和审美性，打破了工程与自然的对峙关系，将自然环境带入太阳能发电的审美范畴，使其既能像艺术作品一样，传达艺术家的思想，又能够保持原本的状貌，将两者融为一体。

2. 人与自然平衡

大地艺术介入太阳能电站设计，使其呈现出一种人与自然关系的平衡之美。在太阳能大地艺术中，人的设计及施工行为要兼顾自然环境的发展特征。因此，以大地艺术的形式对太阳能发电站进行景观设计时，应着重强调人与环境的平衡关系。这种关系排斥以人类或环境中的任何一方为行动中心，主张通过人与环境的直接对话生成具有艺术性的环境作品。电站景观的艺术性来自设计师从平面到空间再到时间的多重纬度的架构，正是在这种多维空间中，人类发现了新的价值。大自然不是一个平面概念，而是一个不断运动、变化、发展的时空综合体，大地艺术介入太阳能电站设计则需要利用其中的规律构建具有人文思想的作品。

太阳能大地艺术颠覆了人对自然的主导地位，并导致了"风景"的去中心化，因为这种所谓的自然风景的"中心"，往往是由观察者所在的角度而决定的。太阳能大地艺术作品可观看角度众多，"横看成岭侧成峰，远近高低各不同"，正是由于视角的转移带来了欣赏效果的变化，多维度的呈现结果显示出作品的整体构架及其多样性特质。正因为万物皆平等，所以"处处无中心，处处皆中心"。

太阳能大地艺术带来的观赏体验是多层次的，俯视或贴近于作品中穿行会产生完全不同的感受。太阳能大地艺术是一种人为建造的"第二自然"，为了保护自然的原生状态，在项目实施之前，需要对场地生态进行深入测评和量度，将建造活动对自然的影响降至最低，才可构建出不打扰自然之美的太阳能大地艺术作品。

3. 设计回归本质

大地艺术追求艺术形式的简约，回归自然之本质，创造复杂甚至混乱的自然力与简洁的几何体间的对话，由此产生的神秘感至今仍是许多设计师关注的重心。

介入太阳能电站设计的大地艺术弱化了自身非功利性的一面，转而成为一种服务于公众的空间塑造手段，但是如果过多考虑大众的接受力和审美观点，必然使创作流于平凡，失去了给观众保留的再创作的空间；若过多强调设计者的自我意图，又容易使设计效果生冷、晦涩。因而，设计要脱俗出新且平易近人，最好的选径就是寻求抽象、简洁的表现形式，通过极简的造型手段传达更多与地域文化、生态环境有关的人文内涵，这种将工程设计与生态环境相协调的创作方式，也正是大地艺术所主张强调的。

4. 设计强调四维

在进行太阳能电站设计的同时，不仅要考虑体量尺寸等科学数据，也应将时间因素纳入其中，充分考虑电站景观随时间与自然环境变化所呈现出的不同效果，加入对时间变化过程的体现，对中断现象的隐喻，对自然生命周期中衰退阶段的证明等设计元素。

在设计中体现时间要素，需要拓宽传统设计的思路，将自然物质、自然演变过程及自然现象等元素运用于设计中，发挥其强大的视觉刺激感。如通过对风、雨、雷、电，及日出、日落、潮涨、潮退等自然变换的表现，将自然演变的历程与社会历史重合，给观者提供色彩、尺度、层次、心理感受的不同变化。

（三）大地艺术介入太阳能发电站设计的运用

大地艺术对太阳能发电站设计的介入，大大提高了发电站对环境的改善功能。设计者在对现场气候、土壤、水文等自然环境及地域文化等人文因素的考察中，提取出适合大地艺术创作的元素，选择现场能被废物利用的东西，并就地种植适合的植物，使发电站与现场环境及其构成元素和谐统一，促进并不断提高太阳能发电的生态价值。

1. 重新塑造地形

大地艺术对大地的塑造，使大地成为艺术的材料，并为太阳能大地艺术的创作语言提供了借鉴。

太阳能大地艺术改变了太阳能发电设计的传统思维，设计元素取之于自然，用之于自然，使生态更加平衡。太阳能发电的建设用地通常地形单一，不能很好地体现大自然丰富的地形地貌，大地艺术的运用则有效改善了这一现象。太阳能大地艺术最善于借助自然创造新的自然环境，通过对原有地形地貌的改造，使电站的视觉效果更加丰富与区域自然环境更为协调、统一。

2. 主题设计突出

设计师要善于根据周边自然环境及地域文化对太阳能发电站进行设计，可以根据某个主题设计图案，也可以根据地形地貌的抽象特征进行创作，以简洁凝练的造型方式，带给人强烈的视觉效果，彰显设计者的工匠精神。

3. 融合雕塑艺术

大地艺术将自然环境作为创作场所，将景观雕塑与地志景观紧密融合。这种创作方式也促进了太阳能发电设计与雕塑艺术的融合。根据设计要求将光伏板变换组合成为景观雕塑，形成与自然的共生结构。在此过程中，要考虑发电站对环境的影响及与公众的互动性，使发电站兼具形式美与功能性，将发电站推向公共空间与公众，实现与公众的对话，并从两者的互动中获得公众的关注与认可。

4. 自然与科技的融合

大地艺术追求物质本身的纯粹，我们可以在大量的乡土景观中看到这种形式，如平原上的不同农作物按照地块形态排列成"线"，深浅不同的"线"构成"面"，将整个大地铺满，形式简单而富有韵律。乡土景观以简单的线条和几何图形诠释着土地的原始性，强调人的"场所体验"和土地自身的特质。大地艺术介入太阳能电站要推崇艺术的自律性，通过对电站的艺术化处理，摆脱对自然及社会环境的侵蚀。

大地艺术所强调的美学化"自然"，在太阳能发电站景观中让位于功能性，景观布局首先要遵循结构、功能的安排，在此基础上再对科学形态进行美学改良，换句话说，艺术的非功利性在电站景观中转化为形态、功能的有效性，成为促进电站生产、绿化及保护周边环境的有效手段。

5. 时间的永恒展示

随着日出日落及电站周围一年四季万物生长的变化，大地艺术介入太阳能发电站也体现出时间的轨迹。无数变化着的瞬间相互融通，构成了大地艺术的本质存在。

作为人造物的太阳能光伏板给大地艺术指定了一种明确、固化的媒介形态，使作为大地艺术的电站景观得以长久保留，赋予其物质载体与展示时间以永恒性。同时，太阳能电站景观还通过对渔光互补、农光互补的选择，在一定程度上保留了大地艺术构成元素间的偶然性变化，通过对自然物质生长规律的遵循，以人工手段辅助发展自然美，将艺术作为生态与工业的调和剂。

四、大地艺术介入太阳能发电站案例分析

（一）美国太阳能光伏板壁画——拉蒙纳卡

太阳能光伏板定制技术的出现，使地域文化以更贴切、更具感染力的形式融入电站设计与建设中。世界首幅太阳能壁画装置——拉蒙纳卡（西班牙语：君主）揭幕于美国得克萨斯州圣安东尼奥市当代艺术节上，其创作目的是为了唤起公众保护身处困境的帝王蝶的意识。设计者将单块尺寸为96.26厘米×163.19厘米的帝王蝶

图案喷印到各太阳能光伏板上,并将其组合排放,从视觉上组成蝴蝶的群组。

拉蒙纳卡作为一组绘满帝王蝶图案的组群,为社会服务中心、市政建筑及市内生态旅游项目提供电力,也可以作为帝王蝶迁移路上的标志牌,在满足发电功能的基础上,引发观者保护濒危物种的情感共鸣,实现电站美学价值与社会价值的互利共生,如图 6-1 所示。

图 6-1　美国太阳能光伏板壁画——拉蒙纳卡

(二)西班牙艾文帕太阳能发电站

艾文帕太阳能发电站于 2011 年落成于西班牙塞维利亚,是一座以熔盐蓄热系统进行光热发电的集约化电厂。其电站装机规模达 20 兆瓦,两个示范项目采用 Solar One(太阳一号)及 Solar Two(太阳二号)的概念,以熔盐作为导热流体与蓄能媒介,可以在缺少光照的阴雨天气以及没有光照的夜间持续发电 15 个小时,从而实现全天候 24 小时不间断供应可靠能源,被视为世界上最具创造性的光热发电站及可再生能源革命的里程碑。该项目覆盖面积达 2775 亩[①],电站年发电量近 110 吉瓦时,能满足 2.5 万户居民的用电需求,年减排二氧化碳可达 3 万吨。

电厂中的太阳能集热区域由 2650 块单个面积达到 120 平方米的巨大镜面光伏板组成,其以 140 米高的电力塔为中心,均匀排列成为一圈圈同心圆向四周散射,

---

① 1 亩 =666.67 平方米,下同。

广袤的地面景观只有通过鸟瞰的角度才能一览全貌,在满足功能性需求的同时,给观者带来了巨大的美学震撼,如图 6-2 所示。

图 6-2　西班牙艾文帕太阳能发电站

(三)圣塔莫尼卡海岸"透明球体"太阳能发电装置

美国西海岸圣塔莫尼卡的近海上即将出现一个巨型玻璃球装置,该球体的上半部分由透明的太阳能光伏板构成,浩瀚的天空尽收其中,球体的下半部分则由闪亮的金属镜面构成,与装置周围的滟滟水波相映成趣。

通过步道,游客可以从海岸走到开放的球体广场中,这个步道和球体广场位于海平面以下,四周由护板墙将海水隔挡在外,球体装置的直径长达 40 米。然而,这并不仅仅是一个吸引人的艺术装置,它是大地艺术发电计划设计竞赛 2016 年的获奖作品。鉴于加州频繁出现的水资源危机,大赛主题定位于饮用水和清洁能源,而由韩国熙林建筑设计公司设计的"清洁球体"方案,就包含着两方面的考量。

透明顶面的太阳能发电提供电力将水循环到球体中。在球体内部,还有一个用太阳能蒸发和冷凝产生淡水的蒸馏器,这些淡水通过喷泉输送到球体基架中。"清洁球体"不仅拥有先进的科学技术,而且拥有观赏的艺术价值,每年还可提供高达 1893 立方米的淡水,使城市居民和海滨游客感到愉悦,如图 6-3 所示。它提醒观众,以参与和创造性的方式支持环境可持续解决方案是完全可能的。

(四)山西大同"熊猫"太阳能发电站

"熊猫"太阳能发电站是熊猫绿能集团与联合国开发计划署共同策划的绿色能源示范项目,已于 2017 年 8 月在山西大同投入使用,并计划在"一带一路"沿线国家及更多地区建设相似的光伏电站。

图 6-3 圣塔莫尼卡海岸"透明球体"太阳能发电装置

大同"熊猫"电站计划总装机容量 100 兆瓦,率先落成的一期电站装机容量 50 兆瓦,采用 69888 块 295 瓦单晶硅组建及 94248 块 310 峰瓦双玻双面组建。电站以一对熊猫宝宝为造型,其黑色部分为单晶体硅太阳能电池群;白色部分为薄膜太阳能电池群,如图 6-4 所示。光伏电站的投运每年可减少约 6 万吨二氧化碳排放量,待工程全部完工后,电站能在 25 年内提供 32 亿千瓦时的绿色电力,相当于节约煤炭 105.6 万吨,减少二氧化碳排放 270 万吨。

图 6-4 山西大同"熊猫"太阳能发电站

(五)"太阳能沙漏"发电站

"太阳能沙漏"由艺术家团体设计,采用聚光太阳能发电技术,年发电量可达 7500 兆瓦时,能够满足数百家当地家庭的用电需求。该作品荣获 2014 年哥本哈根大地艺术发电计划竞赛第一名。该竞赛成立于 2010 年,一年举行两次。通过将艺术家、建筑师、景观设计师及各领域内富有创造性的工程师、科学家招募到一起,致力于寻找建设可持续能源基础设施的艺术创作方式，从而推动那些能够将清洁能源输入本地公用事业电网的公共艺术项目的发展与建设。在向城市数百万人口提供清洁能源的同时，将电站提升为一座兼具形式美与功能性的公共艺术装置。"太阳能沙漏"作为该竞赛的优秀作品，将发电站艺术化为市民聚集休闲用的公共场所，成为当地一道独特的风景线，如图6-5所示。

图6-5 "太阳能沙漏"发电站

"太阳能沙漏"装置由上、下两个球状物组成，数十名观众可以在白天站到下部凸起的圆形表面上进行消遣娱乐，同时，上部构建形成的阴影也给人们提供了舒适的空间体验。夜幕降临之时，遍布于装置的有机发光二极管点亮了整个造型，将沙漏变成了一对矗立于水面之上，闪闪发光的优雅曲面。作为太阳能中央接收器，"太阳能沙漏"其内部布满了许多小的平面镜，它们能够将其反射的太阳能集中到一个装有加热介质的巨大容器中。安装于上部构建中的定日镜将光热反射到圆锥形的二次反射镜上，再通过漏斗反射至沙漏底部的集热器上。带有光能吸收涂层的集热器可以最大限度地将其吸收的热量传递给传热介质熔盐，高温熔盐融化后温度可继续上升到600度以上后与水换热，将水转化为蒸气，进而推动发电机运转发电。

艺术家通过作品传达出能源与时间一样宝贵的理念，并提醒人们，即使是再生能源，也具有时间般流失的特性。作品通过将可持续绿色发电理念融入社会日常生活中，使大众对可再生能源技术产生更为直观的认知和理解，旨在向观者传达一种积极的信息，即：我们还有时间去为生态保护做出贡献，因为人类尚未也不会走上环境破坏的不归路。"太阳能沙漏"的建成说明人类向着生态与社会的可持续发展、再生能源可行性方案、清洁能源生产方式、友好型社会建设等方向又迈近了一步。

(六)"阳光圣地"发电站

与"太阳能沙漏"发电计划一样,"阳光圣地"发电站也是大地艺术发电计划竞赛设计的项目。从天空鸟瞰该项目像是一团横亘在土地上的闪烁明亮的液体结构,其蜿蜒回转的形态如一蹴而就的书法艺术,充满细微的变化与强烈的动感,呈现出一种具有飘逸自然的美。精确的光学反射、扩散、延伸感是这一沙漠景观独有的气质,其目的是为了给当地带去清洁、实用且具有美感的发电公共设施。

这一结合了光伏技术的发电站,远看如一片"缎带"的海洋,就结构而言,令人联想到组织物与游牧建筑。"缎带"单个高度在10米以上,一个个细长的桅杆架离地面6米以上,总长约40千米,总占地面积约80,000平方米。"缎带"的具体造型以沙漠、海岸线、沙子和水的地貌特征为依据,对其进行艺术化的夸张处理,彼此间相互折叠、俯冲、依偎、摩擦,具有动感,同时也代表了技术美学的最新成果。其表面采用作为替代复合硅板的第三代生态光伏发电板,其半透明表面显示出的琥珀色和石榴色使人联想到树脂、二氧化硅和黏土,它们是沙漠天然植物和地质资源的一部分。发电站使用的染料敏化太阳能电池技术利用了具有丰富色彩的有机染料的光吸收特性,其经由植物(如柚子及其他类似植物)提取,能够促进太阳与二氧化钛的电子交换,从而产生由透明聚合物收集的直流电极,如图6-6所示。

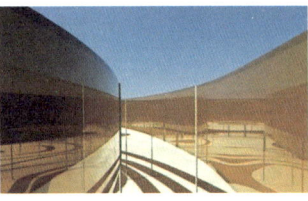

图6-6 "阳光圣地"发电站

第二节 装配"风"景——装置艺术融合风力发电

艺术借助科技的翅膀才能高飞。

——［意］达·芬奇

随着世界风力发电产业的发展，各国在不断探索风电场的环境建设，艺术这一审"美"过程，被愈加紧密地与科学、技术联系在一起，其表现形式与艺术效果依靠技术的进步与发展，不断得到拓展、提高与升华，成为作用于人类社会之中，兼具美感与功能的实用性艺术。

风力发电是将风的动能转变为机械动能，再将机械能转化为电能的过程。风力发电站如何借助艺术创作的思维成为具有形式美的装置艺术，乃至发展成为具有商业价值的工业旅游场所，是电力设计师面临的新挑战。

一、装置艺术概述

（一）装置艺术的概念

装置艺术，是在艺术化的感性思维指导下，利用综合材料在空间中制造新意义的视觉艺术，是一门关于场地、材料及情感的综合展示艺术。

就文字意义而言，装置艺术的装可理解成"装配"，置可理解为"安置"，那么"装配"一词则暗示着当下存在一种尚需被组合、定型的非成品对象，进而引出作品的核心——安装与组合，这一步构成了装置艺术的精神内核：在场性。装置是自然物与人工交织的产物，是对事物即时、即地地展现，是艺术家创新、改造环境的媒介；安置，则意味着给事物找到于某处之中其最适合的配置方式，从而发挥其在其他空间中无法实现的观看或参与效果，是一种以恰当性为原则，与现场环境、工作人员不断交互、沟通、行动的互动过程。

（二）装置艺术的发展景况

装置艺术源于 20 世纪 60 年代，其与"极少主义""观念艺术"等艺术形式一起，作为反映艺术家主体思维的创作方式，在当代艺术中占有相当重要的位置。作为一种独立的新艺术形式，装置艺术凭借其创造性、开放性、超前性、模糊性与游离性，创造出一种集材料展示、情感再现、互动体验于一身的当代艺术创造与表现方式，也成为艺术探索的一种特殊手段。

装置艺术同其他艺术一样，其形成与发展都受到当下多种观念的影响，同时也受其自身发展历史的经验所推动，装置艺术日渐在内容、题材、文化指向、艺术造诣、价值定位、情感流向、操作方法等方面呈现出多元繁复的状态。随着科技的发展与创新，装置艺术越来越多地将媒体技术作为表现媒介，如 3D 投影、AR、VR 等新型技术手段的加入，大大提升了装置艺术的现场感与参与感，使观众、艺术家、技术、艺术这几个构成作品的核心要素之间的互动、共情成为现实。

（三）装置艺术的特征 [①]

（1）装置艺术在室内或室外空间中构建起一个允许观众进入并体验的三度空间"环境"。

（2）装置艺术是艺术家根据展览主题及展览空间设计和创作的艺术整体。

（3）装置艺术作为一件独立的作品，其展示空间需要在视觉、听觉等方面不受其他作品的影响和干扰。

（4）作为个体生活经验的延伸，装置艺术的完成离不开观众的介入与参与。

（5）装置艺术所创造的环境，是用来包容、促使甚至迫使观众在界定的空间内由被动观赏转换成主动感受，有时装置艺术为了实现效果上的夸张感与戏剧性，会增加能够刺激甚至扰乱观众惯性思维的创作手段。其目的是使观众保持积极的思维与肢体介入，并能够调动起视觉、听觉、触觉、嗅觉、味觉等所有感受器官。

（6）装置艺术的创作不受艺术门类的限制，是一种开放的艺术手段。它能够跨媒介地使用绘画、雕塑、建筑、音乐、戏剧、诗歌、散文、电影、电视、录音、

[①] 金彦秀，严赫镕，金百洋.公共装置艺术设计［M］.上海：东华大学出版社，2017：4—12.

录像、摄影等任何能够使用的手段。

（7）装置艺术在形式上不拘一格，在材料上不受限制，与其他艺术创作过程相比，其具有灵活性、主动性。

（8）装置艺术是可变的艺术。艺术家既可以在展览期间改变组合，也可在异地展览时，增减或重新组合。

二、风力发电装置艺术设计要求

世界各国在不断探索风电场的环境建设，日本将风力发电对景观的影响提出设计指南，荷兰及澳大利亚等国在积极利用风能的同时，也把场地景观考虑在内。风力发电成为装置艺术则有如下五点要求。

（一）表现性

风力发电装置艺术要做到"借物抒情"，要将作者的思考和观念蕴含在设计之中，对自然环境及社会环境问题做出反思，体现出设计者主观情感，除了具有强烈表现力的外在特征，其内在更蕴含着深度的内涵，在排列方式上与周边环境、色彩和谐统一，不同的地理环境形成不同的风电风景。

（二）创新性

在新材料与造型形式上不断探索与开发，一方面需要设计师根据不同的地理环境、文化背景、地域信息选择主题；另一方面，在多样性的自然空间面前，设计师不应再局限于选择现有的工业化产品，而是追求以新的材料做出新的造型，并使其更好地融入环境。

未来的风力发电装置设计应该是更积极地与前沿艺术相融合，结合先进的理念、新型的材料、特殊的造型进行装置艺术的创作。

（三）特殊性

风力发电装置艺术要利用材料搭配、组合形式、造型体量等元素，创造出强烈的视觉冲击效果和独特的造型。一个优秀的风电装置作品既要注重形式美，又要注重形式美与功能性的融合，并通过作品向人们传达出技术与生态的完美结合。

（四）互动性

新媒体改变了人们过去单调的观看模式，实现了活跃的现场气氛，增强了表现效果。针对性地研发体验性风力发电装置，调动受众与作品的互动，通过聆听、观察等不同的游戏方式，为参与者提供欣赏"风"景的特殊视角，在这个过程中，风力发电装置也由此被赋予了新的内涵和形象。

（五）自由性

风力发电装置艺术的开放性，解放了设计师和观众对原有艺术观念的理解，使设计师的创作达到了一种前所未有的自由状态。多种材料，尤其是新媒体的引用，使装置艺术更具视觉冲击力，也使作品的呈现效果更加犀利。

三、风电装置艺术的表现方法

风电场不同的艺术表现形式，会带给人们不同的感观体验。荷兰把"风车"作为一种历史符号的传承，传达着荷兰的古朴风情，迎接着世界游客，成为荷兰美丽景观的象征。英国及日本等国强调风电场环境设计应与周边环境相融合形成美观、独特的大地或人文景观。就风电装置艺术的表现方法总结以下五方面。

（一）最新的科技支持

风电装置艺术是一种将多种科学技术作为表现手法的艺术形式，其发展首先离不开科技发展的支持，其对于技术的依赖明显超越了以往任何一种艺术形式。这种依赖不仅体现在装置建造的过程中，还体现在其向人们的展示过程中。技术对于扩展艺术家语汇，增强艺术作品感染力及丰富创新手段等诸多方面都起到了积极影响。但是，技术只不过是艺术家创造理想的工具，科技对人类社会与自然环境造成的双刃剑影响应引起学界的关注。随着科技手段的多样化，设计师在考虑发电功能的同时，也越来越应该注意如何在设计中体现人文精神这一目的。

（二）创新的艺术表现

与其他艺术形式相比，风电装置艺术在艺术表现形式上独树一帜。作为视觉听觉等全感官的互动集合，风电装置艺术对各感官的交叉搭配，常常可以达到十分独特的艺术效果,这是其他艺术形态所不能及的。作为一种艺术形式,其最基本的功能是给观众以愉悦的感受,因此,不断创新的艺术表现方式是风电装置艺术持续发展的原动力。

(三) 深刻的思想内涵

除科学技术之外,风电装置艺术的成立离不开其深刻的思想内涵。高科技给艺术作品带来了令人震撼的变化,但也引起了人们对于高科技时代艺术前景的困惑。作为当今信息科技时代的一种艺术形式,要想长久地发展,就必须反映对当今科技时代背景下的问题的反思。由于它是一种生于科技时代的产物,因此,它比其他艺术形式更能有效地反映当今信息时代的问题。这种艺术形式要想发展,必然要与时代紧扣,反映当今时代潮流下人们面临的问题。

(四) 人与自然的和谐

人类社会的发展是以自然为依托进行的。与现代工业社会相比,农业社会由于生产力相对不高等缘故,对自然环境存在较强的依赖性。近代科技和生产力的进步从根本上改变了人臣服于自然的状况,使人拥有更大自由的同时,也加深了人对于自然的优越感。

科技的进步带来了物质的极大丰富,但也随之产生了能源浪费、环境污染、亚健康等一系列负面影响。这就引起了人作为"生物"存在和作为"生命"存在的矛盾,即物质生命和精神生命的矛盾。技术生存剥离了人与自然的和谐共生,疏离了本真的人性正发生着蜕变与异化。自然生存环境遭遇到技术生存的破坏与掠夺,面临着毁灭性的危机。处在这样的历史背景下,任何头脑清醒的设计师都不再会将发电厂冒出的浓烟作为"黑牡丹"。环境保护、生态平衡作为主题或题材进入了越来越多的设计师视野。

在风电场位于山脉、海岸、平原等自然景色秀美的地方,要采取一定的措施,避免对环境的破坏。在鸟类飞行的路线上,要用颜色或灯光警示,防止鸟类对风机的撞击。

(五) 人机关系的思考

随着信息化时代的来临,人类越来越依赖于机器,与此同时,由于人类对自然资源的消耗有增无减,由此引发的人、自然、机器三者的矛盾越来越深。科学技术是一把双刃剑,我们可以利用它更好的表达自己的思想,但也应该看到,技术的泛滥对生态环境,甚至精神环境所造成的污染与破坏。

装置艺术作品是人文精神的表现,是情感的流露,理想与希望的表现,这一点即使在高科技日益渗透到艺术领域的今天,也未有根本的改变。任何技术和媒介对于艺术创作来说,都只是设计师对其创作意图进行视觉传达的一种手段而已,技术必须依赖设计师的观念才可以产生意义。换句话说,在艺术创作中,媒介是次要的,思想才是第一位的。合理地利用技术,实现人与自然、人与社会、人与技术之间的和谐是十分重要的。

四、风力发电装置艺术设计步骤

(一)信息搜集

1. 信息内容

(1)项目任务书:收集项目原始资料,与业主进行深层次的沟通。

(2)环境资料:风力发电站周围的景观、历史人文、地形地貌、气候日照等资料。

(3)风力发电机种类:水平轴风力发电机、垂直轴风力发电机等。

(4)技术资料:现场勘察资料及相关技术图纸。

2. 信息的表达方式

(1)言简意赅的语言文字。

(2)可视化图形语言。

3. 设计创意孵化

设计师在信息搜集阶段要善于发现并提炼元素,有时候发现有价值的元素比提炼元素更重要,因为前者要求设计师有活跃的创造性思维及敏锐的洞察力。

(二)综合分析

首先对以获取的信息做出科学分析、归纳与综合,并从中提炼出有价值的线索,寻找几条可行的创作思路。

1. 分析、加工信息

设计师要对搜集来的信息进行综合分析与评定,从而提高对项目的整体认识。

此过程要求设计师应具备敏锐的洞察力,能够透过纷乱的表象,洞察事物的本质。

(1)对业主需求的分析:确定业主最关心的问题,并针对该问题进行价值取向分析与判断。

(2)对功能和目的的分析:明确项目的基本功能需求,并在此基础上衍生出更多完善性功能。

(3)对业主及受众的分析:确定服务对象、识别各种需求、确立空间界定等。

(4)环境现状分析:周围自然环境景观分析;社会、历史、人文景观分析;周围道路交通动线分析。

2. 确立设计的方向和思路

在此阶段,设计师需面对核心问题,提出若干条富有创意的方法和思路。

(1)确定创意核心思想:分理出若干个关键思想元素,在此基础上建立解答方案。

(2)寻求解决方案的途径:研究各局部问题并寻找答案;将局部问题聚合成整体,形成对关键问题的整体解答。

(3)对设计思路做出理性、客观的评价,并最终做出决定。

比较各种可供选择的答案,对不同答案做出最终选择,进一步发展所选答案。

(三)设计构思

经过前两个阶段的酝酿,设计思路已经显现,该阶段的最大特点是设计师运用专业知识,将设计理念转化为形式语言,从而形成初步的设计方案。构思的过程也就是设计师在创作思维的引导下,将设计理念逐步外显物化的过程。

(1)相关的专业知识:艺术类、工程制图类、风力发电类。

(2)设计构思的两个层面:形式语言与技术语言。

(四)构思完善

在该阶段,设计师要将所有的技术问题一一落实,并完善形式语言的细节,它是整个设计思维过程中的最后环节。构思完善阶段是使所有细部得以完善,并最终形成有完善技术支持的设计方案的过程。

至此,一个完整的风电装置艺术方案完成,设计创作思维也完成了它的一个循环周期。

五、风力发电装置艺术案例分析

(一)风能动力雕塑

1. 美国安东尼·豪的风能雕塑

安东尼·豪的风能动力雕塑"Lucea"重达半吨,高约 7.62 米。艺术家参考了芝加哥艺术家托尼特拉塞特的雕塑"眼"的表现元素,使其作品成为充满异国情调的美国得克萨斯州达拉斯城市景观的一部分。该作品是创新性的艺术灵感与复杂精细的机械工艺的集合,他为金属构件赋予了极具创意的表现方式,在风力的推动下,不锈钢骨架优雅地围绕高 3.9624 米的圆周转动,作品在风速下缓慢运行,从而改变人们对其经历的时间与空间的感受,如图 6-7 所示。

图 6-7　美国安东尼·豪风能雕塑

2. 新西兰菲利普斯风能雕塑

来自新西兰的艺术家菲利普斯受美国艺术家乔治·里奇的启发,于 20 世纪 90 年代末开始探索动力学雕塑。虽然尝试了许多电机驱动的形式,但他最主要的动力形式是风能,来自大自然中真真切切的风。他的作品高大坚固,基塔部分和普通的风力发电机没什么两样,而上端产生风能的部位却犹如破土而出的新生命,有着极其强韧的生命力,给人们带来一种生命的正能量,如图 6-8 所示。

图 6-8　新西兰菲利普斯风能雕塑

（二）风力发电的灯光艺术

1. 英国"未来之花"风电装置

由英国伦敦建筑师汤金柳设计的大型装置作品——"未来之花",落成于英国默西河岸边。"未来之花"高约 14 米,设计者以三角形与五角形为基础框架,以 120 个镀锌穿孔板为材料,构建起一个直径为 4.5 米的巨大花头。花茎上装有 3 个微型风力发电机,在风速为 8 千米/小时的情况下,花头能够随着风势迎风摆动,通过电机的转动将风能转化为可供 60 个低压 LED 灯泡发光的电能,风力愈强,红色灯泡的饱和度愈高;在无风的情况下,金属花瓣能够随着天空与阳光的色彩变化反射出不同的颜色,呈现出不断变化的活力。

除了作为小型发电站,该装置还扮演着灯塔的角色,吸引人们来到滨水区欣赏美丽的自然风光。远远望去,"未来之花"如地平线般在雾气中时隐时现,待观者走近观察,则可发现由层叠花瓣构成的波纹在持续不断地变化,如图 6-9 所示。以自然与工业相融合为背景创作出的"未来之花",迎合了未来对可再生能源的使用需求,也标志着人们对未来风能利用的乐观主义心态。

图 6-9 英国"未来之花"风力发电装置

2. 德国"圣诞星"风电装置

2009年12月圣诞节前夕,西门子公司的大型风能灯光装置——"圣诞星"正式在德国慕尼黑北部的A9高速公路边投入使用。作为世界上最大的LED发光"圣诞星",人们在30千米外就可看到其绚丽的光晕,因此,该装置也成为当地圣诞季的地标性风景。

该装置作为当年在哥本哈根召开的全球气候会议的象征物,采用了当前最先进的技术手段,仅用两个便携式热水器的电量,就能够点亮风叶表面配备的9000个欧司朗公司的LED灯泡,体现出西门子公司以及慕尼黑政府对可再生能源开发及其使用效率等议题的高度关注。

该装置是西门子公司与多媒体艺术家迈克尔·彭德利共同合作的产物,风电叶片直径近70米,使用了近400米的电缆,由于风力较强时,LED灯管所受重力超过其自身重量的3倍,因此,设计者特别使用航天专用强力胶将其固定于风电叶片上,如图6-10所示。

3. 上海后世博公园风电装置

该装置由塔兰塔工作室创作,位于上海白莲泾公园内,其作为2010年上海世博会的保留区,还陈列了多组装置艺术。

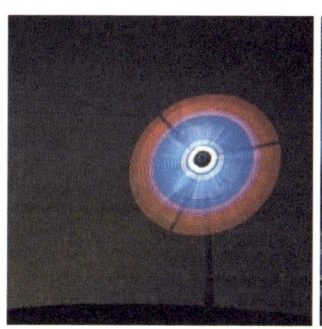

图 6-10　德国"圣诞星"风电灯光装置

小凉亭在我国古代作为民众休闲娱乐的聚集地，成为公共生活的典型代表，这一概念启发了设计者将雕塑设计成离地的"亭阁"，并为其涂上绚丽的糖果色。每个雕塑都有其独特的功能，能够适应多种使用需求，从而制造出一个个充满当代感的娱乐聚集所，同时也为公园景观创造出更加丰富的视觉效果。与此同时，设计者在每个雕塑顶部都放置了风力发电机，使其能够在夜晚发出明亮的光芒，丰富园区夜间照明，为游客提供了别样的体验，如图 6-11 所示。

图 6-11　上海后世博公园风电景观装置

4. 内蒙古乌兰察布"草原牧歌"风电灯光秀

风电工业旅游可以提升企业形象获得社会效益。在内蒙古乌兰察布风电场设计工业旅游时，白天可参观风力发电工业景观，夜间观赏"草原牧歌"灯光秀。

在展示风电先进的科学技术及生产工艺外，夜间用璀璨夺目的装饰灯光将风电作为载体，用抽象的灯光语言诉说着乌兰察布的历史，展现着大草原的魅力。灯光秀根据乌兰察布市的"历史、人文、自然"及"风车"的特点，策划八大篇章。

（1）游牧文明的序曲——多姿多彩的草原文化。

（2）乌兰察布的咏叹——叹为观止的艺术瑰宝。

（3）远古文明的回响——千年沉淀的文化印记。

（4）万里长城的赞歌——源远流长的历史符号。

（5）丝绸之路的华彩——鼎盛繁荣的经济枢纽。

（6）西口文化的变奏——丰富交融的移民风情。

（7）英雄史诗的合唱——赢得解放的第一缕曙光。

（8）改革开放的交响——新时代的鼎力前行。

灯光秀依据道路走向进行空间组织，规划长度 10 千米，单侧三排风车范围，共计 108 组风电机组。应用先进的照明技术，实现科学与艺术的完美结合，进一步提升了草原的旅游价值，如图 6-12 所示。

图 6-12　乌兰察布"草原牧歌"风电灯光秀

（三）风力发电装置艺术

1."丹麦之声"风电共鸣装置

这件能够以风能为动力产生音乐的装置作品年发电量可达 117 万千瓦时，标志着丹麦自主研发风能资源的开始,是设计师劳拉·梅萨阿兰戈与拉斐尔·桑切斯·赫雷拉为2014年地景艺术发电设计比赛的联合创作,被命名为"丹麦之声",是一件集新能源利用与公共艺术为一体的大型发电装置作品。

该装置坐落于哥本哈根港口边,由12个酷似维京号角的风力加速发电机,按照大、中、小三种型号为1组,排列3组所构成。装置所使用的木头与金属材料均来自海港中的废旧船只。每当气流穿过号角表面的穿孔时,就能够产生与字母有关的调音,这些字母最终会构成大自然的某些元素,如S-U-N、W-A-T-E-R等。与此同时,内部的风力电机将其转化为电能,如图6-13和图6-14所示。

图6-13 "丹麦之声"风力发电共鸣装置局部图 　　图6-14 "丹麦之声"风力发电共鸣装置整体图

2. 法国"风之树"风电装置

风力发电装置——"风之树",是由法国新风公司研发的先锋性技术成果。通过改变传统风力发电机丑陋、笨重的外观,并对装备的噪音污染问题进行改良,为人们提供了未来新能源开发及利用的新视角。

世界上首个"风之树"装置于2015年在法国投入使用,数据显示,即使在最慢速的转动下,"风之树"的发电量仍为传统风力发电机的两倍,这也意味着它能够在全年半数以上的时间中正常工作,通过风资源的充分利用,为城市照明、电动车充电站等设施提供充足的电量。未来,"风之树"项目将在技术上做进一步改进,如以纤维材料作为树叶材料,并结合地热、光伏发电等技术,与节能建筑相融合,进一步提高资源利用效率,为产品提供更多附加价值,如图6-15所示。

图6-15 法国"风之树"风力发电装置

3. 丹麦公园式风电站

2017年4月,由设计师罗梅罗·阿隆索和洛佩兹·卡罗联合设计的"风车"坐落于哥本哈根海港边的工业景观之中,观光客能够在参观过程中,通过对风之能量的感受,探索别具一格的雕塑之旅。为了迎合旅游需要,满足市民娱乐需求,推动可再生能源的利用,此巨型装置以大片高耸的桅杆支撑起迎风起伏的风帆,制造出一片沐浴在斑驳阳光中的波状区域,其开阔宽广巨大的帆片也能够在下雨的时候为人们提供遮雨的庇护所。

基于对这座公园式发电站艺术表现和本地大气流向的考虑,设计者确定将方案敲定为迎风而行的庞大船队形象。挺立的桅杆与周围的建筑及烟囱相映,别有一番韵味,如图6-16所示。

图6-16 丹麦公园式风电站

与哥本哈根的"潮汐公园"项目相似,该装置将能源设备归拢至艺术化的造型之中,创造出能够作为文化交流与公共社交场所的公园,在风力的作用下,装置的体量、形态不断发生变化,夜幕降临之时,公园还能够用自身产生的电量为场地提供照明,从而为人们提供了一种与众不同的公共艺术。

(四)风力发电观光塔

1. 埃菲尔铁塔风电装置

美国新能源解决方案供应商城市绿色能源(UGE)在埃菲尔铁塔内安装了两套垂直轴风力发电装置,其年发电量高达1万千瓦时,可充分满足铁塔首层商户的电力需求,如图6-17所示。

图6-17 埃菲尔铁塔风力发电装置

该公司将VisionAIR5型风力发电机涂绘成塔身的颜色,安装在距地面约122米高的塔身上,使机组能够充分利用相对稳定的风力,最大化其发电效能。采用最新技术的发电设备克服传统风力发电噪音巨大的缺点,将运行声音降至最小,尽管垂直轴风力发电机的发电能力低于普通电机,但其更适用于风力不稳定且风向多变的城市区域。这一改造项目为全球可再生能源产业起到了良好的宣传作用,标志着人们向清洁再生能源时代又迈进了一步。

2. 风力发电塔上的住宅群

该项目由德国设计师戈茨·施拉德(Goetz Schrader)创作,为人们提供了一种全新的栖居式风力发电住宅群模式。设计者受日益增加的海上及陆地巨型风力发电设备的启发，试图将风能这一含有巨大开发潜力的新型能源转化成兼具发电与居住功能的可居住住宅。其以高度绝缘材料构成形似胶囊的建筑外观，架设于矗立海中的风力发电机上，居民们从其中穿过便可到达各自的居住空间，如图6-18所示。

图6-18　风力发电塔上的住宅群局部图

（五）风力发电机造型的改变

1. 中国台湾锯齿状风力发电机

中国台湾第一座拥有九大专利的锯齿状风力发电机组坐落于西海岸线大安休闲农场内。与早前传统的风力发电机不同，锯齿状发电机采用垂直式风机，体量小、造型优美，且造价低廉，仅为传统产品的1/40，满载功率可达2000瓦。根据规模的不同，发电机的片数也会随之增减，其发电量亦会发生变化，如图6-19所示。

相对简单的构造使该发电机组便于安置，其运行声音较同类产品要低得多，因此，适合在噪音管制及对扫风范围做出限制的地方使用，属于小型能源供给系统。

2. 美国UFO风力发电机

GE公司在加利福尼亚做了一次试验，设计者在三叶片水平轴风力发电机的轮毂上加装了一个直径为18.28米的巨大穹顶，其能够让流向叶尖的风向发生偏转，转移至转子周围，从而增加风轮捕获的能量，起到导流罩的作用。设计者将其命名为"生态保护区"，这一重达2吨多的装置结构能够将现有风力发电机的输出功率提高3%左右，而且能够大大降低运行成本。"生态保护区"的出现对未来风机造型造成了重大影响，使设计者不用增加转子叶片的直径，便可大大提升风机的功率，如图6-20所示。

图 6-19 中国台湾锯齿状风力发电机

图 6-20 美国 UFO 风力发电机

3. 西班牙无叶片风力发电机

西班牙的沃特·布莱德莱斯生产了一款没有扇叶,能够利用风在物体周围移动时产生的涡流来发电的风力发电机。该风机的创作灵感来自困扰工程师多年的

267

问题：将任何物体放置在风中，其背后总会产生旋涡状的涡流，那么，如何将此现象与发电工程进一步结合起来。

作为对此问题的回答，新型无叶片风机以一种瘦长的锥形呈现在公众面前，其由碳纤维及玻璃纤维构成，通常被放置在顶端的发动机被移置底部，这种设计方式确保了风力产生的涡流能够同时扩散到椎体内部，同时进一步提高了风机的坚固性。风机底部还放置着一个磁铁环，其能够不受风速影响加速风机转动，从而确保发电效率，如图6-21所示。

图6-21　西班牙无叶片风力发电机

4. 意大利高空风筝风力发电机

针对传统风力发电距离地面过低的缺点，意大利基特根科技公司将风力发电机架设到风力更强、气流更稳定的高空区域，开发出一款名为"MARS"（MagennAirRotor System，空气转子系统）的全新高空风能系统。

该系统通过被系住的风筝旋转发电机来产生电力。控制系统能够自动引导风筝转动发电机，并最大化其转动频率。即使在不断攀升的高空中，MARS也能够获得稳定的风能，这也是传统风力发电机所无法企及的优势，其平均风速越大，发电的效率也就越高，而传统风力发电机的最高平均高度只有100米左右。

新系统不仅在工作效率上具有超越传统风力发电机的潜力，其占用面积较新建风力发电厂而言也小得多，如图6-22所示。

5. 突尼斯"鸟翼"风力发电机

迄今为止，科学家以动物及人类运动受到的启发应用于机械之中的能力还是有限的，因此，就目前生产的风力发电机而言，无论其样式或功效，都无法实现最好的效果。

图 6-22　意大利高空风筝风力发电机

这项来自突尼斯的泰尔式风力发电机为机械领域带来了一次革命性突破，是人类迄今为止第一次成功将对蜂鸟运动的模仿应用于机械设备制造中。设计者创新性提出了一种具有革命性的新型"鸟翼"风力发电机，其以两个由碳素纤维制成的轴翼代替传统 3 叶式风车式发电机，单个长度达 1.6 米，扫动范围约 3.56 米，额定输出功率约 1000 瓦／小时，如图 6-23 所示。

图 6-23　突尼斯"鸟翼"风力发电机

6. 荷兰"风电之花"风力发电机

由荷兰 NL 建筑事务所设计的"风电之花"成功解决了传统商用大型风力发电机组需占用大量土地及基础设施的问题。作为一种装有多个垂直轴风力发电机的树形结构"风电之花"造型美观大方，可根据电力资源的实际使用情况以 3 个或 12 个为一组进行安装，运行过程几乎无任何噪音，可以作为艺术雕塑竖立在街头巷尾，同时满足分布式发电和美化城市环境的需求。

"风电之花"采用的垂直轴风力发电机技术进一步提高了风能利用效率，垂直于地面或气流方向的旋转轴,使其发电能力不受风向的影响,如图 6-24 所示。

图 6-24　荷兰"风电之花"风力发电机

(六)憧憬风力发电的未来

1. 英国风力坝发电站

英国建筑师切伍德所提出的"风力坝"计划,为生产可替代性能源提供了一种可行且可持续的解决方案。该计划位于俄罗斯北部的拉多加湖,工程预算约 2.5 亿美元,以一块悬挂于山谷中,配有风力发电机的巨型风筝状风帆作为主部件,其能够捕捉、控制风源,并产生巨大的电能。

投产后的"风力坝"整体可达 25 米高、75 米宽,这种风帆的体量远小于游轮的主帆,如风筝般的形状大大提高了其捕捉风力的效率。设计师以创造出一种具有雕塑感风力发电站为出发点,整个设备远看如同一只正在将喙插入水中的大鸟,如图 6-25 所示。

图 6-25　英国风力坝发电站

2. 挪威漂浮式风力发电站

挪威国家石油公司计划于苏格兰阿伯丁郡的彼得黑德建设世界上第一个漂浮式风力发电站,该项目标志着人类在离岸式风力发电技术领域的重大进步,同时也激发了世界范围内可再生能源开发市场的极大潜力。

该项目于 2017 年末开始建设,计划投资约 16 亿人民币,建成后每兆瓦发电量成本将节约 60%～70%。挪威国家石油公司将在离彼得黑德 25 千米的布坎深水区安装五个六百万瓦的轮机,通过漂浮的钢管与海底相连。项目占地约 4 平方千米,深入海底 95～120 米,其产生的电量将支撑大陆 2 万户家庭的正常使用。

该项目技术以漂浮式海上风电技术为核心,利用苏格兰现有的海上石油和天然气工业基础设施及其供应链能力,试图开启对更深海域的探索,如图 6-26 所示。

图 6-26 挪威漂浮式风力发电站

3. 谷歌公司"发电风筝"

谷歌母公司分拆出的能源公司 Makani 与油气巨头壳牌(Shell)合作,开发利用风能发电的风筝。Makani 致力于开发一种基于风能的清洁能源,它不使用大型风机装置,但仍能为电网输送较大规模的能源。

"发电风筝"其实是一款外观更像运动滑翔机的高空风力发电设备。"发电风筝"通过在前端设置了两排"小叶轮",在高空滑翔过程中将风能转化为电能,通过电缆将电力输送电网。

这次准备在挪威海域安装的是功率为 600 千瓦的最新"M600"产品,它于 2014 年研制完成,翼展 26 米,主体结构采用极为轻质的碳纤维,重量只有相同功率传统风机的 1/10。M600 运用无人驾驶技术将"风筝"升到空中,使用 425 米的高强度缆绳与基站相连,当风筝上升到300米的高空时,风力强劲且稳定,就可以沿着一个直径240米的空中轨道,每10～25秒绕飞一圈,8个叶轮通过搭载的8台永磁直驱发电机将风能转化为电能,并通过电缆传输到海上浮标基站,经汇集后并入海上变电站送回陆地。

"发电风筝"安装在海上不需要大型风机基础,只需轻型浮标固定,大大节省了项目成本、施工周期,并减轻了对海洋环境的影响。由于采用轻型电子设备和智能软件,也可以大幅降低相关成本。未来,"发电风筝"将和固定式海上风机、漂浮式海上风机在海洋战场上一决高下,如图6-27。

图6-27 谷歌公司"发电风筝"

通过以上风力发电案例看出,艺术既是精神的,也是物质的,更辩证地说,它让我们明白了"精神的物质性与物质的精神性"。也就是说,达·芬奇赋予艺术以"精神"与"物质"两种属性,这一代表着人类无限创造精神的物质化表现手段,同时也使构成其存在的物质材料成为人类思想与智慧的象征。科学技术的高速发展为艺术形式的不断创新提供了坚实的后盾,为艺术的发展提供了更广阔的空间,换句话说,艺术创作的实现不仅需要想象,更需要坚实的物质基础。科学为艺术提供更加丰富的创作灵感,增加其传播途径,是艺术发展的直接动力。

科技的发展不仅打破了艺术形式的局限,还丰富了艺术内容的创新。风电产业的发展创新进一步印证了:"科技是艺术的翅膀"。正如海森堡所说:"科学和艺术这两项活动相去并不很远。一个又一个世纪,科学和艺术联手塑造了一种人类的语言,我们能够谈论更为遥远那部分现实;科学概念的融贯一致,艺术风格的千变万化,他们就是这种语言的不同词语和不同词组。"

主要参考文献

［1］陈寿菊，黄云峰.多媒体艺术与设计［M］.重庆：重庆大学出版社，2007.

［2］韩维生.设计与工程中的人因学［M］.北京：中国林业出版社，2016.

［3］吉少雯.环境、心理与设计［J］.室内设计与装修，2001（5）.

［4］季翔.建筑表皮语言［M］.北京：中国建筑工业出版社，2012.

［5］金彦秀,严赫镕,金百洋.公共装置艺术设计［M］.上海：东华大学出版社，2017.

［6］荆玉成.原力觉醒［M］.北京：中信出版社，2016.

［7］李春霖，曾维希.人与地的联结：地方依恋［M］.武汉：汉斯出版社，2018.

［8］刘北光.筑内设计科学［M］.北京：中国艺术出版社，2009.

［9］刘蕾蕾.现代工业建筑创作中的表皮材料运用研究［D］.山东：山东建筑大学，2012.

［10］刘盛璜.人体工程学与室内设计［M］.北京：中国建筑工业出版社，2004.

［11］刘岩.探究中西方颜色的象征意义差异［J］.金田（励志），2012（12）.

［12］吕光.色彩大师：配色全攻略［M］.济南：山东美术出版社，2011.

［13］米歇尔·帕斯图罗.色彩列传：绿色［M］.张文敬，译.北京：生活·读

书·新知三联书店，2016.

[14] 皮埃尔·布迪厄，华康德.实践与反思:反思社会学导论[M].李康，李猛，译.北京:中央编译出版社，1998:155.

[15] 任春燕.人因工程理论在电力公司安全管理中的应用研究[D].天津:天津大学，2016.

[16] 唐纳德·A.诺曼.设计心理学3:情感化设计[M].何笑梅，欧秋杏，译.北京:中信出版社，2015.

[17] 王向荣，林菁.西方现代景观设计的理论与实践[M].北京:中国建工出版社，2002.

[18] 阎轶.城市公园公共艺术研究[D].重庆:重庆大学，2011.

[19] 约翰·罗贝尔.建筑·静谧与光明:路易斯·康的建筑精神[M].成寒，译.北京:清华大学出版社，2010.

[20] 张晋艳.高科技园区非正式交流空间的设计学研究[J].建筑，2014（17）.

[21] 张湘涛."文化创意+".产业融合发展的新形态[N].光明日报，2015-12-25.

[22] 赵玉宏.文化创意产业融合发展研究:以北京文创产业为例[M].北京:经济日报出版社，2017.

[23] 周严.公共艺术设计[M].北京:中国建筑工业，2017.

[24] 朱强.京杭大运河南段工业遗产廊道构建[D].北京:北京大学，2007.

[25] 邹岚.城市商业步行街的灰空间研究[D].南昌:南昌大学，2009.

[26] 刘抚英.后工业景观设计[M].上海:同济大学出版社，2013.

后记

我从小就有一个梦想——当一名画家，但是阴差阳错我却成为一名电力工程师。一路走来，就像中国现代著名作家林语堂所说"梦想无论怎样模糊，总潜伏在我们心底，使我们的心境永远得不到宁静"。我的艺术启蒙老师，著名工业设计师童慧明教授在我迷茫之际写信鼓励我："每个艺术爱好者不可能都会成为艺术家，但如果一个人拥有艺术家精神，他就会赢得一个与众不同的人生"。就这样在梦想与现实的碰撞结合中，我度过了青春年华。

由于工作需要，在多年从事电力生产管理与设计后，又专注于文化创意与艺术设计研究。为了"圆梦"，工作之余又经常走进美术馆、博物馆，与各类艺术品做一次次的对话，以接受艺术的洗礼、感知艺术的"教化"，培养创新思维与审美能力，使艺术不断滋养我前行。可以这么说，艺术追求塑造了我的感性审美，专业的理科大学培养了我的理性思维，跨界的管理工作拓宽了我的文化创意视野。通过《"文化创意+"电力工业融合发展》一书的撰写，使我以文化创意的视角寻找电力工业与艺术创意的契合点，为我创造了一个"视觉艺术"与"电力工业"对话的平台，将我多年积累的跨专业思考与实践写入此书，这些更像是我工作生涯的总结。

推动"文化创意+"电力工业融合发展，要强化创新设计引领，把思想和观念转变为视觉形式。现代工业的审美深受艺术设计的影响，电力工业设计也与艺术家提供的创造密不可分，并且他们的创造不仅仅是在艺术的语义中，也包含着对于社会学、审美和人类情感的探讨，电力工业则因艺术注入变得更具情感化，更具人性化。在全球化背景的设计语言环境中，艺术设计与电力设计的互相融合已经不可避免，当代艺术更是正努力打破工业与艺术之间的藩篱，创造一种人和艺术的态度，强调人的参与性与在场性，这不仅仅是艺术语言上的更新，更是价值取向上的巨变。我们知道毕加索是立体画派的代表人物，但最重要的是他一生示范了新时代"创意产业"的灵魂——竭尽创造，他开发出一种重新看待这个世界的方法，这也是"文化创意+"传统产业融合发展的引擎。

电力工业是一个庞大且非常复杂的工业体，本书很难面面俱到——涉及，只立足于电力系统与视觉艺术设计有关的部分，研究与文化创意的融合，并结合自己多年来在电力系统的实践经验及国内外典型案例，构建出企业性格色彩理论模型、企业文化目视化设计体系；提出软人因设计理论；深入研究了发电厂建筑表皮、水电站工业旅游、发电厂遗址后工业景观设计、景观变电站及景观塔、电动汽车充电站成为公共艺术、大地艺术介入太阳能发电站、装置艺术融合风力发电场等。本书是一本跨专业、跨学科、跨文化的书籍，主要面向电力行业工作者，同时也为文化创意设计师、企业文化主管培训及学习提供参考。

在此，感谢知识产权出版社编辑出版本书并将其申请列入"十三五"国家重点出版物出版规划项目及国家出版基金项目；感谢中国人民大学耿秀彦教授推荐我负责本书的撰写工作；感谢国家新媒体联合实验室专家顾问孙新海先生对撰写本书的指导；感谢我的妻子尚爱英、儿子陈子瑜多年来对我在艺术设计与文化创意领域的研究给予的支持；感谢我的同事王龙、苏杨、陆梦雪、陈婷婷、袁国锋、王进超、谢晓冰、尚月、李培杰、栾盛元，研究生齐萌、段盛文、殷美琪在本书的资料收集、整理和撰写方面做出的奉献和艰辛劳动。

这是文化创意与电力工业融合的思考与探索，这是艺术与科技的对话，也是中国电力工业未来设计的展望。

陈海华

2019年3月